KB041943

6·25, 아직 끝나지 않은 전쟁

북한, 소련, 중국의 전쟁 기획과 수행

6·25,
아직 끝나지 않은
전쟁

류제승 지음

책세상

차례

추천하는 글

마침내 독일에 이어 한국에서도 류제승 박사의 논문이 출간된다. 저자에게도 기쁜 일이요 한국의 역사학계도 무척 기뻐할 일이다. 그의 논문 〈6·25전쟁(1950~1951), 북한의 전쟁 수행과 소련의 영향Der Koreakrieg 1950~1951, und der sowjetische Einfluss auf die Kriegsführung der Koreanischen Volksrepublik〉이 한 권의 책으로 출간되는 것은 그가 독일 보쿰의 루르대학교에서 박사 수업 과정과 논문을 끝낸 지 10년 만에 이루어진 일이다. 나는 그간에 진행된 어떤 연구도 류 박사의 성과를 능가하지 못할 것이라고 평가한다.

다음과 같은 세 가지 관점에서 류제승 박사의 연구는 높이 평가할 만하다.

첫째, 그의 연구의 본질과 독창성은 북한의 전쟁 준비 및 수행에 대한 소련의 영향을 조명했다는 데 있다. 그의 연구는 북한의 소비에트화 과정과 6·25전쟁에 대한 소련의 정치적 영향 요인들을 새로운 관점에서 해석하는 데 그치지 않고, 스탈린과 소련 지도부, 군사 교리가 북한의 전쟁 수행과 군사작전의 전개 과정에 미친 군사적 영향 요인들까지 심층 규명했다는 점에서 의미를 찾을 수 있다. 특히 북한이 수용한 소련의 군사 교리는 볼셰비키 혁명 직후 태동해 제2차 세계대전을 통해 실용화되는 발전 과정을 거친 상태였다. 또한 그의 연구는 소련 지도부가 평양에 파견한 소련 군사고문단이 북한의 한국 침공 계획을 수립하고 북한군의 군사작전 수행을 지도·감독한 과정을 복원했다. 따라서 이 책은 6·25전쟁 연구사의 기념비적 저술로 평가받을 만하며, 한국 정부 기관에서 발행한 관련 문헌을 비롯해 지금까지 진행된 학문 연구가 남겨놓은 공백을 충분히 메워주리라 확신한다.

둘째, 그의 연구는 소련과 동유럽에서 일어난 이른바 '문서보관소 혁명 Archiv-Revolution' 시기에 발굴된 자료들을 토대로 이루어졌다. 특히, 1994년 6월 김영삼 대통령이 모스크바를 방문했을 때 옐친Boris N. Yel'tsin 당시 러시아 대통령이 제공한 문서들과, '우드로 윌슨 국제학술센터Woodrow Wilson International Center for Scholars'의 웨더스비Kathryn Weathersby 박사를 비롯한 동료 학자들이 1993년부터 1996년까지 발굴하고 해석한 문서들이 연구의 기초가 되었다. 그리고 소련, 중국, 미국에서 나온 많은 자료들과 아울러, 한국의 국방부 군사편찬연구소, 국방대학교 안보문제연구소, 국회도서관에 보관된 자료들도 주요 쟁점에 관한 사실과 사건들을 복원하는 데 기여했다. 이러한 다양한 문헌 자료들은 오늘날까지도 결정적인 가치를 지니고 있다고 본다.

셋째, 학문적 열정과 타고난 지성을 갖춘 한국의 한 장교가 방대한 문헌 자료를 분석해 한국 현대사의 중심 주제를 연구함으로써 탁월한 학문적 성과를 이루어냈다.

독일 보쿰의 루르대학교는 류제승 박사를 자랑스럽게 여기고 있으며 대한민국에서도 이 책의 진가가 온전히 인정되기를 소망한다.

2012년 12월 7일

베른트 본베치Bernd Bonwetsch

(독일 보쿰 루르대학교 역사학부 교수·

모스크바 소재 독일역사연구소 초대 소장 역임)

들어가는 글

이 책의 출판에 이르기까지의 여정은 참으로 길고 길었다. 그 여정은 몰아쳐 오는 거센 도전에 오롯이 맞서면서 그것을 보듬어야 하는 길이었고, 자아의 참모습과 군사軍事의 진리를 갈구하는 바보 같은 군인의 심전경작心田耕作이자 주경야독의 과정이었다. 이러한 노력은 지금도 계속되고 있고 앞으로도 계속될 것이다.

이 책은 내가 독일 보쿰의 루르대학교 역사학부에서 독일어로 쓴 박사학위 논문을 다소 수정·보완해 한국어로 번역한 것이다. 논문이 통과된 것이 2003년 여름이니, 그로부터 10년이 흘렀다. 한국인이 독일어로 쓴 논문을 다시금 한국어로 옮기면서 논술을 보완하는 것은 미련스럽고 고통스러운 작업이었다. 더욱이 군인의 공적인 삶과 격무로 말미암아 개인의 관심사를 추구할 만큼 시간을 내기가 어려워 이 책의 완성은 마냥 미뤄질 수밖에 없었다.

1998년 여름부터 나는 독일 육군청Heeresamt에 파견되어 교환교관 근무를 했다. 당시 나의 임무는 독일 육군의 전술·작전술 교리, 전쟁사, 교육 훈련, 부대 구조, 전력 개발, 지휘 통솔 등을 연구해 우리 육군에 보고하고 양국 육군의 교류 협력을 증진하는 것이었다. 독일 교환교관 시절에 내가 우리 육군의 발전을 위해 총 1,000쪽이 넘는 보고서를 작성할 정도로 각고정려刻苦精勵했던 기억이 새롭다.

그러던 어느 날 루르대학교 역사학부의 본베치 교수와 나의 번역서에 관해 대화를 나눈 것이 계기가 되어 나는 박사학위에 도전하는 행운을 잡았다. 본베치 교수의 추천으로 박사학위위원회Promotionsausschuss의 박사 후보Doktorand 자격 심의 대상이 되었고, 이 위원회가 제시한 조건을 충족하기 위해 일련의 역사학과 정치학 전공 세미나에 참여하고 평가Leis-tungsschein를 받은 뒤 박사 후보 자격을 획득했다. 본베치 교수는 자신의 연구 경험과 실적을 고려해, 제2차 세계대전 중에 일어난 독소獨蘇전쟁과 6·25전쟁 관련 주제들 중에서 논문 주제를 선택할 것을 권유했다. 본베치 교수는 1985년에 〈소련, 중국 그리고 한국전쟁Die Sowjetunion, China und Koreakrieg〉이라는 논문을 발표하고, 1989년에는 〈소련, 그리고 한국전쟁의 시작―1950년 6〜10월Die Sowjetunion und der Beginn des Koreakrieges : Juni〜Oktober 1950〉이라는 논문을 발표한 터였다. 나는 한국 방위에 직결되는 6·25전쟁에 관한 연구가 우리 군과 나라에 더 쓸모가 크다고 판단해 '6·25전쟁(1950~1951), 북한의 전쟁 수행과 소련의 영향'이라는 주제로 논문을 썼다. 그리고 2003년에 마침내 논문 심사와 최종 구술시험Dis-putation을 통과함으로써(평점은 각각 'magna cum laude'와 'cum laude'를 받았다) 5년에 걸친 힘겨운 학업을 마칠 수 있었다.

그러나 내가 역사학 공부에 특별한 노력을 기울인 세월은 이보다 훨씬 더 길다. 박사과정을 시작하기 전에 또 다른 5년의 노력이 있었다. 역사학을 체계적으로 공부하지 못한 내가 독일 대학의 역사학부에서 박사학위에 도전할 수 있었던 데에는 무엇보다 1994년부터 1998년까지 약 5년간 세 권의 독일 역사서를 번역한 것이 밑거름이 되었다. 이 번역 과정에서 나도 모르게 역사학 소양을 닦을 수 있었던 것이다. 본베치 교수를 비롯해 프라이Norbert Frei 교수, 블레크Wilhelm Bleek 교수 등 전공 세미나 담당 교수들은 내가 번역한 책들이 전문 지식 없이 단순히 외국어 능력만으로 해독 가능한 것이 아니며, 그중에서도 클라우제비츠의《전쟁론Vom Kriege》은 독일인들에게도 난해하다고 정평이 나 있는 역사학의 고전이라는 점을 들어 나의 번역 노력을 높이 평가해주셨다. 또한 독일 육군사관학교에 유학할 때부터 익혔던 나의 독일어 표현력을 후하게 평가해주셨다. 말하자면 역사학 연구에 필요한 나의 잠재 능력을 인정해주시고 나를 학문의 길로 이끌어주신 것이다. 지도교수Doktorvater인 본베치 교수는 군인인 나와의 첫 만남에서부터 '문민 정신Zivilgeist을 심어주겠다'고 벼르면서 열정적으로 나를 가르쳐주셨다. 본베치 교수의 지도와 독려는 깊고 자상했다. 프라이 교수와 블레크 교수는 전공 세미나 과정에서 논문 작성에 관해 풍부하게 생각할 수 있도록 자극을 주셨다. 포르베크Paula Porbeck 여사는 아주 사소한 일까지도 열린 마음으로 도와주셨다.

참고로, 내가 번역 연구한 블루멘트리트Günther Blumentritt 대장의《전략과 전술Strategie und Taktik. Ein Beitrag zur Geschichte des Wehrwesens vom Altertum bis zur Gegenwart》, 힐그루버Andreas Hillgruber 교수의《국제정치와 전쟁 전략Der 2. Weltkrieg. Kriegsziele und Strategie der grossen Mächte》, 클라우제비츠Carl von Clausewitz의《전쟁론》은 모두 역사서로 분류되어 지금도 독일 학계의 주목을 받는 책들이다.

《전략과 전술》을 쓴 블루멘트리트 대장은 양차 세계대전에 참전해 야전군 사령관까지 지낸 군인이다. 이 책은 역사를 결정한 전쟁들에 사용된 전략과 전술, 군사 제도를 다루면서, 시대 환경과 군사의 관계를 논리적으로 조명한다. 나는 이 책을 통해 전략, 작전술, 전술, 군사 제도의 역사를 연구하려면 어떤 사실과 현상의 외견과 형식은 물론 그 속에 담긴 정신에 의해 외견과 형식이 창조되는 과정까지도 밝혀야 한다고 생각하게 되었다.《국제정치와 전쟁 전략》의 저자 힐그루버 교수는 현대 독일 역사학계의 양대 산맥 중 하나로 꼽힌다. 그는 제2차 세계대전을 배경으로 세계열강의 전쟁 목표가 무엇이었는지, 그 목표를 이루기 위해 세계열강이 어떤 외교 전략과 군사작전을 폈는지를 역사학자다운 거시적 혜안과 예리한 필치로 분석했다. 나는 이 책을 통해, 전쟁을 연구하려면 국제정치 및 외교와 군사작전의 관계, 정치 영역과 군사 영역의 의사 결정 과정과 결정 사항의 실행 결과를 분석해 역사적 사건들의 인과관계를 규명해야 한다는 것을 인식하게 되었다.《전쟁론》을 쓴 클라우제비츠는 천재적 군인이자 전쟁 이론가요 전쟁 전략가였다. 그의《전쟁론》은 나폴레옹 전쟁을 실증적 근거로 삼아 정치·군사·철학적 주제들을 다루었다. 나는 그의 사유 방법론을 통해, 어떤 전쟁을 연구하려면 전쟁의 본질과 전쟁을 구성하는 개별 요소들의 본질, 그리고 개별 요소들의 관계의 본질을 밝히는 데 초점을 맞춰야 한다는 것을 깨닫게 되었다.

이 책《6·25, 아직 끝나지 않은 전쟁—북한, 소련, 중국의 전쟁 기획과 수행》은 내가 세상에 내놓은 네 번째 책이다. 왜 또 6·25전쟁이냐고 묻는 사람들이 있을 것이다. 이에 대한 나의 대답은 명료하다. 첫째, 6·25전쟁은 과거가 아니라 엄연한 오늘의 사건이고, 널리 알려져 있지만 모르는 부분이 많은 전쟁이다. 둘째, 6·25전쟁은 어떤 오류로 인해 일어난 작은 규모의 전쟁이 아니다. 셋째, 6·25전쟁은 제2차 세계대전이 종료된 후 동서 진영의 냉전이 열전熱戰으로 표출될 수 있음을 최초로 보여준 역사적 사건이다. 넷째, 6·25전쟁은 아직도 국제법적으로 종식되지 않았다. 남북한은 정전 체제에 머물러 있고 남한과 북한의 군사적 대치 구도도 근본적으로 변하지 않았으며, 남한과 북한 간에는 단지 '불안정한 평화'가 유지되고 있을 뿐이다.

지난 시대의 많은 인물들이 인류 역사에 결정적인 영향을 미쳤다. 그중에서도 스탈린이 존재하지 않았더라면 6·25전쟁은 일어나지 않았을 거라고 가정해볼 수 있다. 스탈린은 신중하면서도 간교한 인물이었다. 그는 제2차 세계대전 초기에 독일과 영미 연합군이 소모적으로 전쟁을 치르도록 이른바 '어부지리 정책Schaukel-Politik'을 취했던 것과 유사하게 6·25전쟁을 기획하고 실행했다. 그 결과 소련의 입장에서는 최악의 경우에도 전쟁을 통해 더 이상 잃을 것이 없었다. 그가 사실상 유일한 승자였다고 해도 과언이 아니다. 이러한 역사적 사실과 평가는 내가 북한의 6·25전쟁 준비 및 수행 과정과 이에 대한 소련의 영향을 연구하게 된 주된 동기였다.

그동안 기라성 같은 학자들이 6·25전쟁을 논했다. 그러나 북한, 소련, 중국의 3자 관계, 그리고 소련의 군사 교리와 군사고문단이 북한군과 전쟁 수행에 미친 영향이라는 관점에서, 군사전략과 작전의 차원에서 전쟁에 대한 책임과 전쟁의 전개 과정을 심층적으로 다룬 연구는 충분하지 않다. 따라서 나는 이러한 연구의 공백을 메우기 위해 북한의 김일성 정권이 모스크바와 베이징의 지도와 지원을 받아 어떻게 전쟁을 준비하고 수행했는가에 초점을 맞춰 논술했다. 이 과정에서 논문 주제와 연관된 국내외 유수한 학자들의 선행 연구 결과를 면밀히 평가해 정리했고, 1993년 이후 러시아 국립문서보관소와 우드로 윌슨 국제학술센터가 공개한 자료 등 새롭게 발굴된 사료들을 근거로 역사적 사건과 상황을 최대한 실증적, 논리적으로 복원하려 했다. 이러한 작업에서 러시아어 사료의 해독은 본베치 교수가 직접 도와주셨다. 그럼에도 불구하고 나는 적지 않은 논점들에 대해서는 여전히 추정하고 해석하는 수준에 머물러 있다. 추후 북한 관련

1차 사료에 제한 없이 접근할 수 있을 때까지 규명 작업을 미룰 수밖에 없다는 것이 아쉽기만 하다.

북한은 아직도 무고한 생명을 앗아간 6·25전쟁에 대해 자신들은 전혀 책임이 없으며 6·25전쟁이 한국의 북침에 의한 전쟁이었다는 거짓 주장으로 일관하고 있다. 북한 정권은 6·25전쟁 이후에도 수많은 무력 도발을 저질렀으나 제대로 책임을 인정한 적이 거의 없고 오히려 우리의 도발에 대응한 것일 뿐이라고 억지 주장을 폈다. 한마디로 도둑이 몽둥이를 드는 격이다. 북한 정권이 6·25전쟁에 대한 역사적 책임을 용기 있게 인정해야만 남북한 교류와 협력이 촉진되고 한반도 평화 체제와 조국 통일의 길이 활짝 열릴 것이다.

군인과 군의 본분은 전쟁을 억제해 평화를 지키는 것이며, 전쟁 억제에 실패해 적의 침략을 허용케 되었을 경우 나라를 구하는 데 앞장서는 것이다. 포괄적 안보의 관점에서 국가 방위는 더 이상 군인들만의 몫이 아니다. 국가 방위는 모든 국민들의 관심사여야 하고 국가 전체의 능력이 국가 방위에 투입되어야 한다. 클라우제비츠는 《전쟁론》에서 군사적 천재는 전쟁에서 형제와 자녀의 안녕과 조국의 안전보장을 맡길 수 있는 인물로서 탐구하는 두뇌, 포괄적으로 사고하는 두뇌, 차가운 두뇌의 소유자라고 정의한 바 있다. 국가 안보 정책과 군사전략을 기획하고 집행하는 이들과 연구하는 이들 중에는 전쟁 전체를 굽어보는 시각에서 부분을 이해하고 각 부분들이 전쟁 전체에 미치는 영향을 평가할 수 있는 특별한 안목을 갖춘 군사적 천재 또는 안보 전략의 천재들이 많아야 한다. 그들에게는 이 땅에서 벌어졌던 6·25전쟁의 역사와 같은 전쟁사에 대한 깊은 이해력과 응용력이 필요하다. 그러므로 이 한 권의 역사 연구서가 군인, 학생, 학자, 전문가 및 일반 국민들이 6·25전쟁에 관한 지적 호기심을 어느 정도 해소하고 편협한 생각들을 바로잡는 데 기여할 수 있다면 나로서는 더 바랄

나위가 없다. 1953년 7월 27일 정전된 이래 60년이 지났지만 북한의 대남 적화 전략과 통일전선 전술은 조금도 변하지 않았다. 나는 이 책이 이 땅에서 6·25전쟁과 같은 비극이 더 이상 재현되지 않도록 우리 모두의 지혜를 모으는 데 밑거름이 되기를 간절히 소망한다.

카Edward Hallett Carr가 정의한 바와 같이, 역사는 과거와 현재의 대화이며 미래를 준비하는 혜안을 제공한다. 내가 독일에서 박사학위 논문의 주제로 6·25전쟁을 선택한 것은 우리 군의 과거를 되돌아보고 미래를 설계하겠다는 포부 때문이었다. 그런데 2012년 11월 8일, 나는 국가의 부름에 따라 육군 교육사령관이라는 중책을 맡게 되었다. 육군 교육사령부가 우리 육군의 현용 전력을 극대화하고 미래 전력을 창출하는 것을 기본 임무로 하는 조직이라는 점에서 감회가 깊다. 이러한 의미에서 육군 교육사령관으로 부름 받아 이 책을 출간하게 된 것은 내게 크나큰 은총이요 축복이 아닐 수 없다.

끝으로, 한 사람 한 사람 열거하지는 않더라도, 나의 군인 생활에 소중한 가르침을 준 선배, 후배, 동료들을 비롯해 크고 작은 많은 도움을 준 실로 많은 이들에게 감사의 뜻을 전한다. 내 삶의 가장 소중한 동반자인 나의 가족 백은숙, 류재은, 류석환의 사랑과 신뢰는 군인의 삶, 박사학위 공부와 책 출간에 이르기까지 모든 면에서 내게 무엇과도 견줄 수 없는 무한한 힘이 되고 있다. 또한 나를 낳아주고 키워준 사랑하는 조국과 우리 군에 감사한다.

2013년 2월 22일 창조대의 새벽

류제승

1장

아직 끝나지 않은
전쟁을 둘러싼 논쟁

6·25전쟁은 어떤 착오로 인해 발생한 소규모 전쟁이 아니다.[1]

6·25전쟁은 남북 관계뿐만 아니라 동서 체제의 정치적 차원과 관점에서 조명해야 할 논제이며,[2] 전쟁을 둘러싼 복잡한 분쟁 구조 때문에 국제법적으로 아직도 종결되지 않은 정전停戰 상태에 있다. 6·25전쟁은 지난 60여 년간 많은 학자들에게 연구의 동기를 제공했고 많은 물음과 쟁점을 낳았음에도 불구하고, 그 진상은 충분히 규명되지 못했다. 주된 원인은 사실관계를 증명할 수 있는 1차 사료에 대한 접근이 제약을 받고 있는 현실에 있다. 특히 북한 정권의 내부 자료는 극히 일부만 공개되어 있고 그것도 선전·선동의 색채가 강해 진실에 다가가려는 우리의 노력을 더욱 어렵게 만든다.

이 책의 목적은 북한의 6·25전쟁 수행과 소련의 영향을 조명하는 데 있다. 따라서 전쟁의 배경과 책임, 북한의 침공 준비와 침공 실시 과정에서 스탈린-마오쩌둥-김일성 사이에 이루어진 정치적·전략적 사고와 결정, 소련 군사 교리와 북한의 수용, 소련 군사고문단의 역할, 조선 인민군의 형성, 소련의 전쟁 물자 지원, 중국 인민지원군의 개입, 조선 인민군과 중국 인민지원군의 군사작전 등을 논의의 범주로 설정했으며, 주로 1945년 8월 해방과 분단으로부터 1950년 6월 전쟁 발발, 이후 전쟁 양상이 기동전에서 진지전으로 전환되는 1951년 여름까지 일어난 사건들을 다루었다. 왜냐하면 전쟁술과 군사적 관점에서 전쟁 발발 후 자유 진영과 공산 진영이 공세적 입장과 수세적 입장을 오갔던 기동전 기간이 진지전 기간에 비해 훨씬 더 흥미롭기 때문이다. 그리고 6·25전쟁의 배경과 책임에 관한 서술은 그동안 제기된 핵심 쟁점들을 좀 더 명료하게 논증하고 추론하는 데 중점을 두었다. 조선 인민군과 중국 인민지원군의 전쟁술과 군사작전 분야는 주로 정치와 군사의 상호 관계를 논하고, 전략과 작전술의 관점과 수준에서 분석하는 데 초점을 맞췄다.

앞으로 우리 민족의 남북 교류 협력을 증진하고 평화 체제를 구축하려면 진정한 동력이 필요하다. 그리고 언젠가 통일을 해야 한다. 그 강력한 동력은 북한 정권의 본성을 올바로 이해해야만 비로소 형성될 수 있다. 그동안 북한 정권은 자신들의 중대한 과오를 인정하는 것은 고사하고 도둑이 몽둥이를 드는 것처럼 책임을 전가하는 태도를 보여왔다. 6·25전쟁을 일으킨 김일성과 북한 정권의 역사적 책임 문제도 예외가 아니다. 무엇보다도 그들이 주장하는 '인민해방전쟁'에서 수많은 무고한 사람들이 생명을 잃었다는 사실에 주목해야 한다. 인류의 역사는 개인의 자유와 인권을 존중하고 물질적 복지와 정신적 행복을 증진하는 방향으로 발전하고 있지만, 세계에서 유일하게 북한만은 이러한 역사의 흐름에 역행하고 있다. 북한 체제는 일인 독재 세습 체제, '인민'의 인권을 무참히 유린하고 '고난의 행군'으로 인간 존재의 의미를 박탈한 사회, 후기 스탈린 시대보다 더 혹독하고 비참한 주체 사회주의 체제이다.

이러한 관점에서 우리가 소망하는 통일 한국은 진정한 민주주의와 자유 시장경제 원리를 기반으로 평화와 번영을 구가하는 국가 체제가 되어야 한다. 따라서 우리 민족의 역사적 정통성을 계승할 의무가 대한민국에 있다는 사실에는 재론의 여지가 없다. 그렇게 되면 북한은 단지 역사적으로 실재했던 체제로만 남겨질 것이다. 1990년 동독 주민이 서독 체제로 편입되기를 열망해 통일을 이룩한 것은 우리에게 생생한 본보기이다. 이처럼 역사적 정통성에 관한 담론에서 어느 쪽이 더 인류의 보편적 가치인 인권을 존중하고 민주주의 원리에 따라 사회 발전을 추구해왔느냐를 다루어야 하는데 이와 별개로, 6·25전쟁을 일으킨 책임이 어느 쪽에 있느냐를 다루는 것 역시 중요하다. 이 연구 결과가 김일성의 그릇된 의지로 스탈린의 승인과 지원, 그리고 마오쩌둥의 지원을 받아 전면 기습 남침을 감행했다는 실체적 진실이 수용되는 계기를 제공할 것으로 기대한다. 나아가 이 연구는 북한의 전쟁 준비와 수행 과정에 소련이 얼마나 집요하고 조직적으로 개입했는가를 새롭게 인식하는 데 기여할 것이다.

6·25전쟁의 문제들을 본격 논의하기 전에, 여러 전쟁 이론의 기본 개념들과 상호 관계를 우선 정의할 필요가 있다. 이러한 개념 정의는 이 연구의 대상과 범위를 설정하는 데 도움을 주기 때문이다. 그러나 개별 개념들을 세부적으로 다루는 것은 이 책의 논제를 벗어난다. 따라서 현대 전쟁 이론의 선구자인 조미니Antoine-Henri Jomini와 클라우제비츠의 이론을 근거로 전쟁 수행 구조를 개관하고자 한다. 이 두 이론가의 주장에는 차이가 있다. 조미니에 따르면, 전쟁 수행은 여섯 가지 수준으로 구획된다. 첫째, 전쟁의 정치 영역이다. 둘째, 전략, 또는 전장에서 대규모 부대를 지휘하는 術術이다. 셋째, 전역戰役 또는 전투들을 운용하는 상위 수준의 전술이다. 넷째, 군수술, 또는 부대를 기동시키는 실용적 술이다. 다섯째, 지역을 공격하고 방어하는 공병술Ingenierkunst이다. 여섯째, 하위 수준의 전술이다.[3]

이에 반해 클라우제비츠는 전쟁 수행을 세 가지 수준, 즉 정치, 전략, 전술로 분류했다. 클라우제비츠는 작전술을 전략의 일부로 간주했고, 조미니는 '상위 수준의 전술grande tactique'로 간주해 전체 여섯 가지 영역 중 셋째 영역으로 분류했다.[4]

이 두 전쟁 이론가는 소련의 전쟁 이론과, 그 하위의 전쟁술과 군사 교리에 가장 많은 영향을 주었다. 이들의 사상이 소련과 공산주의 국가들의 전쟁 수행에 기초가 되었다. 이에 관한 상세한 논의는 이 책의 3장에서 이루어질 것이다. 《소련 군사 백과사전》에 따르면, 군사전략은 "전쟁술의 구성 요소이며 전쟁술을 선도하는 영역으로서, 국가와 군이 전쟁을 준비하고 전쟁과 전략적 작전을 기획하고 수행하는 것에 관한 이론과 실제를 포괄"하고 있다.[5] 또한 이 사전은 군사전략과 정치의 관계에 관해 "군사전략은 정치에서 연원하여 정치에 기여하지만……군사전략은 역으로 정치에 영향을 미친다"고 정의한다. 이어서 군사전략과 작전술의 관계에서는, "작전술은 군사전략과 전술의 중간적 위치를 차지한다. (군사)전략의 요구와 원칙들은 작전술의 기초를 형성하며, 작전술은 전술의 과업과 전개 방향을 규정한다. 그 역으로도 상호 관계와 의존성이 존재한다"고 정의하고 있다.[6]

이러한 분류법에 따라, 우리는 6·25전쟁을 정치, 전략, 작전술의 수준에서 논의하고자 한다. 그동안 6·25전쟁에 관한 학술 연구의 대부분은 정치적 수준에서 전쟁 발발의 원인, 배경, 책임 문제에 초점을 맞추었다. 특히 북한 정권과 공산 진영의 시각에서 전쟁의 배경과 책임, 그리고 군사작전의 전개 과정을 고찰한 연구는 부족한 실정이다. 예컨대, 북한은 어떤 이유에서 비정규전 방식, 즉 전복 활동과 빨치산partisan 투쟁 방식에서 재래식 정규전 방식, 즉 전면전 형태의 군사작전으로 전환했는가? 소련의 군사 교리는 북한군에 어떻게 수용되었는가? 소련 군사고문단의 지도로 수립된 북한군의 침공 계획은 전략적 중심인 서울 점령에만 국한되었는가? 조선 인민군의 작전 수행에 소련의 군사 교리와 전쟁술은 얼마나 영향을 미쳤는가? 북한군이 침공 초기 작전 단계에서 공격 기세를 유지하지 못한 원인은 무엇인가? 북한군 제6보병사단의 우회기동은 적절했는가? 한국군과 유엔군의 인천 상륙과 반격 작전에 대한 북한군의 방어 상황은 어떠했는가? 중국 인민지원군의 개입 의도와 동기는 무엇이며, 군사작전에서 나타난 작전술의 특징은 무엇인가? 북한군의 침공 작전을 준비하고 실시하는 과정에서 스탈린-마오쩌둥-김일성의 삼자 관계는 어떤 상호작용과 의사 결정을 했는가? 등의 물음에 대한 해답을 구해야 할 것이다. 이를 위해 중요한 사건과 상황을 실증, 해석, 추론 등의 방식으로 복원하고자 한다. 이러한 연구 목적을 달성하기 위해 다음과 같이 내용을 구성했다.

1장 아직 끝나지 않은 전쟁을 둘러싼 논쟁
2장 전쟁 이전의 역사
3장 소련 군사 교리와 북한의 군사적 기원
4장 북한의 전쟁 기획과 소련·중국의 지원
5장 전쟁의 발발과 전개
6장 미래 전쟁에 대하여

1장에서는 북한의 6·25전쟁 수행과 소련의 영향에 관해 문제를 제기하고 지금까지 진행된 다양한 연구 상황을 평가했다. 2장에서는 6·25전쟁 이전의 역사와, 모스크바-베이징-평양의 정치 지도부가 관여한 의사 결정 과정을 논술했다. 무엇보다도 전쟁의 배경과 책임에 관한 핵심 쟁점들을 중심으로 논의했다. 3장에서는 소련의 군사 이론과 군사 교리의 태동과 발전 과정을 고찰한 후, 북한이 그 원칙과 명제들을 정치 영역과 군사 영역에서 어떻게 수용하고 구현했는가를 추적했다. 4장에서는 소련의 적극 지원 아래 진행된 북한의 전쟁 준비 상황을 논술했다. 북한군의 형성과 조직, 교육 훈련, 침공 작전 계획 수립 등의 전쟁 준비 활동을 조명하는 가운데, 소련 군사고문단의 역할과 중국의 지원 사항을 논의했다. 5장에서는 1951년 여름 기동전이 종료될 때까지 전개된 전쟁 상황을 작전적 수준에서 재구성하고, 조선 인민군과 중국 인민지원군의 군사작전에 나타난 소련의 작전술 원칙과 중국의 전쟁술 사고법을 적시했다. 그리고 모스크바-베이징-평양의 최초 구상은 얼마나 실현되었고, 이들 삼자는 전쟁 상황이 예상을 벗어난 방향으로 변화되었을 때 중국군의 개입에 관해 어떤 입장을 견지했으며, 중국군과 북한군의 군사작전에 어떤 영향을 미쳤는가를 규명했다.

이 책을 집필하기 전까지의 6·25전쟁에 관한 연구 상황을 살펴보면 다음과 같다.

전쟁의 정치적 수준과 배경

그동안 6·25전쟁의 원인과, 전쟁 준비 및 수행을 위한 소련과 중국의 역할에 관한 연구는 빈번하게 이루어졌다. 본베치와 쿠푸스Peter M. Kuhfus는 1990년 소련 정부가 보관해온 문서의 일부가 공개되기 전까지의 연구 결과들을 역사 서술적으로 개관하고 논거로 사용된 근거 자료를 비판하는 방식으로 논문을 썼다.[7] 이 논문에 따르면 초기 연구에서는 6·25전쟁을 스탈린이 기획하고 조종했던 소련의 공세적인 세계 전략의 산물로 간주하는 경향이 지배적이었다.[8] 1960년대부터는 전쟁의 경과에 대한 중요한 관점 면에서 기존의 도식적인 생각과 부분적으로 상이하거나 완전히 상충된 견해들이 제시되었다. 예컨대, 중국의 전쟁 개입 결정은 중국에 대한 미국의 직접 위협을 차단하기 위한 방어 조치였다는 것이다. 휘팅Allen

Whiting과 플레밍D.F. Fleming은 이러한 견해를 대변하는 학자였다. 이들은 '남조선의 해방'과, 미국의 개입에 대항한 군사작전의 역할 분담 면에서 소련과 중국은 완전히 동조했다고 전제했다.[9] '뉴 레프트New Left' 경향의 콜코 부부Joyce & Gabriel Kolko는 전쟁은 스탈린이 일으킨 것이 아니라, 맥아더 장군과 이승만 대통령이 북한을 공격하려는 의도로, 북한이 서울을 '제한적으로' 공격하도록 유도했고, 미국의 개입으로 말미암아 전쟁이 확대되었으며, 이를 통해 미국은 군비 증강을 가속화할 수 있었다고 주장했다.[10]

시먼스Robert Simmons와 메릴John Merril은 6·25전쟁을 설명하기 위해 '수정주의' 노선을 취했다. 이들은 특히 '내전적 관점'을 부각했다. 시먼스는 전쟁이 '내적 요인들'에 의해 유발되었다고 주장했다. 이에 대한 대표적 논거로서, 김일성은 스탈린, 마오쩌둥과 합의한 남침 시기를 어기고 자의적으로 조기에 전쟁을 개시함으로써 남로당 당수인 박헌영과의 권력투쟁에서 우위를 차지하고자 했다는 점을 제시했다.[11] 메릴은 6·25전쟁은 최고조에 이른 남북한 긴장 상태가 분출된 결과로서, 전쟁 직전까지 있었던 일련의 소규모 무력 분쟁이 확전된 것으로 간주했다.[12]

1976년 미국 국무부는 비밀문서로 분류해 보관하던 6·25전쟁 관련 자료의 일부를 공개했다. 여기에는 한국군과 미국군이 노획한 북한 출처의 문서도 있다. 이 문서들[13]에 기초해 커밍스Bruce Cumings는 《한국전쟁의 기원The Origins of the Korean War》에서 제2차 세계대전과 연관하여 미국의 한반도 정책과 한국의 정치 상황을 수정주의적으로 해석했다. 그는 일제의 식민지 지배 시대까지 다루면서, 특히 1950년까지 남북한 사이에는 오랜 갈등과 분쟁이 지속되었고, 한국 내에는 사회 개혁에 대한 커다란 기대가 있었다고 강조했다. 이어서 그는 한국의 사회주의 체제로의 전환이 미국의 점령 정책과 한국 정부 수립으로 방해를 받았던 반면, 북한의 사회주의 체제 성립은 소련의 지원으로 성공할 수 있었다고 평하며, 이러한 사회 개혁의 문제를 둘러싼 남북의 긴장 관계가 전쟁으로 이어졌다고 추론했다.[14] 그는 자신의 저서 제2권에서, 38선 일대에서 남북의 무력 충돌이 지속되었던 상황이 북한의 대규모 침략을 유발하여 6·25전쟁이 일어났다고 결론지었다.[15] 이처럼 '수정주의자'들은 6·25전쟁의 원인을 강대국들의 의도에서 찾기보다는 남북한 사이의 긴장 관계에서 찾으려는 경향이 강했다.

오랫동안 6·25전쟁의 적절한 근거 자료에 대한 접근이 제한되었기 때문에 6·25전쟁에 관한 소련의 정치와 정책은 거의 밝혀지지 않은 상태였다. 1989년 소련 전문가인 본베치는 접근은 가능하나 주목받지 못했던 소련 관련 자료를 근거로 소련의 정치와 정책을 재구성하는 시도를 했다. 그는 스탈린 정권 말기의 내부 의사 결정 과정을 분석하려면 신뢰할 만한 자료들이 필수적이지만, 매우 제한적이라는 점을 지적했다. 그러나 그의 연구에 있어서 흐루쇼프Nikita Sergeyevich Khrushchyov의 회고록, 페투초프Valentin Petuchov의《통일과 독립을 위한 투쟁의 기원에 대하여An den Ursprüngen des Kampfes für Einheit und Unabhangigkeit》, 페투초프와 레베데프Nikolai Lebedev가 공동 저술한《한국의 자유를 위하여Für den Frieden auf dem Boden Koreas》같은 회고록은 매우 유용한 자료들이었다. 페투초프는 1946년 말부터 한반도 문제를 논의한 미소美蘇공동위원회 소련 측 대표 위원으로 활동했다. 그 후 1948년 10월부터 1952년 8월 말까지 평양 주재 소련대사관의 일등 서기관을 지냈으며, 모스크바로 복귀한 후에는 소련 외교부의 한국과장을 지낸 인물이었다. 레베데프 소장은 북한을 점령했던 제1극동군 제25군의 군사위원회 위원이었다. 그는 1947년 가을부터 북한 내 소련 군정 조직의 수장으로서 핵심 역할을 수행했고, 1948년 12월 소련 점령군이 철수하기까지 조선 인민군의 조직과 무장에 관여했다. 중소中蘇 분쟁이 최고조에 달했을 때 공개된 이들 문헌들은 몇 가지 기대 이상의 정보를 제공해주었다. 본베치는 자신의 연구에 착수하기 전까지 스탈린과 소련 지도부의 역할에 관해 미결되었거나 한쪽으로 치우쳤고 단편적 규명에 머물렀던 몇 가지 쟁점들에 대해 해답을 제시했다. 나아가 추가 규명해야 할 문제들을 다음과 같이 열거했다.[16]

1) 한국을 기습 침공하려는 계획은 김일성의 발상이었는가, 그렇다면 스탈린에 의해 언제 승인되었는가?
2) 서울로 제한된 전격적 공격만 합의되었는가?
3) 왜 한국에서는 북한의 침공 직후 기대했던 주민 봉기가 일어나지 않았는가?
4) 스탈린과 모스크바 정치 지도부가 한국에 대한 북한의 침공에 동의해준 동기는 무엇이었는가?
5) 스탈린은 미국과 중국의 군사적 대결을 절대적으로 회피하고자 했는가? 그리고 스탈린은 양국의 군사적 대결로부터 얼마나 거리를 두었는가?
6) 소련과 중국은 왜 그리고 어떤 목적으로 중국의 개입에 합의했는가?
7) 최초 2개의 중국 '인민지원군' 병단(실제로는 중국 인민해방군의 정규 병력)은 언제 북한 지역으로 진입했는가?

이러한 쟁점들에 관한 실질적 연구는 소련이 붕괴된 후에 비로소 가능해졌다. 1994년 6월 2일, 김영삼 대통령이 모스크바를 방문했을 때, 러시아 옐친 대통령은 6·25전쟁 관련 문서의 사본을 216건 전달했다. 1994년 11월부터는 러시아 외교부의 문서보관소에 보관 중인 문서에 대한 접근이 허용되었다. 미국의 역사학자 웨더스비는 서양 학자로서 처음으로,

1993년부터 1996년까지 다른 동료들과 함께 '냉전 세계사 프로젝트Cold War International History Project, CWIHP'의 일환으로 이들 문서를 공개했다.[17] 이들 문서와 새로운 연구 산물은 출판물이나 웹을 통해 접근할 수 있다.[18] 특히 웹으로 접근이 가능한 도서관인 'CWIHP Document Library'에서 전문가에 의해 발굴되고 해석된 서른 개 분야의 문서들과 이 연구와 관련된 문서들을 쉽게 찾아볼 수 있다. 웨더스비와 그의 동료들의 연구가 진행될 즈음, 《조선일보》와 《서울신문》은 김영삼 대통령에게 전해진 6·25전쟁 자료들을 종합하여 연재했다.[19]

1990년대 초부터 새로운 자료를 토대로 일련의 연구서들이 출간되었다. 그중에서 곤차로프Sergei N. Goncharov, 루이스John W. Lewis, 슈에 리타이Xue Litai가 공동 저술한 《흔들리는 동맹—스탈린과 마오쩌둥 그리고 한국전쟁Uncertain Partners : Stalin, Mao and the Korean War》이 주목할 만하다. 이 연구는 마오쩌둥의 중요한 문서를 비롯해, 비록 소련의 공식 문서는 아니지만 1950년 1월까지 중국에서 활동했던 주중 소련 대사 코발레프Ivan Kovalev가 1991년 말 1992년 초에 공개한 개인 문서, 코발레프와 다른 소련인 증언자들과의 인터뷰 자료 등에 근거를 두고 있다.[20] 이 연구는 6·25전쟁을 소련과 미국의 국제적 경쟁 관계, 소련과 중국의 공산 진영 내 경쟁 관계, 북한 정권의 이해관계가 낳은 사건으로 간주했다. 그리고 이들 삼자 관계는 상대방을 고려하지 않고 자기의 개별 이익을 우선 추구하는 관계로 평가했다. 그러나 이러한 해석은 새로운 것이 아니며 다른 학자들도 같은 맥락의 주장을 했다.[21] 특히 스툭William Stueck은 이들 연구가 "북한의 계획 발전 과정, 이와 관련한 소련과 중국의 역할을 명료하게 밝히지 못하고 있다"[22]고 평가하면서, "왜 한국 내전이 아니고 한국전쟁인가?"라는 쟁점에 대해 "한국전쟁은 전쟁의 내적, 외적 요인들을 통합적으로 평가해야만 이해할 수 있다"는 견해를 피력했다.[23]

러시아의 주요 문서들은 중국의 전쟁 개입으로 이어지는 내밀한 의사 결정 과정에서 소련이 어떤 역할을 수행했는가를 입증하고 있다. 주복 Vladislav Zubok과 플레스하코프Constantine Pleshakov, 개디스John Gaddis, 마스트니Vojtech Mastny 등의 학자들도 냉전을 조명하는 자신들의 연구에서 소련의 영향을 밝혔다. 마스트니는 러시아 문서에 추가하여 체코슬로바키아 측의 문건도 인용했다.[24] 손턴Richard C. Thornton은 중소中蘇 관계와 관련해, 스탈린이 북한의 한국 침공을 의도했던 이유가 중국을 미국과 군사적으로 대결하는 상황에 처하도록 내몰아 소련에 종속되도록 하는 데 있었다는 가설을 세워 이를 증명하고자 했다.[25]

　스톨베르크Eva-Maria Stolberg는 6·25전쟁을 소련의 대對중국 정책과 중·소의 지속적 긴장 관계라는 포괄적 관점에서 다루었다.[26] 재미在美 학자인 첸젠陳建과 장수광張署光은 6·25전쟁과 연관된 중국의 역할을 연구했다.[27] 첸젠은 전쟁 이전에 조성된 중국과 미국의 대결 구도를 배경으로 중국 지도부의 심사숙고와 전쟁 개입 과정을 다루었다. 그의 주장은 1980년대 중반부터 접근이 허용된 자료들과 의사 결정 과정에 관여했던 인물들의 증언을 근거로 했다. 장수광은 마르크스, 엥겔스, 레닌, 손자孫子, 클라우제비츠 등의 사상에 근거한 마오쩌둥의 군사전략적 사고가 6·25전쟁의 진행에 어떤 영향을 미쳤는가를 논술했다. 나아가 그는 6·25전쟁의 성격을 미국과 중국이 원했던 제한 전쟁으로 규정했다.

　6·25전쟁에 대한 대한민국 학자들의 연구는 1980년 초까지 일반적인 수준에 머물렀으며 구체적인 주제에 대한 전문적이고 심층적인 저작을 내놓지 못했다. 당시에는 반공 사상이 지배하던 시대로서 표현의 자유가 제한되었기 때문에 그러한 연구를 실행하기 어려웠다. 단지 소수의 학자만이 그 문제에 접근할 수 있었고, 한국인의 첫 번째 논문은 1963년 소진철이 발표한 것으로 한국이 아닌 미국에서 출간됐다. 이 논문은 소련과

중국의 실무 협력 분야를 중심으로 6·25전쟁 발발의 원인을 밝히고 있는데, 소련의 정책에 대해 한국인이 1960년대에 작성한 유일한 문건이다.[28] 소진철은 소련의 팽창주의, 특히 한국과 일본을 사회주의 진영으로 편입하려는 시도에서 6·25전쟁의 발발 원인을 찾았다. 1990년 독일에서 여인곤은 1945년부터 1950년까지 소련이 펼친 대한반도 정책을 다룬 연구 결과를 발표했다.[29] 비록 그는 1990년 중반에 공개된 1차 자료들을 활용할 수는 없었지만, 제2차 세계대전부터 6·25전쟁 발발까지 소련의 정책을 공산주의 이념과 러시아 민족주의의 합작품으로 해석했다. 그는 스탈린이 마르크스–레닌주의의 이념적 지배 체제를 한국 지역으로 확대하기 위해 김일성이 주도한 이른바 '민족해방전쟁'을 지원했다고 논술했다. 그는 이념적 동기를 우선시하는 소련 정책의 전통적 양상을 제시했다. 1972년 한국에서 예비역 장군 김점곤이 〈한국에 있어서의 공산주의 투쟁 형태 연구〉라는 논문을 발표했다. 그는 6·25전쟁을 전쟁 발발 이전부터 전개되었던 공산 빨치산 투쟁의 연속으로 간주했다.[30] 그의 논문은 미국에서 태동한 수정주의적 관점의 연구와 나란히 6·25전쟁의 내전적 성격을 규명하고, 공식 발간한 역사서를 뛰어넘어 저술된 국내 최초의 학술 논문이었다.

1980년대 후반부터 6·25전쟁에 관한 자유로운 학술 토론과 출판이 국내에서도 가능해졌다. 김학준의 《한국전쟁 — 원인, 과정, 휴전, 영향》과 김철범의 《한국전쟁—강대국 정치와 남북한 갈등》은 전통주의 시각의 저술로 분류할 수 있다.[31] 최장집의 〈한국전쟁에 대한 하나의 이해〉와 류상영의 〈북한의 한국전쟁 인식과 성격 규정〉은 수정주의 시각의 연구였다.[32] 최장집은 전통주의적 관점의 연구 결과들은 반공 이념적으로 편향되었다고 비판했다. 그는 6·25전쟁을 하나의 반제국주의적 '민족해방전쟁'으로 간주했다. 류상영은 6·25전쟁이 북한의 시각에서 어떻게 주장되는가를 논술했다. 그러나 류상영의 논술은 사실상 북한의 주장과 논리를 그대로 제시하거나 종합하는 데 그쳤다고 볼 수 있다.

1990년대 중반부터는 러시아 정부가 많은 문건을 공개함에 따라 소련의 한반도 정책과 북한의 소비에트화 과정에 대한 심층 연구가 이루어졌다. 박명림은《한국전쟁의 발발과 기원》을 발표했다.[33] 이 책이 주목받았던 이유는 당시까지 존재했던 대다수의 자료를 포괄적으로 망라했기 때문이며, 주로 전쟁의 기원과 준비 과정을 규명하는 데 집중되었다. 이어서 일본학자 와다 하루키和田春樹가 쓴《조선전쟁朝鮮戰爭》의 번역본과 김영호의《한국전쟁의 기원과 전쟁 과정》이 출간되었다.[34] 하루키는 6·25전쟁의 기원과 원인을 일제강점기의 항일 투쟁으로부터 유래한 남북한 사이의 긴장 관계에서 찾았다. 그는 6·25전쟁은 북한 정권이 일으켰지만 한국도 전쟁에 대한 책임으로부터 자유로울 수 없다고 주장했다. 왜냐하면 이승만 대통령이 정치 전략 차원에서 '북진 통일'을 발언하면서 한국의 안보를 모색했던 측면도 있었기 때문이다. 김영호는 스탈린이 '롤백Rollback 전략'[35]의 구현을 시도했기 때문에 전쟁이 발발했다는 점을 증명하고자 했다. 그는 스탈린이 공산주의 진영에 유리하게 전개된 외부 환경과 김일성의 무력 남침 제의를 이용했다고 주장했다. 국방부 군사편찬연구소에서 1997년부터 1999년까지 세 권의 영문본으로 발간한《한국전쟁The Korean War》은 주로 한국과 미국의 자료를 기초로 작성되었고 공식 역사서로서의 가치가 있다.[36]

2000년대에 들어 6·25전쟁 발발 50주년을 맞이하여 출간된 이완범의《한국전쟁─국제전적 조망》은 6·25전쟁의 원인을 내전적 요인보다는 강대국인 미국과 소련의 대결 구도에서 찾았다.[37] 그리고, 열두 명의 학자가 공동 저술하고 한국전쟁연구회가 편집한《탈냉전시대 한국전쟁의 재조명》은 6·25전쟁의 원인, 경과, 결과뿐만 아니라 전쟁이 안보 정치 구조에 미친 영향과 미래 한반도 평화 체제까지도 다루었다.[38] 모스크바에서도 토르쿠노프A. V. Torkunov 교수의 연구서가 발표되었다. 그는 국제정치학자 겸 역사학자로서, 소련-중국-북한은 수직적 삼자관계로서 스탈린이 소련 군사고문단과 마오쩌둥을 통해 군사작전의 준비와 전개 과정, 휴전의 조건 등에 이르기까지 김일성에게 상세하게 지시하고 관여했다는 사실을 당시 주고받은 비밀 전문에 근거를 두고 규명했다.[39] 2010년에 들어 6·25전쟁 발발 60주년을 기념하여 김영호, 나종남, 강규형, 이재훈 교수 등이 탈냉전 이후 공개된 자료들과 연구 성과 등을 토대로 재조명한 논문들이 수록된《6·25전쟁의 재인식—새로운 자료, 새로운 해석》이 발간되었다. 이 책은 6·25전쟁의 기원, 6·25전쟁이 국제적으로 미친 영향과 한국의 정치·경제·사회 변동에 미친 영향 등을 다루고 있다.[40] 그동안 중국 측 문서들의 발굴과 평가가 제대로 이루어지지 못했는데, 2011년 12월 중국 측 자료를 중심으로 쓰인 추이David Tsui의《중국의 6·25전쟁 참전》이 발간되었다. 이 책은 중국의 군사개입 문제뿐만 아니라 정치·외교적 역할을 포괄적이고 심층적으로 파악하는 데 많은 도움을 준다.[41] 이처럼 1990년 중반 이후 2012년까지 국내 연구의 공통점은 새로운 접근을 가능케 한 1차 사료를 토대로 전통적 시각뿐만 아니라 수정주의적 시각도 보여준다는 점이다. 즉 국제 및 국내 정치적 영역에서 6·25전쟁을 재평가해 저자들의 입장을 제시하고 있다. 전반적 연구 상황을 평가해보면, 모스크바-베이징-평양 구도의 복합적 관점에서 6·25전쟁을 분석하는 노력이 필요하며 나아가 정치적 판단과 군사작전 수행의 상호작용에 대한 연구가 더 활발히 이루어져야 할 것이다.

전쟁의 군사적 수준과 전개

6·25전쟁의 군사軍史 및 작전사作戰史, 조선 인민군과 중국 '인민지원

군'에 관한 연구로서 우선 미국 역사학자들의 연구를 들 수 있다. 예컨대 미국 육군군사센터에서 발간한 슈나벨James Schnabel의 《정책과 방향 *Policy and Direction*》, 애플먼Roy E. Appleman의 《남으로 낙동강, 북으로 압록강*South to Naktong, North to Yalu*》, 모스먼Billy C. Mossman의 《썰물과 밀물, 1950년 11월~1951년 7월*Ebb and Flow, November 1950~July 1951*》은 6·25전쟁에 대한 미국 정부의 공식 기록으로, 나는 이들 저작을 본 연구의 기초로 삼았다.[42] 우리 국방부는 1960년대부터 전체 열한 권으로 구성된 《한국전쟁사》를 발간했지만, 역사 서술의 참고 자료가 충분하지 못하다는 문제점을 안고 있었다.[43] 이후 이보다 신뢰도를 더 높인 자료로서 세 권으로 구성된 영문본 《한국전쟁*The Korean War*》을 출간했고, 이어서 최신 자료들과 그동안의 연구 산물을 집대성하여 열한 권으로 구성된 《6·25전쟁사》를 발간 중에 있다.[44] 그리고 1998년에 개정된 육군사관학교의 《한국전쟁사 부도》는 주요 작전의 배경, 경과, 교훈을 도해하여 이해를 도왔다.[45] 장준익 장군의 저서 《북한 인민군대사》는 조선 인민군의 형성 과정, 전쟁 준비 활동, 초기 작전의 전개를 군사적 관점에서 논술한 보기 드문 역작이다. 저자는 6·25전쟁에 직·간접적으로 관여한 주요 인물들을 미국, 소련, 중국으로 찾아가 그들의 증언을 청취하는 등 의욕적인 실증 연구를 통해 특히 전쟁 이전의 조선 인민군 역사를 재구성하는 데 성공했다.[46] 2010년 들어서 이재훈 교수는 〈6·25전쟁과 소련의 군사적 역할〉에 관해 논술하였다. 그는 북한의 전쟁 준비와 전쟁 수행 과정에서 소련이 군사적으로 미친 영향, 즉 소련의 전쟁 물자 지원, 소련 군사고문단의 역할, 소련 공군의 참전 등을 중점적으로 다루었다.[47]

북한의 전쟁 수행과 전개 과정에 초점을 맞춘 심층 연구는 많지 않은 상태이다. 그러나 슈레이더Charles S. Schrader의 저술은 주목할 만하다. 그는 6·25전쟁 동안 조선 인민군이 수행한 군수 지원 체계를 분석하면서 미국군의 막강한 공군 화력에도 불구하고 북한군과 중국군이 전선의 작전 부대에 군수 지원을 할 수 있는 상황이었다고 주장했다.[48] 스텔마크Daniel S. Stelmach는 6·25전쟁 초기에 소련군이 북한군 전차부대의 전술에 어떤 영향을 미쳤는가를 상세히 논술했다.[49] 그는 미국 육군의 군사정보부 소속 연구원으로서 일반인에게는 접근이 불가능한 자료들을 검토할 수 있었고, 군사軍史적 관점에서 유용한 미국과 한국의 군사 문서를 비롯해 전쟁 중 노획한 북한 측 문서들을 근거로 논술했다. 이러한 성격의 문서들은 미국 워싱턴 DC의 국립문서보관소에 소장되어 있으며, 이 중에서 국사편찬위원회와 국방부 군사편찬연구소에 소장되어 있는 문서들은 수월하게 활용할 수 있다.[50]

이 밖에도 미국 중앙정보국CIA 보고서와 한국 군사고문단KMAG의 문서가 유용하다.[51] 미국 중앙정보국 보고서는 당시 남북한의 정치·군사·경제·사회 상황뿐만 아니라 1946년부터 1953년까지 소련이 실제 펼쳤던 한반도 정책을 분석한 내용도 담고 있으며, 1992년과 1993년 사이에 공개되었다. 미국의 군사고문단은 1949년 7월 1일 공식 창설되었지만, 이미 1945년부터 한국군의 지휘 체계와 교육 훈련 제도의 기반을 형성하는 활동을 하고 있었다. 이 군사고문단의 규모는 활동이 최고조에 달했던 시기인 1952년 1월을 기준으로 장교 617명, 부사관 1,336명이었다.[52] 이들 두 문서는 북한의 의사 결정과 실행 과정을 최소한 간접적이나마 추론하게 해준다.

소련의 군사 이론과 제도에 관해 연구하려면 무엇보다 소련 군사 이론 분야의 빼어난 전문가 가르토프Raymond Garthoff의 저서《소련군Die Sowjet-armee》의 활용이 필수적이다. 이 책은 소련의 군사 이론이 실용화되었던 6·25전쟁 막바지인 1953년 3월에 발간되었다. 이전에는 서방세계에서 접할 수 있는 소련 군사 이론을 종합 정리한 서적이 나오지 않았다.[53] 이

후에 나온 글란츠David M. Glantz, 코코신Andrei Kokoshin, 가레예프Machmud Gareev 등의 연구서도 소련 군사 이론을 이해하는 데 필요하다.[54] 독일 연방군의 교범《군사력 운용을 위한 작전 지도 지침》에는 시대를 초월한 가치를 지닌 작전 수행의 원칙과 고려 사항이 수록되어 있다. 이러한 작전술 명제들은 그동안 역사적으로 정립된 일련의 군사 이론과 전쟁 경험으로부터 도출된 것으로서, 이 연구에서 북한과 중국의 전쟁 수행을 객관적으로 평가할 수 있는 규범을 제공하고 있다.[55]

조선 인민군의 군사작전, 군사와 정치의 관계를 조명하는 데 필요한 문헌은 국내 전문 연구 기관인 국방부 군사편찬연구소, 국방대학교 안보문제연구소, 국회도서관 등에 보관되어 있다. 예컨대 국회도서관에는 하기와라 료萩原遼가 미국 국립문서보관소에서 찾아《북조선의 극비문서北朝鮮の極秘文書》라는 제목으로 편집해 발간한 상·중·하권의 자료집이 보관되어 있으며 본 연구에 중요한 1차 사료이다. 여기에는 1945년 8월부터 1951년 6월까지 발표된 김일성의 신년사, 북한 민족보위성과 야전 부대 내부의 지령과 명령, 선전 자료 등 북한의 내부 자료가 수록되어 있다.[56] 북한 정권이 전쟁 종료 후 발간한 김일성 선집, 김일성 저작집, 김일성 전집 등도 꼭 살펴보아야 할 참고 자료로 특수자료실에서 열람할 수 있으며,[57] 란코프Andrei Lankov의《스탈린에서 김일성까지—북한의 형성 From Stalin to Kim Il Sung. The Formation of North Korea》[58]과 볼코고노프Dmitri Volkogonov의《스탈린의 승리와 비극, 정치적 초상Stalin. Triumph und Tragödie. Ein politisches Porträt》[59] 등은 전쟁에 관여한 주요 인물들을 분석하는 데 유용하다.

북한 정권에 종사했던 인물의 증언은 매우 중요한 가치를 지닌다. 대표적 자료로는 '임은'이란 필명으로 저술해 일본 도쿄에서 발간한 영문본이 있다. 저자의 실제 이름은 '허진'으로, 그는 북한 내무성의 문화 부문 부부장으로 복무했던 북한군 소령이었으며, 소련으로 도피해 6·25전쟁과 김일성의 역할에 관한 기억을 정리했다.[60] 이 밖에 북한의 전쟁 수행에 관해 연구하는 과정에서 제기된 의문점들을 풀어주는 참전자들의 증언 기록은 충분하지 않다. 이러한 관점에서 주영복의 《내가 겪은 조선전쟁》은 몇 가지 중요한 추론을 가능케 해준다.[61] 《중앙일보》가 편집한 《조선민주주의인민공화국—비록秘錄》은 역사학자와 정치학자들이 세운 가설과 추정들이 부분적으로 사실로 밝혀지는 데 기여했다.[62] 톨랜드John Toland의 《필사적인 전투—한국전쟁 1950~1953 In Mortal Combat : Korea 1950~1953》은 다수의 한국인, 미국인, 중국인 참전자들로부터 모은 증언과 중국군의 문서를 토대로 주로 전쟁과 인간에 관한 문제를 논의하고 있으며, 군사軍史적 또는 작전술적 문제는 다루지 않았다.[63]

북한에서도 연구 결과가 발표되었지만 내용이 지나치게 선전·선동적인 성격을 띠고 있어 다른 출처의 자료들과 연계해 신뢰성을 확인하지 않으면 활용하기 어렵다. 북한이 공식 발간한 문헌으로는 《미제가 일으킨 한국전쟁 The US Imperialists Started the Korean War》, 《조선전사》, 《력사가 본 조선전쟁》 등이 있다.[64] 이 문헌에서 우리는 북한 정권이 조작되고 왜곡된 자료로 6·25전쟁을 일으킨 책임을 회피하면서 북한의 전쟁 수행을 사상적으로 미화하고 김일성을 찬양하려는 의도를 확인할 수 있다. 따라서 북한 출처의 모든 발간물들은 매우 면밀하게 검증되어야 한다.

공산 진영의 자료 중에서 최고 정치지도부 예하 계층의 역할과 활동에 관한 자료를 수집하는 것은 더욱더 어렵다. 북한에 현존하는 북한 측 내부 문서들은 객관적 연구에 전혀 활용될 수 없다. 전쟁 기간 중 노획한 문서, 선전 자료들만 취급할 수 있을 뿐이다. 더욱이 최근 공개된 중국과 소련 측 자료들의 일부는 조작되었을 가능성도 배제할 수 없다. 한국의 정부, 정보기관, 군사軍史 연구 기관의 문서들은 비교적 어렵지 않게 접근할 수는 있지만 자료에 관한 전반적인 상황은 역사적 사실과 상황을 정확하게 복원하는 노력을 어렵게 만든다. 그럼에도 불구하고 이 책은 가용한 자료들을 근거로 6·25전쟁 연구 분야에서 새로운 지평을 열고자 한다.

2장

전쟁 이전의
역사

1. 소련의 한반도 전략

1860년 알렉산드르 2세는 동북아 지역에서 러시아의 영향력을 강화하기 위해 블라디보스토크에 군사기지를 건설하기 시작했다. 이후 러시아는 블라디보스토크와 같은 부동항을 확보하기 위해 집요한 노력을 기울였다. 이러한 의도는 오랜 기간 소련의 전략적 사고의 중심에 있었다. 한반도는 다수의 부동항뿐만 아니라 대한해협을 통제해 일본을 제어할 수 있는 지리적 전략적 이점을 제공했기 때문이다.[1] 1905년까지 러시아는 한반도에서 강대국 사이의 힘의 균형을 유지하고, 어떤 강대국도 한반도를 독점하지 못하도록 견제하는 데 목표를 두었다.[2] 따라서 19세기 말부터 20세기 초까지 러시아와 일본은 경쟁 관계에 놓일 수밖에 없었다. 러시아는 한반도 북부 지역을 지배하려는 의도에서 한반도를 2개 권역으로 분할할 것을 여러 차례 제안했다. 그러나 러시아는 러일전쟁(1904~1905)에서 패배한 후, 더 이상 자국의 이익을 실현할 수 없게 되었다.[3] 그러다가 소련은 제2차 세계대전이 종료될 즈음 그들의 숙원을 실현할 기회를 맞이하게 된 것이다.

우선 소련의 지도부가 제2차 세계대전의 결과로 차지하게 된 영향 권역에 만족했는지, 아니면 지배 영역을 더 확장하려는 의도를 갖고 있었는지 살펴보아야 할 것이다. 소수 역사가만이 소련이 1945년 이후 서방세계에 대한 침공을 계획했다는 견해를 보이고 있다. 그런데 소련은 독일과의 전쟁을 통해 극심한 피해를 입었고, 국토의 서부 지역은 매우 황폐해진 상태였다. 소련 국민들은 전후 복구 사업에 진력해야 할 시기였다. 이러한 환경에 처한 스탈린이 서방세계를 침략하려는 계획을 세웠다는 주장에는 동의하기 어렵다.[4] 본베치에 따르면, 종전 직후 소련은 경제력이 넘치는 미국과 전혀 상대가 되지 않았다.[5] 스탈린주의의 야망은 소련과 소련의 영향권에 있는 국가에 공산당이 지배하는 사회체제를 건설하는 데 있었다. 스탈린주의의 팽창 정책은 히틀러 국가사회주의에 비해 약한 성격을 띠었다. 국가사회주의의 이념이 '공세적 군사력'이라면, 스탈린주의의 이념은 '무장된 요새'에 비유할 수 있다. 스탈린은 1945년 이후 그의 입장에서 인식한 서방세계의 위협에 대해 팽창주의적으로 반응하지 않았다. 회화적인 표현을 빌리면, 스탈린의 반응은 '참호를 파고 들어간 것'과 같았다.[6]

이러한 관점에서 소련의 제2차 세계대전 후 '한반도 전략'은 '1개 권역에서의 사회주의Socialism in One Zone' 원칙에 기반을 둔 방어적 성격의 전략이었다.[7] 이 전략의 핵심은, 1) 20세기 초 러일 회담에서 러시아 영향 권역의 남쪽 한계선으로 간주했던 38도선 이북의 한반도를 군사적으로 점령, 2) 소련 정책의 보증인 김일성과 북한 공산당의 권력 장악을 지원, 3) 소련의 영향 아래 소련을 본보기로 하는 공산 정권 수립 등이었다. 이에 따라 1948년 9월 9일 조선민주주의인민공화국 정부가 수립되었다. 이러

한 소련의 전략은 도이처Isaac Deutscher가 규명한 바와 같이 처음부터 일관되게 구현되었다.[8]

소련은 1945년 2월 얄타협정을 통해, 1905년 상실했던 남부 사할린, 다롄, 뤼순항港, 만주 지역 철도와 쿠릴 열도를 되돌려받고 외몽골 지역에 대한 통제권을 유지하게 되었다.[9] 스탈린과 몰로토프는 외교 협상 과정에서 '한반도 문제'에 상대적으로 적은 관심을 보였다. 그 결과 한반도에서의 신탁통치 문제를 소홀히 했던 것이다. 소련의 총참모부는 얄타회담 직후인 1945년 봄, 극동 지역에서 전쟁을 수행하기 위한 계획에 착수하여 같은 해 6월 27일 완성했다. 이 전쟁 계획은 소련 정치 지도부가 만주와 한반도에서의 작전에 관해 어떤 생각을 갖고 있었는가를 보여준다. 리Erik van Ree는 발굴한 작전 지도를 토대로 전체 작전을 논리적으로 묘사했다.[10] 당시 소련군 작전의 기본 개념은 일본 관동군을 3개 방향에서 동시에 공격하는 것이었다. 서쪽에서는 바이칼 전선사, 북쪽에서는 극동 전선사가 주공을 맡았다. 동쪽에서는 1945년 3월 19일 극동 전선사로부터 분리된 제1전선사(연해주)가 공격하는 계획이었다.[11] 치스차코프Ivan M. Chistiakov 대장 휘하의 제25군은 제1전선사 예하 부대로서 일본 관동군 주력부대의 철수를 방해하기 위해 한반도 지역에 투입되었다. 병력 규모는 약 15만 명으로서, 5개 사단과 1개 여단으로 편성되었고, 소련군 태평양 함대 일부 세력의 지원도 포함되었다.[12] 나진, 청진, 함흥, 원산 등 한반도 북동부 해안의 항구들은 조기에 접수하도록 계획되었다.[13] 이에 따라 1945년 8월 9일, 소련은 일본과의 전쟁을 개시했고, 소련 지상군은 8월 11일 한중 국경을 넘었다.[14] 8월 13일, 청진이 접수되었다. 이 작전은 2단계로 전환되어 서울을 포함한 한반도의 북부 지역으로 확대되었다. 8월 24일, 소련군 선두 부대가 평양에 진입했고, 이튿날 개성을 점령했다. 8월 28일, 마침내 소련군은 38도선 이북의 북한 전 지역을 장악하는 데 성공했다.[15]

이 작전의 목적은 소련이 한반도 북동부의 부동항과 한반도의 북쪽 절반에 대한 통제력을 확보하고, 궁극적으로 일본을 겨냥해 지리 전략적으로 유리한 입지를 확보하는 데 있었다. 그러나 소련은 만주 지역과 한반도 지역 전체를 점유하려는 의도는 갖고 있지 않았다. 일본 관동군의 무장이 해제된 후 비로소 '한반도 문제'가 구체적으로 논의될 수 있었다.[16] 미국의 구상은 소련군의 점령 지역을 38도선 이북으로 제한하는 것이었다. 이 구상은 소련 제25군이 공격 기동을 개시한 8월 11일 이후 1945년 8월 16일 뒤늦게 스탈린에게 전달되었다. 역사적 가정이지만, 만일 소련의 지도부가 미국의 '일반명령General Order 제1호'를 무시하고 조기에 서울을 점령했더라면, 미국의 지도부는 미국군을 부산으로 보낼 수밖에 없었을 것이다.[17] 8월 26일, 소련 제25군사령관 치스차코프 대장은 평양에 사령부를 설치하여 북한 전역에 군정 체제를 수립했다. 그 핵심 기관으로 로마넨코 Andrei A. Romanenko 소장이 이끄는 민정관리총국을 설치했다. 이 기관은 소련 제25군 군사회의의 통제 아래 운영되었다.[18]

2. 북한에 이식된 소련식 체제와 김일성

소련 지도부는 북한 지역의 소비에트화와 그들의 피보호자이자 심복인 김일성을 지원하여 전략적 이익을 구현하고자 했다.[19] 북한 지도부의 구성은 1945년 10월 14일 평양의 대규모 군중대회에서 김일성이 독립 영웅으로 소개된 후부터 소련 군정에 의해 체계적으로 추진되었다. 소련의 정치 및 군사 지도부는 1945년 10월 초순부터 소련을 위해 북한 정권을 이끄는 데 최적의 인물로 김일성을 지목하기 시작한 것으로 보인다.[20] 시먼스는 김일성이 부상하게 된 주된 원인을 단지 소련의 지원에서 찾기보다는 그의 지도자 자질에서 찾았다.[21] 그러나 북한의 정치체제 형성 과정을 분석하고 김일성의 이력을 추적해보면 시먼스에 동의하기는 어렵다. 물론 김일성에게 능력과 행운이 있었고 권력 장악의 호기가 제공된 점을 부정할 수는 없지만 이러한 조건은 핵심 요인이 아니었다. 가장 중요한 요인은 소련 측의 지원과 스탈린의 결정이었다.[22]

김일성이 일본의 식민 지배 기간에 항일 무장 조직을 이끌었다는 사실에는 이견이 없다.[23] 그런데 그가 소련 영토로 도피한 시점부터 1945년 9월 19일 원산에 모습을 드러내기까지 어떤 활동을 했는지는 추가 규명이 필요하다. 북한 정권은 이 시기 김일성의 행적을 감추면서, 일제의 강력한 토벌 작전에도 불구하고 민족해방을 위해 도피하지 않고 왕성한 투쟁을 전개했다고 미화해 어떤 흠결도 없는 '위대한 수령'임을 선전해왔다.[24] 지금까지 북한 정권은 김일성이 제2차 세계대전 기간 중 소련군으로 복무했던 사실이나, 중국 공산당원이었던 사실을 전혀 언급하지 않았다.[25] 이 정식 교수는 김일성이 유격대원들과 함께 1941년 여름 하바롭스크 근교로 도피한 것으로 추정했다.[26] 그의 도피 시기에 관해서는 의견이 분분한데, 임은은 1940년 전반 김일성이 자기 목숨을 보전하기 위해 항일 투쟁을 포기하고 소련으로 도피했다고 주장했다.[27] 다른 학자들은 1939년 또는 1940년부터 1941년 3월 사이 김일성이 한소 국경을 넘었다는 상이한 견해를 보인다.[28] 신주백은 여러 증언을 종합해 김일성이 1940년 10월 국경을 넘었다고 추론했다.[29] 란코프는 김일성이 1940년 12월 아무르 강을 넘어 도피했다고 주장했다.[30]

소련 당국의 보안 조사를 거쳐 김일성과 그의 유격대원들은 소련군에 편입되었다. 김일성은 1942년 봄까지 하바롭스크에 있는 보병학교에서 수업을 받았다. 소련군 지도부가 1942년 여름 하바롭스크 북동쪽 70~75 킬로미터 지점의 비아츠크Viatsk에서 '제88특별독립저격여단'을 창설했고, 김일성은 소련군 대위로서 이 부대의 제1대대장에 임명되었다. 이 여단은 4개 대대로 편성되어 전체 병력은 1,000~1,700명이었으며, 이 중에서 200~300명은 소련군 교관이었다. 한 대대는 140~180명으로 편성되었다.[31] 이 부대 소속 여성대원 이재덕이 란코프의 상술 내용을 뒷받침하고 있다. 이 부대는 유격전을 경험했던 한국인과 중국인으로 구성되어 일본과 전쟁 시 정찰 임무를 수행할 예정이었고, 이미 1942년부터 만주 지역에서 정찰 활동을 한 것으로 추정된다.[32] 김일성의 친구였고, 1947년 탈북한 배우 겸 작가인 오영진의 증언에 따르면, 비아츠크에 머무는 동안 김일성은 모스크바에 갔었고, 소련 측은 김일성에게 러시아혁명 영웅인 차파예프Vasily Chapaev를 그린 영화를 보여주면서 김일성을 한국의 차파예프라고 치켜세웠다. 그러나 김일성은 독일군과의 전투에 참전하지 않고 그의 일부 유격대원들만이 전투에 참가하는 데 그쳤을 것이라고 증언했다.[33] 제2차 세계대전 중에 훗날 조선 인민군의 간부가 될 인원들을 미리 양성했다는 주장은 믿기 어려운 측면이 있다.[34]

소련에 복종하는 정권을 평양에 수립하기 위해 소련의 지도부는 또 다른 점을 고려했을 것이다. 예컨대, 조만식, 박헌영 등과 달리 김일성은 젊었기 때문에 제2차 세계대전 이전에 중국, 만주, 한반도에서 활동했던 어떤 정치조직으로부터도 자유로운 상태였고, 무엇보다 항일 투쟁 중 단 한 번도 일본 경찰에 체포되지 않아 일본에 회유나 포섭을 당했을 가능성이 희박하기 때문에 때 묻지 않은 인물이라는 사실이 중시되었을 것이다.[35] 김일성의 개인 고문이었던 소련군 메클레르Grigori K. Mekler 중령[36]은 훗날, 김일성은 마르크스-레닌주의 이론, 사회주의 정치, 공산당 조직 등에 관해 풍부한 지식을 보유하지 못했지만, 정치 지도력과 술책을 부리는 능력은 갖추고 있었다고 증언했다.[37]

김일성이 언제, 어떻게 소련 지도부로부터 북한 정권의 수뇌로 인정받았는지 명백하지 않다. 북한 주둔 소련 점령군인 제25군 군사회의 정치위원이었던 레베데프 소장의 증언으로는, 소련 극동군사령관 바실렙스키 Aleksandr M. Vasilevsky, 연해주 군관구사령관 메레츠코프Kirill A. Meretskov, 연해주 군관구 군사회의 정치위원 시티코프Terenty F. Shtykov 등이 미래 북한의 군사 책임을 맡을 인물로 김일성을 임명하여 북한으로 보내는 데 관여했다는 것이다.[38] 얼마 후 김일성은 정부 수반이 되는 수순으로, 이는 소련 군부의 구상이었다.[39] 소련 제25군 정치위원이었던 발라사노프G. M. Balasanov와 샤브신A. I. Shabshin[40]은 박헌영을 추천했다. 최종적으로, 스탈린은 김일성을 낙점했다.[41] 레베데프의 증언에 따르면, 스탈린의 부름에 따라 1946년 7월 말 김일성은 박헌영과 함께 처음으로 모스크바를 비밀리에 방문했다.[42] 로마넨코 장군과 동행한 메레츠코프 원수는 중국 방문을 마친 직후 김일성이 이끄는 대표단을 인솔하는 임무를 맡았다. 이 방문 기간에 스탈린은 김일성을 북한 정부의 수반으로 임명하면서, 소련 군정 당국과 협력해 북한 사회의 소비에트화가 촉진되어야 함을 강조했고, 박헌영에게는 한국 내 빨치산 활동을 강화할 것을 독려했다.[43]

이 모스크바 방문을 계기로 북한 사회의 소비에트화는 탄력을 받게 되었다.[44] 소비에트화란 북한의 정치, 경제, 사회, 문화를 소련의 군정과 북한 공산당이 소련 체제를 모방하여 개조하는 것이다.[45] 이 과정에서 핵심 역할을 담당한 인물이 시티코프 중장, 로마넨코 소장, 레베데프 소장, 이그나티예프Alexandr M. Ignatiev 대령으로,[46] 이들은 소련 군정을 운용하면서 김일성을 지원했다.[47] 특히 시티코프의 역할을 주목할 필요가 있다. 그는 소련의 한반도 정책의 계획과 실행에 없어서는 안 될 핵심 인물이었다. 그가 입안한 정책은 대부분 모스크바 지도부에 의해 승인되었다. 전현수와 강규의 연구에 따르면, 시티코프와 소련 점령군은 북한의 소비에트화를 주도하는 데 그치지 않고, 한국 내 공산주의자들의 활동, 즉 1946년 9월의 전국 총파업과 1946년 10월의 대구 10·1사건을 지휘하고 지원했다. 1947년 가을, 로마넨코로부터 소련 군정의 민정관리총국을 인수한 레베데프도 시티코프가 개입하지 않은 중요한 사건은 없었다고 증언했다.[48] 그는 1945년부터 1948년까지 북한의 실질적 통치자였으며, 스탈린을 대신하여 소련 점령군과 북한 정권을 조종하는 최고 감독관이었다.[49]

북한의 소비에트화 과정을 심층 고찰하는 것은 본 연구의 범위를 벗어난다. 따라서 북한의 행정기관 설치, 공산당과 군의 조직 과정에 중점을 두고 논의하고자 한다.[50] 1945년 10월 3일, 소련의 민정관리총국이 설치되었다. 수장인 로마넨코 소장의 이름을 따서 로마넨코 사령부로 불린 이 기구의 설치는 소련의 군사 점령 정책이 정치 점령 정책으로 전환되었음을 의미했다. 이 사령부는 사실상 소련의 군정을 대표하는 최고 권위의 상징이었다.[51] 한재덕[52]은 김일성이 매일 서너 번씩 로마넨코의 집무실을 드나들었다고 증언했다. 로마넨코와 그의 참모진은 이른바 '43인조' 회의를 통해 모든 중요한 사안을 처리했다. 이들은 한국계 소련인과 '갑산파'로 구성되었다.[53] 이들은 로마넨코 사령부에서 빈번하게 모여 정치 현안을 논의하고 지시를 하달했다. 로마넨코 사령부는 1948년 12월 26일 소련군이 북한에서 철수할 때까지 소련 정치권력의 중추이자 원천이었다.[54] 이 사령부는 자체 지방 조직을 보유하지 않았기 때문에, 지방 점령군 지휘관들을 통해 그들의 의도를 관철했다. 1945년 9월 28일, 북한 지역에는 총 54개 시군 단위별 점령군 부대가 존재했다. 이들 행정구역 단위 민정 관리 업무를 보좌하기 위해 각 기관에 한 명의 민정관리관이 투입되었다.[55]

소련 민정관리총국에는 최초 약 200명의 소련인이 종사했다. 이들은 1945년 12월 약 예순 명 수준으로 감소했고, 1947년 7월 약 서른 명 정도만 남았다. 이러한 소련인의 감소 추세는 곧 상당수가 북한인들로 대체되었음을 의미한다. 이 기구는 아홉 개 기능 부서로 편성되었으며, '북조선

임시 인민위원회'[56]의 편성과 유사했다. 이 위원회는 소련 민정관리총국의 비호로 1946년 2월 8일 설치되었고, 이듬해 2월 20일 '북조선 인민위원회'로 발전했다. 이 인민위원회는 '조선민주주의인민공화국'이 공표되기 전부터 사실상 중앙 최고 권력기관의 기능을 수행했으며, 위원장은 김일성, 부위원장은 김두봉이 맡았다. 이처럼 소련 군정 당국은 소련 민정관리총국과 인민위원회의 대칭 편성을 통해 통제력을 유지하는 가운데 상호 협력과 업무 기능의 이식을 순조롭게 진행할 수 있었다. 이 위원회가 어떤 권한과 기능을 발휘했는지는 1946년 3월 23일 김일성의 방송 연설 형식으로 공표된 20개조 정강을 통해 쉽게 확인할 수 있다. 이는 북한의 정치, 경제, 사회, 문화 전반을 장악하고 '전변'해 '혁명적 민주기지'를 건설하기 위한 '전투적' 강령이었다. "1. 조선의 정치, 경제 생활에서 과거 일제 통치의 일체 잔재를 철저히 숙청할 것. 2. 국내에 있는 반동분자와 반민주주의적 분자들과의 무자비한 투쟁을 전개하며 파쇼 및 반민주주의적 정당, 단체 및 개인들의 활동을 절대 금지할 것. 9. 대기업소, 운수 기관, 은행, 광산, 삼림을 국유로 할 것. 16. 전반적 의무교육제를 실시하며 국가 경영인 소중전문대학교들을 광범히 확장할 것. 국가의 민주주의적 제도에 의하여 인민교육 제도를 개혁할 것."[57]

이와 병행해 북한에는 독자적인 공산당이 조직되어야 했다. 1945년 10월 23일 서울 소재 조선공산당 중앙위원회는 조선공산당 북조선 분국의 설립을 공식 승인하고 이를 공표했다. 1945년 12월 12일 김일성은 이 조선공산당 북조선 분국의 책임비서로 선출되었다.[58] 이는 1946년 4월 말 북조선공산당으로 개칭되었다. 1946년 8월 말 북조선공산당은 주로 연안파[59]로 구성된 조선신민당을 흡수 통합해 북조선노동당이 되었다.[60] 북조선노동당의 강령은 인민민주주의 독립국가 건설을 위해 13개 '투쟁 과업'을 제시했다. 여기에 북한 '인민위원회'가 남북한 전역에 대해 주권을 행사할 것과,

조선 인민군의 조직을 위한 병역의무 제도 시행 등의 과업도 포함되어 있다. "1. 민주주의 조선 자주독립 국가를 건설할 것. 2. 인민공화국의 건설을 위하여 전 조선적으로 주권을 인민의 정권인 인민위원회에 넘기도록 할 것. 12. 민족 군대 조직과 의무적 군사 징병제를 실시할 것."[61]

이처럼 김일성은 점령국 소련의 비호 아래 한국으로부터 독립된 공산당의 지도자가 될 수 있었다. 불과 1년 만에 공산당의 일당독재 체제가 수립된 것이다. '조선 인민군'의 공식 창설일은 1948년 2월 8일이지만, 이미 소련군의 북한 점령 직후부터 창설 과정에 들어간 것으로 간주해야 할 것이다. 우선 소련 군정 당국은 1945년 10월 21일 일제로부터 해방된 직후부터 존재했던 '자위대', '치안대', '적위대' 등 무장 조직을 해산했다. '자위대'는 조만식과 민족주의자들이 조직했고, '치안대'는 현준혁과 국내 공산주의자들이 조직했다. '적위대'는 소련 군정 당국이 김일성과 그의 유격대원들이 북한에 도착한 후 조직했다. 이 3개의 무장 조직은 최초 치안 질서를 유지할 목적으로 창설되었지만, 자신들의 정치 세력을 확대하는 수단으로 변질되어 상호 충돌이 자주 발생했다.[62] 따라서 북한 사회의 불안정성이 확산되었다. 이러한 상황은 소련 군정에게 이들 무장 조직을 통제해야 하는 명분을 주었다. 이에 따라 1945년 11월 2000명 규모의 '보안대'가 평양 근교의 진남포에서 창설되었다. 그 구성원은 철저한 사상 검증을 통해 선발되었다.[63] 도道 단위에도 보안대가 조직되었다. 이 군사 조직은 '조선 인민군'의 모체가 된다. 소련 군정 당국과 김일성은 이 조직의 무장력을 이용해 1945년 11월, 중국 내전 종료 후 입북하려던 조선 의용군 장병들을 강제로 무장해제하고 돌려보냈다. 1942년 7월 2일 결성된 '조선독립동맹'[64]의 김두봉, 무정, 박효삼, 이상조 같은 인물들에게 선별적으로 입북이 허용되어 이들은 북한 정권의 수립에 참여할 수 있었다.[65] 이처럼 소련은 북한의 행정, 당, 군사 분야에서 자신들의 대리인들이 독점적 지위를 확보하는 동안, 다른 파벌의 세력을 약화 또는 제거하는 방식으로 북한의 소비에트화와 김일성의 정권 장악을 위한 기반을 형성했다.

북한의 소비에트화를 위해서는 행정부, 당, 군을 장악하는 것과 동시에 소련의 '문화' 이식도 필수 요소였다. 소련식 선전 활동에 있어서 비밀리에 활동했던 '조소朝蘇문화협회'라는 조직이 매우 중요한 역할을 했다. 제2차 세계대전 종료 후 독일 내 소련군이 점령한 구역에서 활동했던 '독소獨蘇문화협회'나 '독소친선협회'와 비교할 수 있을 것이다. 이 문화협회는 1946년 5월 28일 창설되어 소련의 정치·사회 문화를 북한 지역으로 전파함과 동시에, 그 수용 과정을 감시하는 가장 중요한 기구 중 하나였다.[66] 레베데프 소장은 이 조직의 활동과 중요성에 관해 1년 반 동안 기록했다.[67]

조소문화협회의 1948년 연례 보고서와 1949년의 연간 계획을 살펴보면, 소련이 북한 사회에 얼마나 집요하게 영향력을 행사했는지 쉽게 알 수 있다. 당시 소련이 점령한 동유럽 국가들과 마찬가지로, 북한인들은 마르크스·레닌·스탈린의 생일, 10월혁명 기념일, 1936년 스탈린 헌법 제정 기념일 등의 행사를 성대히 치렀다. 나아가 소련군 창설 30주년, 독일 제3제국에 대한 소련군 전승 기념일, 심지어 소련 체육의 날 행사에도 동참했다. 소련 민족의 이념과 투쟁 의지, 세계 민족들의 해방을 위한 소련의 역할과 사회주의적 지원 등을 교육하는 강연도 다양하게 이루어졌으며 사진 전시회, 서적 출판, 영화 상영, 러시아어 수업 등의 형태로 사회주의 정치 교육을 실시했다. 이 문화협회가 1948년 발간한 책자로《소련의 근대사》,《위대한 조국전쟁에 대하여》,《소비에트 체제는 세계에서 최고도로 발전된 민주주의 체제이다》,《소련 유격대원들의 전투상보》등이 있으며, 〈독소 전쟁에 대하여〉라는 영화 필름도 있다. 이들 자료의 발간 목적은 북한 주민들이 소련 체제를 숭배하고, 프롤레타리아 국제주의로 무장하며, 소련식 의미에서 조국의 통일, 주권, 민주화 등을 구현하는 데 있었다.[68]

북한의 소비에트화 초기 단계에서 주도적인 역할은 한국계 소련인들이 담당했다. 이들 대부분은 소련 점령군과 함께 북한에 들어갔다. 이들은 소련에서 출생하여 소련 국적을 보유하고 소련식 사고와 생활 방식에 익숙했다. 이 '소련파'를 이끄는 인물은 허가이와 남일이었으며, 김일성이 이끄는 '갑산파'와 함께 소련 지도부의 정치적 결정과 지시를 성실하게 이행했다.[69] 웨더스비는 소련 지도부가 시티코프와 툰킨Grigory I. Tunkin 등을 통해 소련 점령군의 철수 후에도 북한 내 중요한 사업의 진행 상황을 감독하고 조종했다는 사실을 규명했다.[70] 이러한 관측은 1950년 6월 19일 6·25전쟁 발발 6일 전 미국의 '중앙정보부CIA'에서 작성한 보고서의 맥락과 일치한다. 이 보고서는 북한 내 소련의 의도와 위상을 분석한 것이었다. "소련은 1945년부터 북한을 지속적으로 통제하고 그들의 전략적, 경제적 이익을 보호하고 증진하기 위해 다음과 같은 목표에 집중하고 있다. 1. 강력하고 효율적이며 순종적인 공산 정부와 사회 수립. 2. 북한의 경제 및 인적 자원의 개발과 동시에, 자립 경제 개발 및 확대. 3. 북한을 한국 침투 및 전복을 위한 기지로 활용." 그리고 평양 주재 소련대사관의 핵심 기능에 관해, "평양 주재 소련대사관은 북한에 파견된 4,000~5,000명 소련인들의 본부이다. 이 소련 파견단은 행정부, 경제·정치 조직 전체에 고문관으로 침투해 북한의 복종을 보증하고 기술적 지원을 제공하는 역할을 수행하고 있다"고 평가했다.[71] 이처럼 소련은 자신들의 구상과 정책을 북한 지역에서 구현할 수 있는 모든 수단을 손에 쥐게 되었다.

3. '민족해방'을 꾀하는 모스크바-베이징-평양의 삼각관계

최초 모스크바는 '1개 권역에서의 사회주의' 원칙에 따라 오직 북한 지역의 소비에트화를 의도했으며, 이러한 정책은 늦어도 1948년 말까지 변하지 않았다.[72] 그러나 1949년 8월 미국의 독점적 핵보유국 지위 상실, 1949년 중국국민당에 대한 중국공산당의 승리, 1948~1949년 미국군과 소련군의 한반도 철수 등은 전환기적 사건을 낳게 된다. 그것은 바로 1950년 6월, 소련의 승인과 지원 아래 북한이 한국을 기습 침공한 6·25 전쟁이다. 이 전쟁은 내전의 성격이 내재된 '대리전적 팽창주의 행동'[73]이었다. 이 전쟁의 내전적 성격은 크렘린 궁의 스탈린으로 하여금 외교 정치 분야에서 조심스러운 태도를 극복하고 북한의 기습 침공을 쉽게 승인하게 했다. 모스크바-베이징-평양의 지도부가 북한의 남침에 어떻게 주도적 의지를 작용하고 의사 결정을 내렸는가를 심층 조명하고자 한다.

김일성이 스탈린의 승인과 지원 없이 6·25전쟁을 계획하거나 실시할 수 없었다는 사실에는 재론의 여지가 없다. 스툭은 1950년 6월 25일부터 30일까지 6·25전쟁이 내전에서 국제전으로 변화되었다고 주장했다.[74] 다시 말하면 전쟁은 최초 내전의 성격을 띠었지만 곧바로 내전의 성격을 상실했다는 것이다. 나아가 그는 전쟁의 발발과 국제전으로의 변화는 오직 한국적 요소와 비非한국적 요소의 상호작용으로 나타났으며, 이 모든 전개 과정은 모스크바, 베이징, 워싱턴뿐만 아니라, 평양과 서울에서 이루어진 의사 결정을 고찰해 밝힐 수 있다고 주장했다.[75] 여기서 내전에 관한 명제가 성립할 수 있는 몇 가지 이유가 있다. 예컨대, 점령국 미국과 소련이 서로 다른 체제의 탄생을 지원했고, 남북한 정권의 이념적 적대 관계는 극에 달하여 남북한 모두 한반도 전체를 주도적으로 통일하려 했다.[76] 이승만 대통령은 미국 국방성의 육군 장관인 로열Kenneth Royall, 서울 주재 미국 대사인 무초John Muccio와의 대화에서 북한 지역으로 진격하겠다고 발언하기도 했다.[77]

1960년 휘팅은, 6·25전쟁에 관한 중국의 태도는 모스크바에서 구상한 전체 침공 전략의 일부에 불과하다는 진부한 견해를 일축했다.[78] 그 후 시먼스는 가장 먼저 전쟁의 내전적 성격과 더불어, 북한의 독자적 발의에 의해 전쟁이 개시된 측면을 지적함으로써, 이전까지의 연구에서 소홀히 했던 측면의 문제를 조명했다.[79] 당시 한반도의 긴장 상태는 스탈린, 마오쩌둥, 김일성이 폭력적 행동을 성공적 해법으로 인식하는 데 기여했다. 그러나 공산주의의 중심인 모스크바 지도부에 의해 모든 것이 조종되었다는 명제를 반박하는 대다수 '수정주의' 학자들의 주장은 지나치게 극단으로 흘렀다. 대표적 사례가 커밍스의 주장이다. 커밍스는 시먼스의 명제에서 한 단계 더 나아가[80] 볼렌Charles Bohlen의 주장을 반박하면서, 소련은 북한의 침공에 어떠한 영향도 주지 않았고 북한의 한국 침공을 승인할 만한 어떤 명백한 이유도 없었다고 설명했다.[81] 그는 국제 관계의 틀 속에서 한국 내부의 긴장 관계가 지닌 역동성이 전쟁 발발의 지배적 요인이었고, 결과적으로 옹진반도에서의 작은 무력 분쟁이 전면 전쟁을 촉발했다는 견해를 피력했다. 그리고 1945년 이래 한반도에서 발생한 일련의 사건에 연루된 모든 인물 중에서 어떤 인물도 홀로 전쟁을 유발하지 않았다고 부연했다.[82]

메릴도 이와 유사한 입장을 대변했다. 그의 연구에 따르면, 북한은 소련으로부터 강력한 영향을 받았지만, 북한 지도부는 한국 침공을 포함한 대남 정책의 전개에서 상당한 자주성을 가지고 있었다.[83] 북한은 한국 내 이승만 반대 세력과 공동전선을 형성해 빨치산 투쟁으로 통일을 이루고자 했지만, 이러한 기대가 무산되자 무력 통일의 수단으로 한국보다 우월한 군사력을 사용하기에 이르렀다는 것이다. 이러한 사실은 38도선 일대에서 고조된 긴장과 더불어 전쟁의 주된 원인이었다고 추론했다.[84] 이와 같은 커밍스와 메릴의 견해는, 1950년 6월 25일 지상, 해상, 공중에서 동시에 감행된 북한의 기습 침공 양상과, 소련의 지원 아래 오랫동안 진행되었던 체계적인 대규모 전쟁 준비 사실과는 모순된다. 1989년 본베치는 이전의 연구 결과들을 종합 분석해 김일성이 1949년 3월 3일부터 20일까지 모스크바를 방문했을 때, 한국에 대한 무력 방책을 직접 제안했다는 사실을 증명했다. 본베치는, 김일성이 스탈린의 승인과 지원 없이 전면 남침을 계획하거나 준비하지 못했을 것이며, 김일성의 남침 의도는 그가 1950년 3월 모스크바를 세 번째 방문했을 때 최종 승인되었다는 결론을 도출했다.[85]

1994년부터는 러시아 정부가 6·25전쟁 관련 문서를 공개함으로써, 북한의 침공에 관한 스탈린-마오쩌둥-김일성의 역할 분담과 의사 결정 과정을 더 정확히 파악할 수 있게 되었다.[86] 이 자료들을 기초로 김일성이 1949년 3월과 1950년 4월 스탈린과의 회담에서뿐만 아니라, 평양 주재 소련대사관을 통해 한국에 대한 무력 방책 사용 문제를 언급한 사실이 명료해졌다.[87] 주한 미군의 철수는 북한의 남침을 위한 결정적 조건으로 간주되었다.[88] 이러한 관점에서 본다면 1949년 3월부터 북한의 남침 구상이 가시화되기 시작했다고 판단할 수 있다. 1949년 3월 5일, 김일성과 스탈린의 회담이 모스크바에서 열렸다. 이 회담은 약 75분 동안 진행되었다. 북한 측 대표단은 김일성을 비롯하여 외무상 박헌영, 부수상 홍명희, 국가계획위원장 정준택, 상업상 장시우, 교육상 백남운, 체신상 김정주, 모스크바 주재 북한 대사 주영하, 통역관 문일 등으로 구성되었다. 소련 측은 스탈린을 비롯하여 부수상 몰로토프, 외무상 비신스키Andrey Y. Vyshinsky, 평양 주재 소련 대사 시티코프 등이 참석했다. 이 회담에서 김일성은 과학, 문화, 군사 분야의 지원을 요청했다. 예컨대 북한 내 공장 설립을 위한 전문가의 파견, 4,000~5,000만 달러 규모의 차관, 아오지와 크라스키노르크스Kraskinorks를 잇는 철도 공사, 항공 노선 연결, 조종사 양성 교육, 고등교육을 위한 교사, 소련군 장교 양성 과정에 북한인의 위탁 교육 등을 요청했다. 이어서 스탈린은 군사 문제로 화제를 돌렸다. 그는 아직 한국에 미국군이 주둔하고 있는지, 한국군 규모는 어느 정도인지, 한국과 북한 중 어느 편이 더 강하고 북한의 간첩들이 한국군에 침투했는지 등에 대해 질문했다. 나아가 그는 38도선 지역에서 일어나는 무력 충돌에 관심을 보이며 강원 지역에서의 교전에 대해 질의했고, 김일성과 박헌영이 답변했다.[89] 이 회담에서는 전면 전쟁에 관한 논의는 이루어지지 않았다. 그러나 군사 문제와 38도선에서의 무력 분쟁으로 의제를 전환한 장본인이 스탈린이었다는 사실과 북한에 대한 군사 지원을 흔쾌히 약속함은 물론, 한국과의 대결에서 두려워하지 말라고 용기를 북돋아준 대목은 흥미롭다.[90] 시티코프 대사는 남북한 접경 지역에서의 무력 충돌 사건들을 지속적으로 모스크바로 보고하는 가운데 북한에 대한 한국의 실제 전면 공격의 가능성은 사실상 예상할 수 없다고 결론지었다.[91]

1949년 3월 7일 스탈린과의 또 다른 회담에서 김일성은 한국에 대한 무력 행동을 먼저 언급하기에 이르렀다. 그는 당시 상황이 군사적 수단으로 한반도 전체를 해방시킬 수 있는 유리한 기회라고 발언했다. 그러나 스탈린은 이러한 김일성의 주장을 일축하면서 북한의 군사적 약점과 미국의 군사적 개입 가능성에 대해 주의를 환기했다. 스탈린은 한반도의 통일은 한국의 공격에 대한 북한의 군사적 반격을 통해 실현할 수 있다고 부연했다. 그렇게만 된다면 북한의 행동은 국제적으로 모든 이들에 의해 이해되고 지지받을 수 있다는 것이었다.[92] 흐루쇼프가 회고한 대로, 스탈린이 김일성에게 이에 따른 계획을 수립하도록 촉구했는지는 확인되지 않았다.[93] 1949년 여름, 이미 스탈린은 한국의 공격 가능성과 이에 대한 북한의 군사적 대응 방식을 '반격'으로 구상하고 있었던 것으로 보인다. 그는 이 구상대로 상황이 전개될 경우, 소련이 한반도의 무력 분쟁에 빠져들게 되는 모든 요인을 회피하는 조치, 즉 모든 소련의 군사 기구들과 대표자들을 한

반도에서 격리시킬 것을 요구했다.[94]

스탈린은 한국이 북한을 공격하길 바랐지만 한국은 북한을 공격하지 않았다. 1949년 8월 12일과 14일, 그리고 9월 3일, 김일성은 시티코프 대사에게 한국에 제한적 침공을 감행해 성공할 경우 공격을 더욱 확대해 통일을 이룬다는 구상을 다시금 밝히면서, 소련의 승인과 무기 제공을 간청했다.[95] 시티코프가 8월 27일 신중한 입장을 견지할 것을 주문했음에도 불구하고, 스탈린은 이러한 김일성의 욕망에 부응하려 했던 것으로 보인다. 왜냐하면 스탈린은 1949년 9월 11일, 북한 지도부의 입장에서 북한의 침공 문제를 다양한 각도에서 검토할 수 있는 정보 자료를 신속히 수집하기를 평양 주재 소련 대표단에 요구했기 때문이다.[96] 스탈린이 평양 주재 소련 공사 툰킨에게 던진 물음에 대해, 김일성과 박헌영은 극히 낙관적으로 답변하면서 단지 북한군의 지상 작전에 대한 소련군의 공중 및 해상 작전 지원 문제를 제기했다. 그러나 툰킨은 군사적 관점에서 시티코프보다 더 비관적으로 평가했다. 그는 조선 인민군이 공격작전을 신속하고 성공적으로 수행할 수 있는 태세를 갖추지 못했다고 판단하면서, 신속한 승리를 거두지 못한다면 내전을 유발하고 전쟁이 장기화됨에 따라 미국과 국제사회의 개입이 예상된다고 했다.[97] 평양 주재 소련대사관에서 작성해 스탈린에게 송부한 보고서에도 남북한의 상황을 평가한 내용과 더불어 북한의 공격이 그 시점에서 적절치 않은 이유가 자세하게 담겨 있다.[98]

모스크바 공산당 정치국은 1949년 9월 24일 회의에서 이러한 판단에 동의하고, 시티코프 대사를 통해 김일성과 박헌영에게 의결 사항을 전달했다. 그 내용은 평양 주재 툰킨 공사와 대사관의 상황 평가를 사실상 수용한 것으로서, 한반도 통일을 위해 한국 내 빨치산 투쟁, 해방 구역, 무장봉기 등을 준비하는 가운데, 어떤 경우든 조선 인민군을 계속 증강할 것을 촉구했다.[99] 스탈린은 북한이 한국에 대해 제한적 군사 행동도 하지 못하게 하라고 엄중히 지시하고, 이러한 역할을 충실히 수행하지 않는다고 시티코프 대사를 질책했다.[100] 그러나 모스크바 지도부는 아무리 늦어도 1949년 9월경부터는 성공만 보장할 수 있다면 적절한 시점에서의 북한의 남침을 거부하지 않았고, 성공을 위해 무엇보다 군사적 우위와 철저한 준비가 필요하다는 입장이었다.

그래서 김일성은 1950년 1월 17일 시티코프 대사와 소련 대표자들과의 회동에서 확전을 염두에 둔 제한적 공격에 관해 다시 언급했다. 그는 무력통일에 대한 자신의 불타는 욕구를 극적으로 표현하면서,[101] 시티코프 대사에게 남침에 대한 스탈린의 명령과 승인을 얻을 수 있도록 스탈린과의 회담을 주선해줄 것을 요청했다. 동시에 김일성은 중국 내전이 종료되었기 때문에 마오쩌둥이 남침 문제를 지원할 것임을 여러 차례 언급했다. 따라서 모스크바 방문이 성사된다면 귀국 길에 마오쩌둥을 만날 것이라고 덧붙였다. 이후 시티코프 대사는 김일성에게 스탈린과의 회담을 약속했다고 모스크바 지도부에 보고했다.[102]

1950년 1월 30일, 스탈린은 김일성에게 회담 성사를 알리는 '청신호'를 보냈다. 여기서 스탈린이 북한의 침공 계획을 마오쩌둥이 지원할 것이라는 김일성의 언급을 '위협'으로 여겼는지 '기회'로 여겼는지는 불확실하다. 스탈린은 시티코프 대사에게 보낸 전문에서, "나는 김일성 동지의 불만을 이해하고 있다. 그도 자신이 의도하는 한국에 대한 중대한 행동에는 대규모 준비가 필요하다는 점을 이해해야 한다. 이 모든 것은 큰 위험이 발생하지 않도록 체계적으로 이루어져야 한다. 그가 이 의제에 관해 논의하길 원한다면, 나는 언제든지 그를 만나서 논의할 준비가 되어 있다. 이것을 김일성에게 전달하고 이 문제에 관해 그를 도울 준비가 되어 있다고 알리기 바란다"고 표현했다.[103] 이 전문에서 스탈린이 연간 최소한 약 25만 톤의 납을 소련에 제공할 것을 김일성에게 요구하고, 소련 측 전문가들의 파견을 언급한 것은 특이하다. 여기서 우리는 김일성이 요청한 스탈린과의 회담의 전제 조건은 소련이 요구한 납을 북한이 제공하는 것이었다는 인상을 지울 수 없다. 이처럼 북한에 대한 소련의 지원은 무상으로 이루어진 것이 아니었다. 실제로 소련은 무기 제공과 전문가 파견의 교환 조건으로 금, 쌀, 광물 등을 여러 차례 요구했다.[104]

같은 날 시티코프 대사는 김일성에게 스탈린의 전문 내용을 전달했다. 스탈린은 이어진 전문에서 비밀 유지를 당부했고 북한 지도부 내의 다른 인사들과 중국 측 동지들에게도 비밀을 지켜달라고 요청했다. 스탈린 자신도 비밀 유지를 위해 당시 모스크바에 머물고 있었던 마오쩌둥과의 대화에서 북한의 방위 능력을 강화해야 하는 불가피성만 언급했다.[105] 모든 가용한 자료에 따르면, 스탈린은 자신이 한국에 대한 북한의 공격 감행 의도를 지원하는 사실을 마오쩌둥에게도 노출하지 않았다.[106]

1949년 3월 김일성의 모스크바 방문 후 북한의 군사력 증강은 강도 높게 진행되었다. 소련의 군사 지원에 관한 협약이 1949년 6월 체결되었고, 1950년 2월 9일 스탈린은 3개 육군 사단 창설과 당초 1951년부터 북한에 제공하려던 차관의 즉각 사용을 승인했다.[107] 이러한 방식으로 북한의 군사력이 증강되었고, 1950년 2월 23일 바실리예프Nicolai A. Vasilyev 중장이 평양 주재 소련 군사고문단장으로 보직되었다. 그동안 김일성의 모스크바 방문은 4월 초로 합의되어 스탈린과의 회담 준비가 진행되었다.[108] 김일성의 세 번째 모스크바 방문은 1950년 3월 30일부터 4월 25일까지 이루어졌다. 이 기간에 스탈린은 모두 세 번에 걸쳐 김일성과 회담을 했다. 이 과정에서 북한의 한국 침공이 승인되었고, 이에 따른 준비 사항이 논의되었다. 이 회담의 공식 회의록은 아직 발굴되지 않았으나 소련공산당 중앙위원회에서 작성한 이 회담에 대한 요약 기록[109]은 존재한다. 이 기록에 따르면, 스탈린은 김일성에게 한국의 통일을 위해 유리해진 국제 상황과 한국

내의 상황 변화를 강조했다. 예컨대, 중국공산당의 승리는 이러한 상황 변화의 요인이고 아시아 해방의 전조로서, 중국은 한반도에서 이에 상응하는 참여 행동을 할 수 있으며 미국은 개입에 조심할 것이다. 그러나 중국의 동의 아래 통일을 위한 전쟁을 시작하기 전에 모든 조건들을 사전에 면밀히 점검해야 한다고 언급했다.

이에 대해 김일성은 소련과 중국이 북한을 지원하고 있고 미국은 확전을 혐오하기 때문에 미국의 개입은 예상할 수 없다고 주장했다. 그는 마오쩌둥이 한반도 전체 해방에 대한 희망을 항상 지지하고, 중국공산당이 승리한 시점에서 군사 지원에 동의했으며, 북한은 단독으로도 승리할 수 있다고 호언장담했다. 이어서 스탈린은 완벽한 준비의 필요성을 언급했다. '북한의 공세 작전을 위해 엘리트 사단을 창설해야 하며 기동 및 전투 장비는 기계화하고 무기는 완전히 보충되어야 한다. 그리고 3단계 공격 계획이 수립되어야 한다. 제1단계로 전투력을 38도선 일대에 집중 배치한다. 제2단계로 북한은 평화 통일을 지속적으로 제안한다. 제3단계로 한국이 평화 통일 제안을 거부한 후 기습공격을 감행한다. 누가 침공했는지의 문제를 감추기 위해 먼저 옹진반도를 점령하는 것에 동의한다. 만일 한국이 반격하면 작전을 확대할 수 있다. 그러나 한국과 미국이 체계적으로 저항하거나 국제사회의 지원을 동원할 생각조차 할 수 없도록 이 전쟁은 기습적으로 수행되어야 한다. 소련은 직접 개입하지 않을 것이다. 마오쩌둥이 '아시아 문제'에 정통하니 그에게 맡겨야 한다.'

김일성은 미국인들이 개입하지 않을 것이라고 재차 강조했다. 신속한 공격 속도를 유지하면 3일 만에 승리할 수 있다고 장담했다. 공격 개시와 동시에 그동안 강화된 빨치산 활동을 근간으로 대규모 봉기가 예상된다고 했다. 이에 박헌영도 한국 내에는 20만 명의 남로당원들이 준비하고 있다고 거들었다. 그리고 조선 인민군의 동원은 1950년 여름까지 완료하고

소련 군사고문단의 도움으로 구체적 작전 계획을 발전시키는 것에 합의
했다.

이렇게 해서 북한의 침공 계획은 훗날 전개되었던 것처럼, 이미 기정사
실이 되었다. 그리고 누가 먼저 무력 분쟁을 시작했는지 숨기려는 의도도
충족되었다. 이러한 공산 진영의 연출은, 북한이 지금까지도 6·25전쟁은
한국과 미국이 공모한 결과라고 주장하면서 명백한 역사적 사실을 허위
조작하고 왜곡하는 기반을 제공했다.[110] 그러나 1950년 봄 스탈린과 김일
성의 회담 시점, 즉 전쟁 개시 2개월 전까지는 구체적 공격작전 계획은 준
비되지 않았던 것이 확실하다. 모스크바는 물론 평양에서도 공격작전이
전격적으로 진행되어야 한다는 의견이 우세했다. 미국은 전쟁에 군사적으
로 개입하지 않을 것이라는 예측도 지배적이었다. 소련공산당 중앙위원회
의 기록에서도 확인할 수 있듯이, 스탈린은 미국이 전쟁에 개입하더라도
소련은 직접 개입할 의도가 없다는 점을 북한 지도부에 재차 단언했다.[111]
그러나 북한의 공세 작전을 지원할 대규모 봉기가 한국 지역에서 예상되
었기 때문에, 스탈린의 가정과 단언은 현실성이 없는 듯 보였다. 더욱이
스탈린은 마오쩌둥에게 1950년 1월 이후 북한의 남침 계획이 구체화되어
감에도 의도적으로 알리지 않았고, 1950년 4월의 침공 결정에도 마오쩌
둥은 참여하지 않았다. 스탈린은 한 달 가까이 지난 5월 13일에 비로소 김
일성을 통해 모스크바에서의 변경된 의견을 마오쩌둥에게 전달했다. 그럼
에도 불구하고, 북한의 남침에 대한 마오쩌둥의 지원은 명백히 보장된 것
으로 간주했다.[112]

이처럼 북한의 남침은 모스크바와 평양의 협의로 결정되었다. 그럼에
도 불구하고 스탈린은 모스크바 논의에서 명확히 밝혀진 바와 같이, 북한
의 전쟁 수행에 대한 추가 지원이 필요할 경우 이를 전적으로 중국에 맡길
뿐만 아니라, 북한의 침공에 대한 책임 역시 온전히 중국에 전가하려 했

다. 이러한 스탈린의 계략은 그가 마오쩌둥에게 보낸 1950년 5월 14일자 전문에 그대로 드러나 있다. 그는 이 전문에서 김일성과의 회담 후 북한이 의도하는 '행동'에 관해 중국 측이 '긴급히' 요청한 '설명'을 간결하게 전달했다. "조선 동지들과의 논의에서 필리포프Filippov(스탈린의 암호명)와 그의 동료들은 변화된 국제 상황을 고려해 통일을 위해 (38도선을) 넘겠다는 조선인들의 제안에 동의를 표명했습니다. 그러나 이 문제에 관한 최종 결정은 중국과 조선 동지들에 의해 공동으로 이루어질 때까지 유보되어야 합니다. 만일 중국 동지들이 동의하지 않는다면, 그 결정은 새로운 논의가 있기까지 연기되어야 합니다. 조선 동지들이 당신에게 회담의 세부 사항을 알려줄 것입니다."[113]

실제로 김일성은 중국 지도부에는 침공 계획을 비밀로 유지하라는 스탈린의 지시를 충실히 이행한 것으로 보인다. 그러나 마오쩌둥이 북한의 계획과 소련의 동의에 관해 전혀 모르는 상태는 아니었던 것으로 보인다. 북한의 의도는 늦어도 남침 1년 전 알려졌다. 모스크바 회담 후인 1949년 5월 초, 북조선노동당 정치국 위원인 김일은 한국 '해방' 문제를 중국 동지들과 논의하기 위해 북경을 방문했다. 그는 마오쩌둥에게 전달할 김일성의 친서를 휴대했다. 그 친서에는 필요시 중국 인민해방군 소속 조선인 사단들의 사용을 요청하는 내용이 담겨 있었다. 이 사단들은 만주에 거주하는 조선인으로 편성된 부대였다. 이에 대해 마오쩌둥은 이들 조선 의용군 3개 사단 중 완전히 편성된 2개 사단은 필요하다면 언제든지 제공할 수 있다고 답변했다. 나아가 일본군으로부터 노획한 무기로 편제된 이들 부대가 사용할 탄약을 제공할 수 있고, 세 번째 사단은 전투 중이기 때문에 전투 종료 후 북한으로 보낼 수 있다고 부언했다.

마오쩌둥은 기본적으로 스탈린과 같은 반응을 보였다. 그는 북한의 의도를 원칙적으로 지지하면서, 소련과 중국이 가까이 있기 때문에 북한의 전쟁 수행에 일본군이 개입하는 상황에서도 두려워할 것이 없다고 강조했다. 마오쩌둥은 위급한 경우에는 군사 및 장비 지원은 물론, 조선인과 중국인의 피부색이 같아 구별할 수 없기 때문에 중국군 부대도 파견할 수 있다는 입장이었다. 그러나 이러한 모든 중국의 지원은 원칙적으로 한국이 북침했을 경우에만 유효한 것이었다. 이와 함께, 마오쩌둥은 중국 내전이 종료되기 전에는 중국공산당 측이 묶여 있기 때문에 북한이 남침을 감행하지 않도록 경고했다. 나아가 그는 어려운 국제 상황, 일본군의 개입 가능성, 중국 인민해방군 소속 조선인 사단의 부족한 전투력과 장교들의 저조한 훈련 수준 등을 지적했다.[114]

1949년 5월 17일, 북한의 전쟁 수행 문제에 대해 마오쩌둥은 주중 소련 대사인 코발레프에게 다음과 같은 요지의 발언을 했다. 한국의 북침 공격이 일본군에 의해 증원될 때에만 중국의 지원을 약속할 수 있다. 그리고 한국이 북침하면 북한은 지역을 양보하면서 후퇴하다가 반격을 위한 유리한 기회를 포착해야 하고, 이러한 가능성을 염두에 둔 사상적 준비가 필요하다고 북한 지도부에 조언했다. 또한 미국군이 한국에서 철수한 후 일본군의 진입이 없을지라도, 북한은 한국을 침공하지 않도록 충고했다. 왜냐하면 맥아더 장군은 매우 신속히 일본군 부대와 무기를 한반도로 투입할 수 있는 데 비해, 중국군 주력은 양쯔강 이남에 주둔하고 있어 신속한 지원이 어렵기 때문이다. 중국공산당 지도부의 의견은, 국제 상황이 유리하게 조성된다면 1950년 초에 북한이 남침을 감행할 수 있다는 것이다. 그러나 이와 관련된 모든 조치에 대해서는 당연히 모스크바 지도부와 조율해야 한다고 언급했다.[115]

이처럼 1949년 봄, 모스크바 지도부는 물론 베이징에서도 한국에 대한 북한의 공격 시점이 도래하지 않았다는 견해를 보였다. 어느 누구도 다른 측의 동의 없이 북한의 남침을 결정하려 하지 않았다. 왜냐하면 그 결정에는 책임이 따르기 때문이다. 중국은 자신들의 목표를 구현하는 것을 우선시해 북한의 의도를 지원하는 데 있어서 소련보다 더 유보적이었다. 모스크바 지도부는 중국의 희생을 계산했기 때문에 북한의 소원에 대해 상대적으로 더 개방적이었다.

1950년 초, 북한이 의도하는 남침 준비 활동은 구체화되는 단계에 도달했다. 스탈린은, 김일성이 끊임없이 통일을 생각하기 때문에 잠을 이루지 못한다는 것을 전해 들었고, 1950년 1월 1일 중국 인민해방군 소속 조선인 부대들을 북한으로 전환 배치하는 사안을 문의했다. 그는 이 문제에 대해 북한과 중국이 1949년 5월에 협의한 사실을 알고 있었다. 이것은 아마도 모스크바에 체류 중이던 마오쩌둥으로부터 전해 들었을 가능성이 높다. 그는 중국 인민해방군 사령관 린뱌오林彪가 북한에 제공하기 위해 준비해놓은 병력과 장교의 구체적 숫자까지 언급했다. 전체 병력은 약 1만 6,000명이고, 이 중에서 사단장부터 소위까지 장교 수는 약 2,000명이었다.[116] 시티코프 대사가 1950년 1월 9일 김일성으로부터 전해 들은 바대로, 북한과 중국은 남침 문제를 계속 협의했다. 김일성은 중국이 제공한 병사와 장교들로 1개 보병사단과 2개 보병연대를 창설했지만, 북한 지역의 수용 여건이 제한되어 4월까지 중국에 주둔시키고자 했다.[117] 1950년 1월 22일, 마오쩌둥이 아직 모스크바에 체류하는 동안, 중국공산당 중앙위원회는 남아 있는 조선 의용군 부대들을 북한으로 전환 배치할 것을 승인했다.[118]

스탈린이 중국 인민해방군 소속 조선인 부대를 전환 배치하는 것에 관해 문의한 시점과 우국충정에서 오는 불면증을 모스크바에 유포하려는 김일성의 발언 시점이 일치하는데, 이와 같은 스탈린의 문의와 김일성의 발언이 1949년 5월 마오쩌둥이 '국제 상황이 유리하게 변화할 경우 북한의 남침 시점으로 1950년 초가 적절하다'고 예측한 것과 어떤 상관관계가 있는지는 아직 규명되지 않았다. 그러나 중국 지도부가, 중국 인민해방군 소속 조선인 부대를 북한으로 전환 배치하고 4월까지는 중국에 주둔시켜 달라는 북한의 간청이 무엇과 연관되고 그 무엇이 언제 일어나는지 모를 수 없었다. 주중 소련 대사 로신N. V. Roshchin의 중계로 이루어진 중국과 소련의 의사소통 과정에서 무엇인가 계획되어 있다는 사실을 알았을 것이다.[119] 그러나 소련과 북한은 의도적으로 자신들의 대화와 합의에 관한 구체적 내용을 중국 지도부에 알리지 않았을 가능성을 배제할 수 없다.

예를 들면, 마오쩌둥이 1949년에서 1950년으로 해가 바뀌는 기간에 모스크바에서 약 1주일 동안 머물면서 상세한 통보를 받았는지는 논란이 되고 있다. 마오쩌둥의 비서였던 첸보다陳伯達의 증언에 따르면, 마오쩌둥은 김일성의 계획을 모르고 있었으며 이는 스탈린과의 회담에서도 논의되지 않았다.[120] 이에 반해 마오쩌둥의 통역관이었던 스저師哲는 마오쩌둥과 스탈린이 한반도 전체를 '해방'하려는 김일성의 의도에 대해 논의했다고 주장했다. "마오쩌둥 주석의 소련 방문 기간에 스탈린은 한반도 전체를 해방하려는 김일성의 계획에 대해 마오쩌둥 주석과 논의했다. 스탈린은 마오쩌둥 주석에게, 김일성이 복안을 가지고 자신에게 왔으며, 자신은 미국의 개입 등 김일성의 계획에 어떤 불리한 상황이 있는지 질문했다고 전했다. 스탈린은 김일성이 매우 흥분되어 있다는 인상을 받았고 어떤 이의도 들으려 하지 않고 오직 동의를 들으려 했으며, 젊고 용감했다고 언급했다." 이어서 스탈린은 마오쩌둥에게 김일성의 계획, 특히 미국의 개입 가능성을 어떻게 예상하는지 물었다. 마오쩌둥은 즉답을 회피하면서 잠시 후, "한반도 내부 문제이므로 미국이 개입하지 않을 것이다. 그러나 북한 동지들은 미국의 개입 가능성을 고려 사항에 포함해야 한다"고 답변했다.

첸젠은 이러한 증언과 다른 여러 증언에 기초해, 중국공산당 지도부 내부 그리고 베이징과 모스크바 사이에는 한반도 통일을 위한 북한의 '정당한 투쟁'을 지원하는 것이 베이징의 의무라는 '명확히 결정된 합의'가 존재했다고 보았다.[121] 마오쩌둥이 1949년 5월 제시한 한국의 무력 '해방'에 필요한 모든 조건은 1950년 초 충족된 것으로 보인다. 즉 미국군이 한국에서 철수했고, 그 역할을 일본군이 대신하지 않았으며, 조선 인민군의 무장은 순조롭게 진척되었고, 중국 본토는 공산주의자들의 수중에 있었다. 단지 타이완의 '해방'이 미결 상태였다.

여기에 한 가지 문제가 있었다. 남북한 사이의 전쟁이 중국공산당의 의도에 불리하게 작용할 수 있는 복잡한 국제 문제를 일으킬 수 있다는 점이다. 따라서 마오쩌둥과 스탈린이 북한의 남침 문제에 관해 일치된 견해를 가졌을지 전반적으로 의심스럽다. 이러한 관점에서, 스탈린은 북한의 계획에 관해 일반적으로는 마오쩌둥과 협의했지만, 확정적으로 '청신호'를 주겠다는 자신의 의도는 전혀 언급하지 않았다는 점에 주목해야 할 것이다. 1956년 마오쩌둥은 베이징 주재 소련 대사 주딘Pavel Judin에게, 소련 지도부는 6·25전쟁 중 중국의 군사개입 과정에서 중국 지도부와 충분히 상의하지 않았다고 불평한 바 있다. 한반도 문제에 관한 회담에서도 '한국 점령'이 의제가 되지 않았고, '북한의 현저한 강화'만이 논의되었다는 것이다.[122] 이러한 발언들은 관련 자료를 기초로 좀 더 면밀히 평가해야겠지만, 소련의 처우에 대한 중국의 불만에는 이유가 있었다.

마오쩌둥은 김일성으로부터도 구체적 진행 사항에 관해 정보를 제공받지 못했다. 베이징 주재 북한 대사 이주연은 1950년 3월 말 마오쩌둥과 저우언라이周恩來를 만나 김일성의 베이징 방문 일정에 대해 협의했다. 당시 마오쩌둥은 의도적으로 김일성을 화나게 만들기 위해 그의 방문 일정을 4월 말 또는 5월 초로 제안했다. 이어서 마오쩌둥은, 임박한 무력 통일을 위한 구체적 계획에 관한 의제를 논의하려는지, 아니면 개략적인 문제에 관해 논의하려는지 질의했다. 전자의 경우, 회담의 비밀이 유지되어야 하며, 후자의 경우 공개적으로 개최되어야 한다고 덧붙였다. 이에 대해 북한 대사는, 김일성은 현재 진료를 받고 있는 중이라고 우회적인 답변을 했다. 그러나 이 시기에 김일성은 모스크바에서 구체적인 남침 계획을 협의하고 있었다.[123] 북한은 김일성이 3월 30일부터 4월 25일까지 모스크바를 비밀리에 방문해 체류하고 있다는 사실을 의도적으로 알려주지 않았다. 스탈린은 5월 3일이 되어서야 마오쩌둥에게, "조선 동지들이 우리를 방문했다. 그들과의 회담 결과는 수일 내 별도로 알려주겠다"고 간결하게 통보했다.[124] 이후 스탈린은 1950년 5월 14일자 전문을 통해 김일성과의 회담 결과를 마오쩌둥에게 설명했다. 그것도 중국공산당 지도부의 긴급 요청이 있었던 직후였다. 당시 김일성은 베이징에 체류 중이었다. 김일성의 베이징 방문은 5월 12일에 가서야 합의되었고, 이튿날인 5월 13일부터 15일까지 이루어졌다.[125]

그런데 베이징 지도부가 모스크바와 평양으로부터 구체적인 조치와 의도를 명료하게 전달받지 못한 상태라고 해서 북한의 계획을 거부했다는 것을 의미하지는 않는다. 중국 지도부는 그 반대 입장이었다. 1950년 3월 말 김일성의 발언에 따르면, 마오쩌둥은 스스로 베이징 주재 북한 대사에게 한반도 통일은 평화적이 아닌, 군사적 수단으로만 가능하다고 했다. 이어서 그는 미국을 두려워할 필요가 없으며, 이렇게 작은 나라(한국) 때문에 제3차 세계대전을 시작하지는 않을 것이라고 발언했다.[126] 즉 마오쩌둥은 김일성의 군사행동을 부추겼지만, 그의 요구 사항을 조건 없이 수용할 수는 없었다. 김일성의 관심은 오직 자신의 계획에 대한 중국의 무제한적 동의를 소련 측에 알리는 데 있었다. 북한 측이 중국 측의 입장을 상당히 과장했다는 사실은, 1950년 5월 13일부터 15일까지의 회담 후 베이징 주재 소련 대사에게 제공된 여러 가지 진술에서 추론이 가능하다.

이 중에서 일치하는 진술에 따르면, 마오쩌둥은 모스크바에서 합의된 행동 계획에 완전히 동의했으며, 조선 인민군의 군사행동에 관해 조언도 했다. 그리고 일본군의 개입에 대해 질의했다. 이에 대해 김일성은 가능하지 않다고 답하면서, 만일 미국이 일본군 병력 2~3만 명을 한반도로 파견할지라도 자신의 행동 계획에는 영향을 미치지 못할 것이라고 장담했다. 조선인들은 일본군에 대항해서라면 더욱 맹렬히 싸울 것이라는 자신감도 보였다.[127] 저우언라이의 진술에 따르면, 마오쩌둥은 일본군이 개입할 경우 전쟁이 장기화될 것을 경고했다. 이어서 미국이 전투 행위에 직접 개입할 가능성을 제기하며 두려움을 나타냈다. 김일성은 이러한 마오쩌둥의 의견을 반박하면서, 미국은 극동 지역에서 싸우려 하지 않을 것임을 강조했다. 미국은 싸우지 않고 중국 본토에서 철수했고, 한반도에서도 매우 조심할 것으로 예상했다. 저우언라이는 이러한 마오쩌둥과 김일성의 대화에 관한 진술을 7월 2일 반복했다.[128]

이에 반해 박헌영은 5월 15일의 회담에 대해 저우언라이와는 다소 다르게 진술했다. 박헌영에 따르면, 마오쩌둥은 일본이 무력 분쟁에 개입할 가능성을 회의적으로 보았다. 미국이 개입할 경우, 마오쩌둥은 중국군 부대의 지원을 약속했다. 소련은 미국과 38도선 비무장지대에 대한 협약을 체결했기 때문에, 소련군이 전투 행동에 직접 참여할 경우 매우 난처해질 것이다. 이에 반해 중국은 그러한 제약이 없으므로, 북한을 쉽게 도울 수 있을 거라고 언급했다.[129]

이러한 박헌영의 증언과 같은 맥락의 증언은 흐루쇼프의 회고록에서도 찾을 수 있다. "마오쩌둥도 전혀 이의를 제기하지 않았다. 그는 김일성의 제안에 긍정적인 반응을 보였으며, 이 전쟁은 한국 내부의 문제로서 한국 민족이 스스로 결정해야 하기 때문에, 미국이 개입하지 않을 것이라고 예상했다."[130] 그러나 여기서 유의해야 할 점이 있다. 흐루쇼프는 이러한 정보를 스탈린으로부터 직접 듣지 않고 전해 들었다. 스탈린은 마오쩌둥의 경고성 발언을 흘려들었거나 또 귀담아듣고 싶지 않았을 것이다. 왜냐하면 스탈린은 북한의 남침이 가져올 부정적 결과에 대한 책임은 최우선적으로는 북한이, 다음으로 중국이 져야 한다고 생각하고 있었기 때문이다. 김일성과 북한의 입장에서는, 자신들이 세운 목표를 구현하고 중국과 소련의 지원을 확보하려는 의지가 강했기 때문에 자신들의 계획에 대한 중국 지도부의 동의에 집착하여 과장되게 표현했을 가능성이 높다. 이러한 분석은 앞서 논술한 바와 같이, 마오쩌둥과 김일성의 회담에 대한 다양한 견해에서도 명확히 나타나 있다.《흔들리는 동맹―스탈린과 마오쩌둥 그리고 한국전쟁》의 곤차로프를 비롯한 공동 저자들은 김일성의 계획에 대해 중국은 유보적 태도를 취했다고 추론했다. 이에 반해 첸젠은 소련과 중국의 이익이 서로 일치했다고 주장했다. 첸젠의 주장보다 곤차로프 등의 주장이 더 사실에 가깝다고 평가된다.[131]

이처럼 모스크바, 베이징, 평양의 이해관계를 고려한다면, 중국과 북한의 회담에서 마오쩌둥은 그에게 알려진 김일성의 계획에 동의했다고 볼 수 있다. 김일성은 북한의 군사행동, 침공 시기의 선택, 작전 계획 등은 마오쩌둥에게 상세히 알리지 않았던 것으로 추정할 수 있다.[132] 그러나 마오쩌둥은 신속하고 쉽게 승리할 것이라는 김일성의 낙관론에는 동의하지 않았고, 국제적으로 복잡한 문제의 발생, 특히 미국의 전쟁 개입 가능성을 경고했다. 마오쩌둥의 입장에서 자신들의 타이완 점령 계획이 실행되기 전까지 북한의 남침이 초래할 국제적 위험을 적극 부각할 수 없었다는 견해는 타당하지 않다.[133] 왜냐하면 마오쩌둥 역시 자신들의 계획을 실행하려면 소련의 지원이 필수 요소였기 때문이다. 이러한 이유에서 마오쩌둥은 북한의 침공 계획을 결코 반대할 수 없었고, 단지 부분적으로 이의를 제기해 실행 시기를 늦추고자 했던 것이다.

4. 김일성의 무력 남침 구상과 스탈린의 승인, 그 배후

　흐루쇼프의 증언에 따르면, 스탈린은 공산주의자이면서 혁명가인 김일
성의 확신 때문에 그의 계획을 승인했다. 흐루쇼프도 스탈린처럼 행동했
을 것이라고 회고했다.[134] 그러나 이것은 크나큰 영향을 미칠 의사 결정의
본질을 무시한 순진한 시각이며 자기 정당화를 위한 주장이라는 평가에
서 벗어날 수 없다. 스탈린은 한반도 '공산 혁명' 과업 외에도 산적한 문제
를 안고 있었고, 특히 한반도 '공산 혁명'은 동유럽의 공산 진영 구축에 비
해 그의 최우선 과업이 아니었다는 점에는 의심의 여지가 없다. 따라서 스
탈린과 소련 지도부가 어떤 동기에서 한국에 대한 북한의 침공을 승인하
고 군사적으로 지원했는지를 이해하려면, 북한이 기습 남침을 감행하기
전까지 1년 반 동안 소련 지도부가 직면했던 국제 정세가 어떠했는지를
살펴보아야 할 것이다.

　제2차 세계대전 직후 일본은 소련의 영향권에서 완전히 벗어나 있었다.
중국 내전은 공산당 측의 승리로 종결되는 추세였다. 그들은 자신들의 정
권을 안정시켜야 했으나 스스로 해결하기에 벅찰 정도로 산적한 문제들
에 직면해 있었다. 오직 북한만 소련의 지배 권역에 확고하게 예속돼 있
었다. 미국에 의존적인 한국 체제는 반공주의를 추구했다. 제2차 세계대
전 말기에 모스크바가 구상했던 '인민민주주의 아시아'는 소련 국경의 인
근 지역에서도 부분적으로만 구현될 수 있었다. 1940년대 후반부 중국공
산당을 지원하기 위해 소련이 점점 더 강하게 개입했던 것은 외교·정치
적 딜레마가 낳은 결과였다. 무엇보다도 미국의 마셜 플랜 선언으로 말미
암아 서유럽, 특히 독일에서 소련의 선택은 제한되었다. 소련은 서유럽을
상대로 어떤 성과도 달성할 수 없었다. 이에 반해 동아시아에서는 새로운

전략이 필요했다. 무엇보다 장제스와의 타협을 위한 노력이 1946년에 허사가 되었기 때문이다. 이러한 상황에서 소련은 중국공산주의자들과 더욱 강력히 협력하는 것을 출구 전략으로 삼았다. 그 이유는 첫째, 중국 공산당과의 협력은 차르 시대부터 추구해온 소련의 안보 이익을 증진하는 데 유리하고, 둘째, 1945년 이후 공산주의자들이 존경받으려면 '제3세계'에서의 '민족해방 투쟁'을 선전하고 지원하는 것이 점점 더 중요해지기 때문이다.[135]

유럽 지역에서는 동서 진영의 전선이 더욱 공고해지고, 서방 진영은 베를린 봉쇄 사건에서처럼 어려운 여건에서도 현상을 유지하려는 태도를 분명히 보여주었다. 고분고분하지 않은 유고슬라비아의 정치가 티토Josip Broz Tito는 소련의 지배 권역에 균열을 만들었다. 따라서 아시아 지역에서 공산주의자들의 성공 전망은 무엇보다도 민족주의와 맞물려 더 밝아 보였다.[136] 이러한 관점에서 1949년 7월, 스탈린이 류사오치劉少奇와의 회담에서 중국의 국경 너머에 새로운 가능성이 있다고 암시할 때, 이미 한국의 공산화를 내다보았을 것으로 추정된다.[137] 중국 공산주의자들이 중국 내전 말기에 소련의 지원 아래 승리를 쟁취한 경험에 비춰보면, 동아시아 지역에서 모스크바와 중국공산당이 새로이 협력하는 길에는 어떠한 장애물도 없는 것처럼 보였다.

이처럼 소련이 중국공산당으로 방향을 전환하여 성과를 냈지만, 양국 관계의 긴장 상태는 계속되었다. 왜냐하면 모스크바에 대한 중국의 '자아 의식'이 더욱 성장했기 때문이다. 본베치와 쿠푸스에 따르면, 소련의 입장에서 미국에 '중국을 잃는 것'은 참을 수 없는 일이었다. 소련 지도부는 모든 의구심에도 불구하고 중국공산당과의 협력을 낙관적으로 전망하면서, 이에 따른 위험은 유연하고 단호한 통제력을 발휘하여 완화해야 한다는 입장이었다.[138] 스탈린은 6·25전쟁을 결정하는 과정에서 중국에 대한 딜

레마에 빠져 심각하게 고심했다. 스탈린은 마오쩌둥이 '중국의 티토'가 될 것을 우려했고, 중국을 자신의 영향력 아래 두고자 했다.[139] 소련의 중국 정책에 대한 스탈린 개인의 독자적 역할은 다른 학자들에 의해서도 강조되었다. 이렇듯 '극도로 민감한 영역'에 아무도 감히 개입할 수 없었다. 모든 것은 오로지 스탈린 개인을 통해 진행되었다.[140] 북한의 남침 결정의 문제와 중소 관계에 내재한 의미에 관해, 손턴은 이미 중소 분쟁이 최고조에 달했을 시기에 제시된 가설을 재차 증명하고자 했다. 스탈린은 중국이 미국과 군사적으로 대결하도록 술책을 써서 소련에 종속되도록 북한의 남침을 승인했다는 것이다.[141] "스탈린의 첫 번째 관심사는 마오쩌둥이 타이완을 공격하기 전에 한반도에서 전쟁이 먼저 일어나도록 보장하는 것이었다……두 번째, 스탈린은 북한의 침공이 실패하도록 보장하고자 했다……북한 침공의 실패는 미국이 주도하는 유엔과의 분쟁에 중국을 연루시키는 기본 조건을 조성해줌으로써, 중국이 소련에 의존하도록 만들고 이로써 스탈린의 주 목표인 전후戰後 기본 구조가 결정될 것이다."[142] 이 가설보다는 바람직하지 않고 비현실적이지만 수용 가능한 다른 하나의 가설은, 미국의 개입 없이 북한의 침공이 성공한다는 것이다. 왜냐하면 그 성공은 중국의 옆에 소련의 동맹국이 하나 더 존재하는 것을 의미하기 때문이다. 따라서 스탈린의 입장에서 한반도 전쟁은 아무것도 잃을 것이 없는 '윈윈win-win 제안'이었다.[143]

실제로 소련은 한반도 무력 분쟁에서 손해보다는 현저한 이익을 기대했다. 만일 그렇지 않았다면, 스탈린은 김일성의 제안을 승인하지도 않았을 것이다. 스탈린이 김일성의 전쟁 개시 승인을 결심하게 만든 다양한 요인들이 있었다. 이 요인들은 다양한 시각에서 논술되고 평가될 수 있지만, 관련 문서들이 공개되기 전까지는 확정적으로 추론될 수 없다. 세계 전략적 또는 이념적 요인이 함께 작용했다. 여기에는 미국과의 직접 대결을 회피하면서, 공산주의 세력의 확장에 대한 미국의 결연한 방어 의지를 시험하려는 소련의 의도가 내포되었을 것이다. 웨더스비의 견해처럼, 이러한 '시험'이 위험을 무릅쓴 정치적 결정을 하게 된 확실한 동기는 아니었지만 그 가능성을 배제할 수 없다.[144] 손턴의 가설 대부분은 설득력이 있지만 새로운 것은 아니다. 그러나 스탈린이 중국을 미국과 군사적으로 대결하도록 교묘히 몰아넣는 것을 최우선 목적으로 세웠다는 그의 명제에는 불가측성이 많다.[145]

손턴의 명제에 따르면, 미국뿐만 아니라 중국의 개입과 연관된 실제 전쟁의 진행 경과가 스탈린의 계산에 들어 있었다. 그러나 스탈린이 전쟁 발발 후 유엔에 의해 위임된 미국의 대응을 방해하지 않기 위해, 유엔 안전보장이사회 최초 회의에 소련 대표를 불참시키는 등 몇 가지 조처를 취했지만, 이러한 주장은 전쟁 진행에 대한 예측 가능성을 과장한 것이다. 오히려 모스크바는 북한의 남침이 성공할 것으로 예상했고, 미국이 한반도 전장에 군사개입하는 사태를 심각하게 우려하지 않았다고 가정하는 쪽이 더 설득력이 있다.[146] 미국은 중국 내전에서 벗어났고 한반도에서 군대를 철수했으며 1949년 8월 핵무장 독점권을 상실했다. 이러한 상황 변화는 사실상 미국의 안보 이익을 새롭게 정의할 필요성을 요구했다. 그 결과, 신임 국무장관 애치슨D. G. Acheson은 1950년 1월 12일 미국의 제한적 '방위선defense-perimeter'을 선언했다. 그리하여 한반도와 타이완은 미국이 적의 침공에 대해 자동적·군사적 대응 의지를 밝힌 태평양 지역의 방위선 밖에 놓이게 되었다.[147] 따라서 손턴의 명제와 대립하는 주장이 더 설득력을 지닌다. 예컨대, 개디스는 미국의 '방위선' 설정이 스탈린의 행위에 용기를 주었고 더욱더 공격적으로 만들었다고 주장했다.[148]

스탈린에게는 미국과의 전쟁을 두려워한 중국이 실제로 한반도 전쟁에 군사개입할 것이라는 확신이 없었다. 반대로, 소련의 지원을 받는 북한의 성공은 소련의 국익에 기여할 터였다. 그 성공은 동서 분쟁에서 소련의 입장을 강화해줄 뿐만 아니라, 중국에 대해서도 전략적으로 유리한 입지를 제공할 것이기 때문이다.[149] 미국이 공산주의자들의 세력 확장에 대응할 것으로 더 확실히 예상되는 곳은 타이완이었다. 왜냐하면 타이완은 미국의 군사작전 면에서 한반도보다 훨씬 유리하고 중국공산당이 '해방' 목표라고 선언했기 때문이다. 미국이 타이완을 위해 북한의 남침에 대응할 것이라는 추정은 군사적 이유뿐만 아니라, 국내의 정치 상황에 근거를 두고 있었다. 미국의 의회, 언론, 군은 중국 정책을 바꿔야 한다는 압박을 가하고 있었다. 중국 내전에 대한 미국의 불개입 정책의 목적은 중국 공산주의자들을 소련의 품으로 내몰지 않는 데 있었다. 실제로 이러한 미국의 목적과 유화 정책은 스탈린의 걱정을 유발했다. 그래서 미국의 공식적인 중국 정책을 비판하는 미국인들은 스탈린의 은밀한 '동맹자들'이었다. 이러한 의미에서, 소련의 입장에서 미국인과 '중국의 티토'의 사이를 갈라놓으려면 타이완에 대한 중국의 군사행동 전에 한반도에서 전쟁을 시작하는 것이 절대적으로 필요했다. 이러한 추론에 관한 한 손턴의 주장은 의심할 여지 없이 타당하다.[150]

북한이 신속한 승리를 거둘 경우에도, 한반도 전쟁은 최소한 미국과 중국공산당의 관계에 부담이 될 것으로 예상했다. 한반도에서 북한은 군사적 성공 조건을 조성하기 위한 강한 의지를 보이고 있었다. 이미 스탈린은 1949년 3월 5일 모스크바 회담에서 남북한의 군사력 비교 문제에 큰 관심을 나타냈다. 그리고 1949년 여름부터 조선 인민군의 전투 능력은 획기적으로 향상되었다.[151] 그리하여 북한군은 1950년 6월 25일까지 충분한 우위를 달성하게 되었다.[152] 북한의 한국 침공 작전은 22~27일 만에 종료될 것으로 예상되었다.[153]

스탈린은 북한의 침공 계획을 승인하는 과정에서, 북한의 전쟁 준비 및 수행을 지원하는 조치도 결연히 실행했지만, 다른 한편으로 미국과의 직접적인 군사 대결은 어떤 경우에도 배제하려는 의지도 확고했다. 왜냐하면 스탈린은, 마오쩌둥처럼 미국의 군사개입 가능성을 완전히 배제하지 않았기 때문이다. 따라서 처음부터 김일성이 오해하지 않도록 소련의 직접 군사개입은 거론조차 하지 말 것을 분명히 했다. 임은의 증언에 따르면, 1950년 4월 모스크바에서 최종 결정이 내려질 때에도, 스탈린은 이러한 소련의 입장에 대해 강조하는 것을 잊지 않았다.[154] 당시 소련 외무성의 중국 전문가 카피차Mikhail Stepanovich Kapitsa의 증언에 따르면, 스탈린은 김일성에게 "만일 누군가 당신의 얼굴을 때릴 경우, 나는 손가락 하나 까딱하지 않을 것이다. 모든 도움은 마오쩌둥에게 요청해야만 한다"라고 노골적으로 표현했다.[155]

이러한 스탈린의 태도를 단순히 마오쩌둥에게 술책을 부린 것으로 해석하면 안 될 것이다. 당시 미국과 소련, 두 초강대국이 견지했던 입장이 표출된 것으로 보아야 옳다. 미국은 베를린 봉쇄 때 소련과의 직접 대결을 피하는 모습을 보여주었다. 따라서 스탈린이 김일성에게 경고한 것은 예방 조치의 일환이었다. 이러한 예방 조치는 당시 발전 과정에 있었던 냉전시대의 표준 모델이었고, 이후 모든 형태의 동서 분쟁에도 적용되었다. 소련의 예방 조치에는 북한의 남침 개시 전까지 소련 군사고문단의 감축과 은폐, '한반도 전쟁의 아시아화를 위한 주도면밀한 궤도 수정' 등이 포함되어 있었다.[156] 그 핵심은 북한의 남침에 대한 공식 책임을 전적으로 북한과 중국에 전가하는 데 있었다. 이를 위해 스탈린은 1950년 5월 14일, 김일성의 계획을 승인한 사실을 마오쩌둥에게 통보하면서, 최종 결정은 중국과 북한 동지들의 몫이라고 덧붙였다.[157] 스탈린은 중국 지도부가 북한의 남침 전쟁을 거절할 여지를 둔 것이다. 그러나 중국의 거절은 모든 상황과 그때까지 진행된 모스크바–베이징–평양의 의사소통 과정을 보면 전혀 기대할 수 없었다. 스탈린은 물론 마오쩌둥과 김일성도 이것을 잘 알고 있었다.

　기본적으로 스탈린, 마오쩌둥, 김일성, 이 삼자는 상대방의 이익과 선택을 서로 잘 알고 있었다. 마치 자기 카드를 상대방에게 보여준 상태에서 게임을 하는 것 같았다. 모스크바는 베이징보다 더 유리한 카드를 손에 쥐고 있었거나 게임의 요령을 더 잘 알았던 것으로 보인다. 스탈린이 의도적으로 마오쩌둥을 북한의 남침 계획을 거부하지 못하도록 몰아넣었을 수 있다. 왜냐하면 마오쩌둥 스스로 미국과의 대결을 일으킬 수 있는, 타이완에 대한 공격 행동을 감행하려는 단호한 입장을 고수했기 때문이다. 스탈린도 한반도 전장에 미국이 군사개입을 하면, 비록 그 위험이 작지 않을지라도 감수하고자 했다. 이 경우, 북한 다음으로 중국이 희생물이 될 수밖에 없었다.[158] 스탈린이 '모든 것을 얻고 잃을 것은 전혀 없도록' 술책을 꾸몄는지,[159] 또는 처음부터 스탈린이 온전히 이기는 게임을 벌였는지는[160] 또 다른 문제다. 마오쩌둥 역시 한반도 전장에 미국이 개입할 가능성을 완전히 배제하지 않았다. 그럼에도 불구하고 김일성의 계획에 동의했다. 그러한 결정의 이유가 무엇이었는지, 지금은 단지 추측만 가능하다. 불리한 결과로부터 미리 거리를 두려는 모스크바의 의도를 간과하면 안 되지만, 모스크바는 모든 술책에도 불구하고 북한의 남침 계획에 대해 사실상 공동 책임을 져야 한다는 사실도 간과할 수 없었다. 중국 지도부는 자신들이 한반도 전쟁의 성공과 파멸에 개입될 수밖에 없었듯이, 전쟁에 대한 공동 책임으로부터 모스크바를 자유롭게 둘 수 없었다. 이러한 양상은 1950년 6월 25일 이후 구체적으로 나타날 것이다.

　스탈린이 김일성의 계획을 승인할 때, 미국의 군사개입 가능성을 배제하지 않았다는 사실은 일부 학자들에 의해 전혀 다르게 해석되었다. 김영호는《한국전쟁의 기원과 전개 과정》에서, 6·25전쟁은 스탈린의 '롤백 전략'의 틀에서 일어났다고 주장했다. 스탈린은 처음부터 미국군 전투력을 후방 종심 지역으로 유인하여 격파하기 위해 만주 지역을 작전 지역으로 계획했다는 것이다.[161] 그러나 이 명제는 손턴의 주장에 비해 논리적 근거가 부족하다. 왜냐하면 미국의 군사개입뿐만 아니라 중국의 군사개입을 확실한 전제 조건으로 삼고 있으며, 더욱이 한반도뿐만 아니라 중국 영토까지 전장으로 간주했기 때문이다. 물론, 중국은 미국이 한반도에 개입하면 위협을 느꼈을 것이며, 맥아더 장군의 구상도 압록강을 넘어 공격하는 것이었다. 이것이 맥아더 장군이 해임된 이유였다. 그러나 이러한 구상은 전쟁의 실제 진행 과정이 낳은 결과였다. 북한의 남침을 구상하고 계획하는 단계에서 김영호 교수가 주장하는 명제들이 소련의 계산이었다는 증거는 지금까지 공개된 소련의 공식 문서와 다른 문헌에서도 찾을 수 없다. 지금까지 발굴한 증거와 추론에 따르면, 스탈린이 자신의 계산 속에서 부여하려 했던 중국의 역할은 보잘것없었지만 실제로는 결정적 성격을 띠었다.

3장

소련 군사 교리와
북한의 군사적 기원

소련의 군사 이론 또는 군사 교리에는 '정치적 쇼윈도의 장식'으로 간주되는 것들이 많다.[1] 이러한 인상은 가르토프의 저술에 기인한다. 그는 1950년대 중반, 소련의 군사 이론과 제도를 집대성했다. 이 저술은 소련 군사에 관한 전문서로서 서방세계에서는 최초로 발간된 고전으로 평가할 수 있다. 1949년 소련 학자 푸크홉스키N. V. Pukhovsky는 1949년 소련 군사 이론의 우월성은 마르크스, 레닌, 스탈린의 사상과 계급 이론에서 비롯된다고 주장했다. 같은 시기에 보로실로프Kliment Yefremovich Voroshilov 원수는 "오직 소련에서만 사회주의 체제를 기반으로, 마르크스–레닌주의 이념과 사회주의적 실제의 지배를 토대로……참다운 군사학이 가능하다"고 강조했다.[2] 그러나 앞서 인용한 바와 같이, 독일 국방군Wehrmacht은 1941년 베를린에서 발행한 《소련의 전쟁 수행 특징에 관한 설명집》에서 소련군 교리의 이론적·선전적 성격과 실제 적용의 한계를 다음과 같이 표현했다.

"그러나 교범에 수록된 원칙들이 실제로는 일관성 있게 적용되지 못하고 있다는 점을 고려해야 한다. (소련군) 지휘부와 야전 부대는 아직도 이 원칙들을 공유하지 못한 상태이다."[3]

그럼에도 불구하고 북한의 전쟁 수행에 소련이 미친 영향의 외연을 측정하려면, 소련의 군사 교리에 대한 심층 논의가 필요하다. 왜냐하면 소련의 영향은 정치 간섭을 비롯해 군사고문과 무기 공급 등의 물리적 군사 지원에만 한정되지 않았고, 조선 인민군의 교육 훈련과 북한의 남침 준비 및 수행을 위해 소련 군사 교리의 원칙들을 수용하는 과정에서도 두드러졌기 때문이다. 이 문제에 대한 분석은 기존의 연구 자료와 전쟁 기간에 노획한 북한 측 내부 문서를 기초로 했다.

그렇다면, 소련 군사 교리는 무엇이었으며 소련의 군사 이론에서 어떤 위치를 차지하는가? 군사 교리, 군사술, 군사학의 상호 관계를 어떻게 정의할 수 있는가? 소련 군사 교리는 어떻게 탄생했고, 클라우제비츠의 사상은 어떤 영향을 미쳤는가? 북한의 전쟁 준비 및 수행과 밀접한 시기인 1953년 스탈린 사망 시까지 소련 군사 교리는 어떻게 발전되었고, 군사전략과 작전술의 상호 관계는 어떻게 정의할 수 있는가? 소련 군사 교리가 북한의 전쟁 준비 및 수행에 얼마나 수용되고 적용되었는가? 이 장에서는 이러한 질문에 대해 해답을 구하고자 한다.

1. 소련 군사 교리의 정의

소련의 군사 교리는 군사학과 군사술에 대한 다양한 관념과 견해, 그것에서 도출된 명제들의 집합으로 정의할 수 있다. 이 명제들은 소련군 내에서 군사 업무 수행에 적용하는 지침으로 규정되어 있다. 소련의 정치와 전

략도 그러하지만 군사 교리도 이념적이면서도 사실적인 명제들과 논거에 근거를 두고 있다.[4]

전쟁 교리 또는 군사 교리voennaia doktrina라는 개념은 이미 러시아 차르 시대에 사용되었다.[5] 스베친Aleksandr Svechin[6]이 1920년 2월 27일과 3월 12일 '노농 적군(붉은 노동자와 농민 군대)'의 군사軍史위원회 정기 금요 회의에서 격렬하게 논박한 바와 같이, 소련에는 1914년부터 1918년까지 학술적 논거를 지닌 통일된 군사 교리가 존재하지 않았다. 다시 말하면, 러시아혁명 이전 시대의 러시아 군사사상은 '완전한 무정부 상태'가 지배했다.[7] 그의 견해에 따르면, 이러한 상황은 최대한 빨리 종료되어야 하고 하나의 총괄 개념이 정립되어야 비로소 개별 영역에서 상호 연관된 의사 결정이 가능해질 수 있었다. 그 이유는 개념 정의, 법령, 교범만으로는 군사 교리를 형성할 수 없고 전쟁을 심층적으로 이해하는 데 불충분하기 때문이다. 따라서 과거와 현재의 정치를 구성하는 요소인 전쟁을 면밀히 연구해야 하며, 특히 역사적 경험을 기초로 삼아야만 이론적 증명·전략적 구상·정치적 예측 등을 감행할 수 있다고 역설했다. 결론적으로, 하나의 통일된 군사 교리는 규범적 속박이 아니라, 정치 지도 계층이 공유해야 할 전쟁에 대한 정치적 사고의 틀을 제공하는 것으로서, 이 사고의 틀은 확고한 역사적 경험에 기초해야 한다는 것이다.[8]

프룬제Mikhail Frunze는 1921년 7월, 마르크스주의적 시각에서 통일된 군사 교리에 대해 정의했다. 이 정의는 노농 적군의 총정치국장 구세프Sergey Ivanovich Gusev의 다음과 같은 생각을 수용한 것이었다. "통일된 군사 교리는 한 국가의 군의 규범으로서, 군사력 건설의 특징, 부대의 교육 훈련, 국가의 계급 성향에서 비롯된 군사적 당면 과업과 해결 방안들에 대한 지배적인 견해에 근거를 둔 군사 지휘 등의 논리적 기초를 제공한다. 이 규범은 한 국가의 노동력의 개발 수준에 의해 결정된다."[9]

지금까지 살펴본 스베친과 프룬제의 견해는 소련 군사 교리의 개념을 정의하는 데 기초를 제공했고, 이렇게 성립된 개념은 수십 년 동안 미래 전쟁의 목표와 성격, 국가와 군의 전쟁 준비, 전쟁 수행 방법 등에 대한 사고 체계로 기능했다.[10] 소련 군사 교리는 "소련공산당과 정부의 방침을 제시하는 원칙들과 학술적으로 입증된 견해들로 구성된 하나의 체계로서, 소련이 제국주의자들로부터 강요당할 전쟁 수행의 본질·성격·방법·군사력 건설·국가와 군의 준비·침략자의 격멸에 관한 것이다."[11]

한편, 서방세계의 군사학자들은 소련의 언어 사용에서 군사학이나 군사술로부터 군사 교리를 구별하는 데 때때로 어려움을 겪었다. 이에 관해 리더Julian Lider는 두 가지 견해를 인용했다. 람베트Benjamin S. Lambet에 따르면, 소련의 군사 교리 개념은 군사사상이라는 복합 체계의 핵심 부분을 형성하며, 이 사상 체계는 군사학의 공급으로 촉진되고, 다른 한편으로 군사술의 개발을 위한 자극과 지침을 제공한다. 맥과이어Michael McGwire에 따르면, 군사술은 전쟁 수행의 방법에 있어서 군사 교리와 조화를 이룬 하나의 사고 체계로, 군사 교리와 군사학에서 도출된 것이다. 이 두 가지 해석은 일치한다. 즉 군사 교리는 군사술의 준거로서 군사술의 형성에 영향을 준다. 이에 대해 리더는, 이 해석이 소련의 공식 군사 이론과 모순된다고 지적했다. 소련의 군사 이론은 전쟁과 군사력에 대한 규범·군사학·군사 교리 등 세 가지로 구성되어 있으며, 군사술은 군사학의 본질적 핵심 요소로 간주된다는 것이다.[12] 이러한 리더의 주장은 1949년 소련의 국방장관이었던 불가닌N. A. Bulganin의 상술 내용과 일치한다. 그는 군사학을 군사술을 포괄하는 개념으로 간주했다. "군사술은 군사학의 본질을 이루는 부분으로서, 전술, 작전술, 전략을 포함한다. 즉 군사술은 개별 군사행동과 전체 전쟁의 수행을 위한 수단에 관한 문제를 연구하는 것과 관계가 있다. 군사학은 군사술의 문제 외에도 국가의 경제 능력과 사기에 관한 문제를 다루고 있다."[13]

보로실로프 원수는 스탈린의 70세 생일에 즈음하여 군사술에 관해 다음과 같은 요지의 발언을 했다. 소련군 지휘관들은 군사술을 통해 전략, 작전술, 전술, 부대 편성 및 교육 훈련 등에 이론적, 실질적으로 정통하게 되었다. 그리하여 전쟁의 성격을 올바로 이해하게 되었고, 현대 전장의 작전과 전투의 특성, 다양한 병과의 과업들을 이해할 수 있는 능력을 갖추게 되었다.[14] 바실렙스키 원수를 비롯한 유수한 소련 육군의 지휘관들도 이와 유사한 의미로 군사술을 정의했다.[15]

소련군 부총참모장 가레예프 대장은 프룬제의 사상을 기초로 군사 교리와 군사학의 상호 관계를 포괄적이고 구체적으로 서술했다. 그의 정의에 따르면, 군사 교리는 특정 문제들을 독자적으로 연구하는 특별한 학문 분야가 아니다. "군사 교리는 전쟁과 군사력에 대한 전체 지식 체계로부터 필요한 자료를 선택한다. 다른 한편으로 군사적 실제는 군사 교리의 도움으로 학문적 인식을 형성한다." 나아가 그는, 군사 교리의 정치적 원칙들은 전쟁과 군사력에 관한 마르크스-레닌의 이론과 사회과학에 근거를 두고 있으며, 군사 교리의 군사-기술적 원칙들은 군사학의 명제들과 군사적 문제와 연관된 다른 학문들의 견해에 근거를 두고 있다고 강조했다.[16]

이처럼 소련의 군사 교리는 정치 차원과 군사-기술 차원으로 구분되었다. 이러한 프룬제의 정의는 소련이 해체되기까지 공식 적용되었다. "군사 교리의 정치적 기본 원칙들은 현대전의 사회-정치적 본질, 전쟁 시 국가의 정치적 목표와 전략적 과업들의 성격, 그리고 국가 방위의 안정과 강화, 군사력 건설과 준비 등을 위한 주요 요구 사항들을 설명해준다. 군사 교리의 군사-기술적 기본 원칙들은, 미래 전쟁은 어떤 전략적 성격을 띨 것인가? 이러한 전쟁을 어떤 적을 상대로 수행하기 위해 어떻게 준비해야 하는가? 이러한 전쟁을 위해 어떤 군사력이 필요하며, 작전과 전투를 위한 계획 수립과 명령 하달이 어떤 절차에 따라 이루어져야 하는가? 미래 전쟁의 성격을 고려하여 군은 어떤 형태와 방법으로 준비하고 훈련하고 훈육해야 하는가? 등을 규정한다."[17]

이상에서 살펴본 바와 같이, 소련의 군사 교리는 학문의 범주에 속하지 않고 전쟁·군사력·군사학 등에 대한 이론과 병립하는 것이었다. 군사학은 과거의 전쟁 경험과 현재의 군사를 분석해 미래 전쟁의 성격을 규정하는 과업을 수행했다. 따라서 군사 교리는 학문에서 제기하고 검증된 명료한 지식 중에서 실제 활동에 필요한 지식을 선택하는 데 기여했다. 군사술은 군사학의 부분 영역으로서 전략, 작전술, 전술로 구성되어 있다.[18] 그러므로 소련의 군사학은 군사술 외에 비군사적 요소인 사기·경제·심리·정치적 요소 등을 포괄하는 것으로, 군사술보다 보편성을 띤 개념이었다. 이러한 포괄적 관점에서 소련은 자국의 능력과 적국의 능력을 파악했다. 군사 교리의 핵심 내용과 전략은 본질적 관계로서, 군사전략의 기본 원칙들은 군사 교리의 핵심 내용을 구성하는 중요한 요소였다.[19] 소련 군사 교리는 정치와 군사의 상호 관계를 규정했고, 군사-기술적인 차원에서는 군사 교리의 정치적 목표를 구현하기 위한 구체적 구상과 기준을 제시했다. 소련의 군사 교리는 전장에서만 적용되는 것이 아니었다. 국가의 전쟁 준비에 대한 모든 관점, 미래 전쟁에 대한 국민의 정신적 준비, 신속한 동원을 위한 사회조직, 외교정책의 원칙, 전쟁 지도 지침 등을 담고 있었다. 정치 차원의 군사 교리는 마르크스-레닌주의적 계급투쟁 이념이 기초가 되었다. 군사 차원의 군사 교리에는 임무 수행 방법과 수단의 선택, 군의 인사 및 군수 기획, 군사학교와 야전 부대의 교육 훈련, 작전술의 발전 등이 포함되어 있었다.

2. 소련 군사 교리의 발전

역사의 흐름 속에서 수많은 군사·정치 사상가들은 복합적 연구 대상인 '전쟁'을 체계적이고 이론적으로 파악했으며, 전쟁을 '다른 수단에 의한 정치의 연속'으로 간주해 국가들의 행동 또는 자국의 행동으로 이해했다. 차르 시대의 러시아에서도 예외가 아니었다. 1813년 프랑스군에서 러시아군으로 전향하여 복무한 스위스 출신 조미니 장군은 프로이센의 클라우제비츠에 비견할 만한 역할을 수행했다.[20] 러시아의 10월혁명 때도 다르지 않았다. 볼셰비키 세력이 권력을 장악한 후 오히려 정치에서 군사의 중요성은 더욱 커졌다. 레닌은 계속해서 군사정책과 전략 문제에 부딪히게 되었다. 클라우제비츠가 표현했듯이, 전쟁은 공공 생활의 일부로 간주되었다.[21] 이러한 클라우제비츠의 예상을 넘어, 전쟁은 혁명 러시아의 공공 생활에서 최우선 관심사가 되었다.[22]

이러한 현상은 내전 종료 후 달라졌지만, 볼셰비키 세력은 러시아혁명이 세계적으로 확산되지 않자 계급투쟁에 근거한 세계관을 기초로 자본주의 세계와의 무력 충돌이 불가피하다고 여겼다. 따라서 전쟁은 그들의 군사적 사고뿐만 아니라 정치적 사고에도 상대적으로 커다란 영향을 미쳤다. 그들이 기대했던 만큼 세계혁명이 진행되지 않았기 때문에, 새로운 러시아의 정치적·군사적 입장을 규정하는 것은 체제 생존의 문제이기도 했다. 왜냐하면 예상과는 달리 내부의 계급투쟁에 전념하지 않으면 안 되었고, 외부의 간섭도 막아내야 했기 때문이다. 이 외부의 간섭은, 과도기를 거친 내부 투쟁이 군사적 형태와 수단에 의해 해결되도록 원인을 제공했다. 러시아혁명의 운명은 예상치 못한 정도로 군사적 요인들에 의해 좌우되었던 것이다.

로제Olaf Rose가 '러시아와 소련에 미친 클라우제비츠의 영향'에 관한 연구에서 밝힌 바와 같이, 레닌은 클라우제비츠의 이론을 일련의 마르크스주의 기본 원칙과 결합하여 정치 현실에 적용했던 최초의 인물이었다.[23] 레닌은 주로 전쟁의 기원을 다루었다. 그는 전쟁의 원인과 영향은 물론, 이 인과관계가 어떻게 전쟁의 성격을 규정했는가에 관심을 가졌다. 트로츠키Leon Trotsky, 프룬제, 구세프, 스베친, 투하쳅스키Mikhail Nikolaevich Tukhachevsky, 스탈린 같은 볼셰비키 세력의 당 지도자와 군사 이론가들도 정치와 전쟁의 관계를 논의했다. 이러한 논쟁의 과정에서 소련의 군사 교리가 태동했다.[24] 이들은 치열한 논쟁을 벌였다. 특히 트로츠키와 프룬제는 정치 영역에서, 스베친과 투하쳅스키는 군사 영역에서 각각 상호 대립하는 입장이었다. 결국 정치 영역에서는 프룬제가 레닌의 다양한 의사 표명에 힘입어 가장 중요한 소련의 군사 이론가로 올라서게 되었고, 군사 교리에 내재된 정치 차원과 군사-기술 차원의 상호 관계에 관해 자신의 명제들을 체계화해 소련의 군사사상을 정립했다.[25]

프룬제는 정치에 대한 클라우제비츠의 주장과는 달리, 정치와 전략의 교차 영역인 군사 교리를 정립하는 작업에 정치가와 군인들이 공동으로 참여할 것을 촉구했다.[26] 이렇게 만들어진 군사 교리는 "이념적 전제 조건에 의해 주입되었고 심하게 정치화되었다. 적의 물리적 섬멸은 분명한 기본 목표였고, 공격은 전투 형태가 아니라 기본 원칙이었다. 프룬제는……클라우제비츠 이론에 정통했지만, 전략과 정치의 밀접한 관계에 관한 레닌의 해석을 우선시했다."[27]

민병제의 신봉자인 트로츠키는 마르크스주의의 도움으로 군사 이론 체계를 세우려는 프룬제와 프룬제 학파의 시도를 강력히 반대하면서, 국가적으로 승인된 공식 군사 교리가 안고 있는 위험성을 경고했다. 군사 교리는 하나의 견해를 규범화함으로써 그것에서 벗어난 다른 견해들을 억압하고 새로운 사고의 개발을 방해한다는 것이었다.[28] 그는 클라우제비츠의 주장을 증거로 제시하면서 실제에서 유연한 적응을 마비시키는 틀에 박힌 사고의 위험성을 지적했다.[29] "전쟁에 관한 체계적 이론을 정신과 내용으로 꽉 채워 서술하는 것은 아마도 불가능하지 않을 것이다. 그러나 지금까지의 이론들은 그것과는 거리가 멀었다. 그 이론들의 비학술적 정신을 문제 삼지 않더라도, 그 이론들은 모든 종류의 일상적인 것, 진부한 구절들, 장황한 설명 등의 연관성과 완전성을 추구하는 노력으로 넘쳐흐른다."[30]

나아가 트로츠키는 전략이 포함된 군사술을 군사학의 일부로 간주하지 않았다. 그는 전쟁이 여러 학문에 근거를 두고 있지만, 전쟁 그 자체는 학문이 아니라 "하나의 실용적 술術이고 기능이며······ 격렬한 유혈의 수공업"이다.[31] 이러한 트로츠키의 주장은 "전쟁은 하나의 수공업이며······ 수공업은 하위 수준의 술에 불과하다······ 이러한 술은 특정하고 한정된 법칙의 지배를 받는다······ 전쟁은 술과 학문의 영역이 아니라 사회생활의 영역에 속한다"는 클라우제비츠의 명제들과 같은 맥락에 있었다.[32]

전쟁의 복잡성을 군사 교리를 통해 도식화하려는 시도에 대한 트로츠키의 경고는 결실을 보지 못했다. 트로츠키는 스탈린, 지노비에프Grigory Zinoviev, 카메네프Lev Borisovich Kamenev와의 당내 권력투쟁에서 패배해 점차 정치에서 소외되었다. 1924년 프룬제는 트로츠키의 혁명전쟁위원회 Revolutionarer Kriegsrat 전쟁위원Kriegskommissar 겸 위원장 직책을 인수했고, 자신의 구상에 따라 군사 개혁을 추진했다. 군사 교리에 관한 그의 정의는 규범이 되어 1928년《소련 백과사전》의 초판에도 수록되었다.[33]

군사 교리와 전략의 문제는 불가분의 관계에 있었다. 이 주제에 관한 정치적 논쟁은 극한 대립 양상을 띠었다. 그 대립의 중심에 스베친과 투하쳅스키가 있었다. 스베친은 소련의 방위를 위해 제한된 목표들을 달성해야 하는 불가피성을 강조했다. 그의 견해에 따르면, 반격 단계에서는 섬멸적 조치들의 필요성을 배제할 수 없지만, 수세적 소모(피폐) 전략이 가장 적합한 전략이었다. 이에 반해 투하쳅스키는 정치적 동기가 내재된 군인들의 공격 정신과 현대화된 기동술의 효력이 발휘되려면 공세적 섬멸 전략이 적합하다고 역설했다.

스베친은 수세적 소모 전략의 당위성을 입증하기 위해 제1차 세계대전, 내전, 군사 개입 등의 전례에서 나타난 러시아의 약점과 파탄을 열거했다. 그는 나폴레옹의 러시아 전역이 주는 교훈을 토대로 "방어는 공격보다 더 강한 전쟁 형태다"[34]라는 명제를 제시한 클라우제비츠를 인용했다. 이에 반해 투하쳅스키는 프룬제와 그의 학파처럼 이념의 토대 위에서 혁명 러시아의 전략을 선택할 수밖에 없었다. 따라서 군은 적의 공격을 막아내는 목적뿐만 아니라, 다른 국가로 혁명을 확산시키는 목적도 지향해야 한다는 것이다.[35] 이러한 정치적 기준에 따라 공세 작전은 본질적 작전 형태로서, 작전의 목표는 적의 전투원을 최대한 완전히 섬멸하는 것이었다.[36] 결국, 스베친의 수세적 소모 전략은 정치적 논쟁에서 반혁명적 사고의 산물로 간주되어 투하쳅스키의 공세적 섬멸 전략이 우위를 점유하게 되었다.

투하쳅스키는 국가 전체의 군사화를 주창하면서 전쟁 수행의 기계화를 제시했다. 그는 노농 적군의 기본 전략 개념에 관한 논쟁에서 승리자가 되었다.[37] 왜냐하면 그의 구상은 산업화의 강행을 뒷받침하는 논거로 적합했기 때문이다. 스베친은 정치적으로 고발되어 '제국주의자들의 간첩'으로서 우파 진영의 일원으로 분류되었다.[38] 그는 중상모략을 받아 반동주의자 선고를 받았다. 그의 수세적 전략 구상은 부르주아 계층을 섬멸하는 목표를 지닌 혁명전쟁의 수행에 모순되는 것이었다. 그가 주장한 소모(피폐) 전략의 군사적 의미는 소련의 경제적 잠재력을 냉정하게 평가하는 문제에서 완전히 무시되었다. 이처럼 산업화 강행 전략과 병행하여 공세적 섬멸 전략은 소련 군사 교리의 도그마(교의)가 되었다. 이 전략은 '노농 적군'의 《야전 근무 규정Felddienstordnung》에 명문화되었다.[39] 이 소련 최초의 군

사 교리는 소련이 세계혁명과 공세적 전쟁 관념에 집착하도록 작용했다.[40]

소련이 해체되기까지 유지되었던 군사 교리의 이념적·정치적 성격과 공세적 실행에 관한 사실은 1988년 '방어 전쟁'에 관한 가레예프 대장의 설명에서 확인할 수 있다. 그에 따르면, 제국주의자들의 침략이 있을 경우 방어 전쟁으로는 적을 완전히 격멸할 수 없다. 따라서 소련의 군사 교리는 적의 기습공격을 방어한 후 공격작전으로 전환하여 가급적 처음부터 적국의 영토에서 전쟁을 수행해야 할 불가피성에서 출발한다.[41] 소련 군사 교리의 이러한 공세적 성격은 제2차 세계대전의 과정과 결과를 통해 정당화되었다. 노농 적군이 입은 초전의 심각한 타격은 엄청난 인명 손실과 국토의 극심한 황폐화를 초래했기 때문이다. 수차례에 걸쳐 과장된 모스크바의 공식 기록에 따르면, '위대한 조국전쟁'에서 소련이 입은 인명 손실은 약 2,700만 명이며, 그 가운데 약 800만 명이 군인이었다.[42] 전쟁 초기 적에 의해 강요된 후퇴가 낳은 재앙과 전쟁 후반기 공세 작전의 성과는 소련 군사 교리의 공세 사상을 강화시키는 동기가 되었다.

소련의 군사 교리는 '정당한 전쟁'에 관한 볼셰비키의 세계관이 기초가 되었다. 이러한 전쟁은 프롤레타리아 국가의 자위自衛를 위한 전쟁이나 '해방전쟁' 목적으로 수행된 내전을 지칭하는 것이었다. 예컨대, 이 내전은 제국주의 국가 내 노동자와 농민의 봉기 또는 식민지 국가들로부터 독립을 쟁취하려는 다양한 단체들의 봉기 등으로 나타났다. 이러한 봉기는 국가의 상위 계층에 속한 제국주의자들과 추종자들에게 저항하는 것이었다. 이러한 관념에 대해 스탈린은 다음과 같이 정리했다.

볼셰비키 공산주의자들은 두 종류의 전쟁이 존재한다고 여겼다.
  a) 정당한 전쟁 : 침략 전쟁이 아닌 해방전쟁으로서, 인민을 외부의 공격으로부터 보호하거나, 인민을 노예화하려는 시도를 막거나, 인민을 자본

주의의 노예 상태에서 해방하거나, 혹은 식민 지배와 제국주의의 속박
으로부터 국가를 해방하기 위해 수행한다.

b) 부당한 전쟁 : 다른 국가와 민족을 정복하고 노예화하는 침략 전쟁이다.
볼셰비키 공산주의자들은 첫 번째 유형의 전쟁을 지지한다. 볼셰비키
공산주의자들은 두 번째 전쟁에 관해 제국주의 정부의 혁명과 전복이
이루어질 때까지 단호한 투쟁을 전개할 것을 주장한다.[43]

아울러, 억압된 노동자들은 노농 적군의 진군을 열광적으로 환영하고
적극 지지하게 될 것이며 이는 자명하다고 여겼다. 더욱이 적의 전선 후방
에서 혁명이 일어나 노농 적군의 승리가 촉진될 것으로 기대했다.[44] 이러
한 낙관론은 가레예프의 인용 문장에서는 표현되지 않았지만, 소련의 군
사 교리에는 적의 영토 내에서 적을 섬멸한다는 목표를 비롯해 소련의 해
체 시까지 함축적으로 포함되어 있었다.

3. '종심 깊은 작전'과 기동전

1930년대에 들어서면서 '공세적 섬멸 전략'은 더 이상 논쟁의 대상이 아
니었다. 그러나 전략과 전술의 중간 영역인 작전술에 대한 논쟁은 정치적
제한에도 불구하고 1937년 군부가 대대적으로 탄압당하는 시기에 이르
기까지 계속되었다. 이 논쟁은 1920년대 스베친과 투하쳅스키를 중심으
로 촉발된 이래 소련의 군사사상 내 작전술을 발전시킨 원동력이었다. 이
과정에서 태동한 '종심 깊은 전투' 또는 '종심 깊은 작전' 개념은 1960년
대까지 소련의 작전적 사고를 지배했다.[45] 이 개념은 스베친의 '소모(피폐)
이론'에서 새로운 '기동 이론'으로 전환되는 근거가 되었다.[46]

'종심 깊은 작전' 개념은 투하쳅스키에 의해 구상되었고, 트리안다필로프V. K. Triandafillov와 이서슨G. Isserson에 의해《야전 근무 규정》에 구체화되었다. 이 개념은 공세적 섬멸 전략의 기본 원칙과 함께 소련 군사 교리의 군사-기술 분야의 근간을 형성했다.[47] 1933년 투하쳅스키는 작전 교리의 기반을 조성하기 위해, '종심 깊은 전투의 조직에 관한 잠정 훈령'이라는 제목으로 일련의 명령을 하달했고, 이후 이 훈령은 1937년《잠정 야전 근무 규정Vremennyi Polevoi Ustav(PU36)》으로 대체되었다.[48] 이 '종심 깊은 작전' 개념의 논리적 전제는, 군사작전의 '섬멸적 타격과 속도'를 특징으로 하는 기동전이 진지전과 방어전을 대신해야 한다는 것이었다. '섬멸적 타격과 속도'의 본질은 공군의 직접 지원을 받는 보병, 기갑, 포병이 종심 깊은 제대를 형성하는 데 있었다. 이를 구현하기 위한 작전의 기본 원칙으로 기습, 정확한 제병 협동 통제, 적 방어 체계의 종심을 돌파하기 위한 기동 등이 강조되었다.[49]

1937년 5월 6일, 투하쳅스키는《붉은별》지에 새로운 야전 근무 규정과 기존 야전 근무 규정의 차이점을 서술했고, '종심 깊은 작전'의 본질에 관한 자신의 구상을 상세히 제시했다.[50] 포병의 지원을 받는 기갑부대가 적의 종심으로 깊고 신속하게 기동하여 적 주공의 퇴로를 차단하는 개념이 새로운 군사 교리의 요체였다. 특히 적의 측방에 어떠한 약점도 노출되어 있지 않다면, 종심 기동 이전 또는 종심 기동과 동시에 대량 전투력의 집중에 의한 정면 타격이 불가피하다는 점이 강조되었다. 또한 선정된 방책에 따라 가용 공격 전투력의 기동과 화력 수단을 적 방어 체계의 전 종심에 동시 운용함으로써, 적 예비대를 포함한 모든 전투력을 고착하고 포위 섬멸할 수 있다는 것이다.

이러한 사고는 1930년대 소련에서 활발하게 논의되었고, 전쟁 초기 단계의 중요성이 더욱 커졌기 때문에 이후 전쟁에서 전쟁 준비 태세를 적시에 확립하는 문제는 더욱 중요해졌다. 이러한 맥락에서 전쟁 초기에 적의 공격을 물리치고 적의 영토로 전장을 전환해야 한다는 점이 강조되었다. 이를 위해 국경 지역에 강력한 방어 부대를 배치하고, 이 부대를 기계화부대와 항공 전력이 지원해야 할 뿐만 아니라, 전과를 확대할 수 있는 기동성이 뛰어난 주력으로 기동전을 전개해야 한다는 것이다.[51] 이처럼 투하첩스키는 교리의 기본 원칙을 세우는 것과 함께, 소련군의 기술적 능력을 보장하는 데 역점을 두었다. 예컨대 전차와 전투기의 생산을 장려했고, 공수부대를 창설하고 유도무기 체계의 연구 개발을 시작했다.[52] 그러나 투하첩스키는 스탈린 체제의 정치 상황에 편승해 스베친과의 투쟁을 승리로 이끌었던 영광을 오래 누릴 수 없었다. 소련의 노농 적군의 지도부에 대한 탄압이 진행되면서, 투하첩스키는 스베친보다 먼저 숙청되었다. 1938년 7월 29일, 패자인 스베친이 살해되었고, 승자인 투하첩스키는 그보다 1년 앞서 희생되었다.

이러한 소련 군부에 대한 탄압 과정에서 소련의 군사사상의 원형도 훼손되었다.[53] 투하첩스키가 제거된 후, 1940년 새로운 《야전 근무 규정 (PU-39)》이 발간되었다. 이때부터 보병이 기본 병과가 되었고, 다른 모든 병과들은 보병을 지원하는 기능을 수행했다. '종심 타격' 임무를 수행하기 위해 특별 편성되었던 두 개의 기계화 군단은 해체되었다. 이처럼 시대에 뒤진 작전 개념, 전쟁 초기 단계에 대한 경시, 정치적 숙청에 따른 장교단의 지휘 능력 결함 등은, 소련군이 제2차 세계대전, 특히 1942~1943년의 스탈린그라드 전투에서 작전적 공세로 전환할 때까지 혹독하고 처절하게 싸우게 되는 결정적 원인이 되었다.[54]

1940년 도입된 개념을 토대로 한 보병의 공격은 소련의 군사 교리에서 가장 중요한 작전 요소였다. 다른 모든 병과들은 보병과 밀접히 협동하면서 보병을 지원하도록 규정되었다. 그러나 전쟁이 진행되는 동안 포병 공격, 공중 공격과 기갑 공격 개념을 군사 교리에 도입했지만[55], 이들 공격은 1942~1945년 판《보병 전투 교범》이 제시하는 바와 같이 여전히 지원 차원에 머물렀다. 그 후 포병 공격과 공중 공격은 "전체 공세 기간 중 포병 및 유탄발사기 사격, 항공기 폭격 등을 통합하여 효과적으로 보병을 지원한다"[56]는 목적으로 실시되었다.

이처럼《보병 전투 교범》과 1944년 판《야전 근무 규정》은 전쟁 경험이 반영되어 변화한 사항을 담고 있었지만, '종심 깊은 작전'의 기본 사고는 변함없이 유지되었다. 예컨대, 공격작전 최초 단계에서 보병, 기갑, 포병, 공군이 동시에 적의 방어 체계 전 종심을 공격하는 원칙을 들 수 있다. 소련의 소책자에는 화력을 집중 운용하여 적을 제압하는 가운데, 가용한 기동 전투력을 집중 운용하여 전진함으로써, 종심 깊게 배치된 적을 극복하고 전장에서 섬멸할 수 있다고 수록되어 있다.[57]

비록 투하쳅스키의 이론이 그의 숙청과 함께 공인되지 못했지만, 소련군은 그의 '종심 깊은 작전' 개념을 구현했다. 그의 이론은 늦어도 '위대한 조국전쟁' 중인 1942년 11월 19일 소련이 동계 공세를 시작한 이후부터 발전되었다.[58] 소련의 최고사령부와 총참모부에서 1942년 11월부터 체계적으로 작성한 기록들이 이를 증명하고 있다. 이 기록들은 1941~1945년의 전쟁을 관찰하고 경험한 내용을 담고 있다.[59] 나아가 1940년 12월 31일, 국방장관 티모센코S. K. Timoshenko 원수의 군사회의 종료 연설,[60] 즐로빈V. Zlobin 중장과 베토시니코프L. Vetoshnikov 소장이 1947년과 1949년에 각각 작성한 논문[61]등을 살펴보면, 투하쳅스키의 이론이 부활했을 뿐만 아니라 지속적으로 발전했다는 점을 명백히 알 수 있다. 특히 이 두 장군은 논문에서 전쟁의 경험 사례를 평가하면서 누가 정립했다는 언급 없이 '종심 깊은 작전' 이론의 중요성을 강조했다. "1930년대 종심 깊은 공격작전 이론이 소련식 작전술로 체계화되었다……위대한 조국전쟁은 전쟁 이

전 작전 교리의 기본 원칙이 지닌 생명력을 확인하고 지속적인 발전의 조건을 제공했다."[62] 심프킨Richard Simpkin도 그의 저서《종심 깊은 전투》에서, 제2차 세계대전에서 소련군이 승리한 것은 투하쳅스키의 이론에 기인한다는 견해에 동의했다.[63]

이 두 장군은 소련군이 전선군과 야전군 수준에서 승리한 작전을 사례를 토대로 공격작전의 기동 형태를 세 가지로 요약했다. 이들 기동 형태는 의심의 여지 없이 고유의 '종심 깊은 작전' 개념을 수정해 적용한 것으로 평가된다.

1) 적 방어 지역의 좁은 부분에 대한 정면 공격 : 최초 형성된 돌파 지점을 양 측방으로 확장한다. 그리하여 이른바 '적 전선에 바람이 빠지게' 되어 적은 후퇴하거나 포위 또는 섬멸될 위험에 내몰린다.
2) 여러 개의 공격 축선으로 전선 돌파 : 그리하여 적 방어의 조직력을 아주 넓은 폭으로 파괴하여 적의 반격 능력을 빼앗거나 제한한다. 전선 돌파는 모든 공격 축선에서 동시에 감행해야 한다.
3) 두 개의 공격 축선에 집중된 기동 : 그리하여 적을 양 축선에서 공격하는 부대들로 포위하고 섬멸한다.[64]

1943년의 벨고로트-하르코프Belgorod-Kharkov, 1944년 3월과 4월의 우크라이나, 1945년 1월과 2월의 바이크셀Baikhsel 공격작전처럼, 종심 깊이 적을 차단하는 기동이 유리한 것으로 평가되었다.[65]

추비코프Vasily I. Chuvikov 대령은 이러한 세 가지 기동 방책에 동시 적용할 수 있는 공격작전의 기본 원칙을 제시했다. 그가 제시한 네 가지 원칙은 제2차 세계대전에서 도출된 스탈린의 경험을 근거로 했다.[66]

1) 취약한 지점과 결정적인 시기에 주력부대의 집중.

2) 결정적 전투를 위한 시기의 선택.

3) 전위부대가 전투의 목표를 지향하도록, 언제든지 발생할 수 있는 난관과 혼란에도 불구하고 계획된 작전을 일관되게 수행한다. 주력부대는 목표를 달성할 수 있도록, 공격의 탄력을 상실하지 않음으로써 전위부대의 기동을 방해하지 않는다.

4) 예비대의 기동.

일반적으로, 공격하는 전투력이 방어하는 적 전투력보다 수적으로 우세해야 하는 것은 기본 전제 조건이었다. 구체적으로, 적보다 4~6배가량의 우세가 필요 조건으로 간주되었다.[67]

4. 소련의 클라우제비츠를 자처한 스탈린의 영향력

소련의 내전과 군사학의 발전에 대한 스탈린의 역할, 제2차 세계대전 기간에 전개된 군사작전에 대한 그의 지도력이 1953년까지 무한정 과장되고 미화되었다는 사실은 주지하는 바와 같다. 1947년 스탈린은 자신이 내전 기간에 레닌의 위임에 따라 군사학을 발전시켜 이에 정통했다고 주장했다. "레닌은 자신이 10월혁명 이전과 이후 내전 종료 시까지도 군사 전문가가 아니었다고 여겼다. 그는 내전 중 공산당 중앙위원회 젊은 동지들로 하여금 군사軍事를 정확히 연구하도록 의무화했다. 레닌 자신은 군사를 직접 연구하기에는 너무 늦었다고 밝혔다."[68] 스탈린은 젊은 동지들과 같이 내전 중에 군사를 연구한 것처럼 주장하고 있다. 그러나 스탈린은 독학생에 불과했고, 내전 기간에 그가 수행했다는 군사적 역할은 의심스럽다. 그는 술책을 부리고 명령하는 데 익숙했지만, 군사적으로 사고하고 순응하는 데에는 익숙하지 않았다.[69]

그럼에도 불구하고 1949년 스탈린의 70회 생일에 즈음하여 그를 군사적, 전략적 천재로 우상화하는 분위기는 무르익었다. 이사예프F. Isayev 소장은, 스탈린이 군사학을 완전히 통달했을 뿐만 아니라 내전의 포화 속에서도 군사학과 전략의 원칙을 발전시켰다고 찬양했다.[70] 국방장관 불가닌 원수도 스탈린을 걸출한 군사 이론가로 묘사했다. 스탈린에 의해 창조된 군사학은 전술·작전술·전략 등의 전쟁술에 관한 문제를 포괄함은 물론, 소련과 적국의 경제적 잠재력과 정신적 잠재력에 관한 문제들과도 연관되어 있다는 것이다. 나아가 그는 스탈린이 역사상 최초로 전쟁 경험을 일반화하여 이전의 전쟁술을 훨씬 능가하는 군사학을 창시했다면서, 스탈린의 군사 이론을 천재적이라고 형용했다. 그리하여 스탈린은 낡은 재래식 군사학의 전통은 물론, 그 전통과 전략과 전술 문제의 연관성을 단절했다고 주장했다.[71]

스탈린의 실제 군사적 능력에 관해서는, 불가닌의 아첨과는 극명하게 대조되는 볼코고노프의 묘사가 합당할 것이다. "스탈린은 수많은 서적에서 묘사된 대로 천재적 군사 지도자는 아니었다. 그는 결코 탁월한 예측 능력을 보유하고 있지 않았다. 이러한 능력은 그의 독선적 이해력과도 어울리지 않았다. 본질적으로 그는 전문 군사 지식을 갖추지 못했다. 그는 군사학과 전쟁 수행 이론을 몰랐다. 그가 내전에서 얻은 경험은 절대적으로 모자랐다."[72] 따라서 스탈린은 제2차 세계대전 기간 그를 보좌했던 고위 군사 지도자들의 탁월한 능력에 의존할 수밖에 없었다. 대표적 인물이 주코프Georgy Zhukov, 샤포쉬니코프Boris Shaposhnikov, 바실렙스키, 안토노프Aleksei Antonov 등이다. 스탈린 자신은 실제 전장에 나가지도 않았으며, 이들의 도움을 받아 겨우 전쟁 지도를 할 수 있었을 뿐이었다.

스탈린의 전쟁 이론적 사고는 대체로 일반적 수준에 머물렀다. 그의 군사적 구상은 군사 보좌역들에 의해 제공되었다. 그의 군사 이론적 기본 명제에는 '지속 영향 요인들'이 반드시 포함되어 있었다. 이 '지속 영향 요인들'은 1942년 2월 23일 노동 적군 기념일, 국방장관 명령 제55호에 명시되었고, 전쟁 수행의 결정적 요인이자 표준 원칙으로 간주되었다. 어떤 전쟁의 결말은 기습, 부대의 배치, 기동 같은 '잠정 영향 요인들'이 아닌 다음과 같은 다섯 가지 '지속 영향 요인들'에 의해 결정된다는 것이다.[73] 후방 지역의 안정, 군의 사기, 사단들의 질과 수, 군의 무장력, 사령부 조직의 능력 등이 그것이다.

1942년 2월, 스탈린은 1941~1942년 동계 전투에서 소련군이 거둔 성과에 전쟁 전략의 전환점이라는 의미를 부여하고자 했다. 왜냐하면, 이 성과가 1941년 독일이 거둔 일시적 승리와는 달리 '지속 영향 요인들'에 기인하고 있다고 평가했기 때문이다.[74] 물론, 이 영향 요인들은 전장에서 어느 정도 의미가 있었지만, 독일이 1942년 여름에 거둔 성과만큼 소련군의 군사행동에 실효적으로 작용하지 않았다. 그럼에도 불구하고 이 5대 영향 요인들은 소련 전략 사고의 핵심이었으며, 전장에서 소련군의 인적·물적 전투력을 유지하는 데 중요했다. 이를 보장하기 위해 예비 전투력의 지속적 교육 훈련과 후방 지역 군수산업의 능률을 배가해야 했다.[75] 따라서 전략적·작전적 예비 전투력을 편성하고 후방 지역을 조직하는 것은 특별히 중요한 전쟁의 원칙으로 간주되었다. 나아가 이 원칙은 군사작전의 속도를 가속화하는 데 중요했다.[76] 아울러 조국의 승리를 위해 대량의 병력 투입과 그로 인한 대량의 인명 피해 발생도 정당화될 수 있었다. 특히, 스탈린은 이러한 대량의 병력 투입을 강조함으로써 독일군에 패배할 수 있다는 공포심을 달래고 좀 더 안도할 수 있었다.

군사학의 모든 초점은 스탈린이 확정한 전략적 구상에 맞춰져야 했다.

그러나 전략적·작전적 사고는 부차적·가변적 요인으로 간주되어 적어도 공개 논쟁에서는 의미가 축소되는 모양새가 연출될 수밖에 없었다. 스탈린은 소련의 클라우제비츠를 자처했다. 그는 자신의 이론이, 개전 초 독일의 기습 침공을 허용하여 신뢰가 상실된 기존 이론을 대체할 수 있다고 생각했다.[77] 스탈린은 생애 말기에 소형 핵무기가 위용을 나타내기에 충분하다고 여겼다. 이러한 생각으로 당시 재래식 무기의 증강을 주장했던 무기 산업 대표자들과 대다수 군인들의 영향력을 제어할 수 있었다는 점에 만족했다. 그러나 소련 정부의 원자로 사업 투자는 운반 가능한 핵무기의 생산에 우선순위를 두지 않았다는 것을 의미했다. 스탈린에게는 파괴력이 강한 현대식 무기 체계의 생산을 위한 기술 기반을 발전시키는 것이 더 중요했다. 그는 핵무기를 실제 군사적으로 사용하는 것보다 소련의 외교 정치를 지원하는 데 역점을 두었다. 이처럼 소련의 군사 교리에서 1950년대 중반까지 핵무기의 군사적 역할은 처음부터 무시당했거나, 적어도 그 가치가 충분히 인식되지 못했다. 이러한 사실은 소련의 군사 교리가 계속해서 '지속 영향 요인들'을 최우선시했다는 점을 증명하고 있다.[78]

5. 소련군의 작전술

'스탈린식' 교리가 지배했기 때문에 군사작전에 관한 사고의 유연성은 상당한 제약을 받았다. 그렇다고 소련의 군사 교리에서 다른 원칙들은 의미를 지니지 못했던 것은 아니고, 적극적으로 표현될 수 없었을 뿐이다. 실제로 소련의 군사 교리에는 스탈린의 '5대 지속 영향 요인'과 동등하거나, 오히려 더 중요한 전쟁 수행 원칙들이 있었다. 이 원칙들 중에는 서방 세계의 군사학에서는 중요시되지 않은 원칙들도 있었다. 예컨대 '명령에

따른 섬멸', '주 타격 방향 선정' 등이다.[79] 스탈린의 개념이 강조되었음에
도 불구하고, 투하쳅스키의 공세적 섬멸 전략 개념과 종심 깊은 작전 개념
과 같은 군사전략적·작전적 사상들은 발전을 거듭했고, 제2차 세계대전
종료 이후 6·25전쟁 기간에 적용된 소련의 군사 교리에도 결정적 영향을
미쳤다. 그리고 이 시기의 소련 군사 교리는 북한의 전쟁 준비 및 수행 과
정에 용해되어 있었다. 여기에서는 전체 작전술 원칙들 중에서 북한의 전
쟁 준비 및 수행 과정을 이해하는 데 특별히 주목해야 할 원칙들만 논의하
고자 한다. 예컨대 작전 목표인 격멸, 기습의 순간, 공격 속도의 가속, 전략
적·작전적 예비 전투력의 편성 및 운용, 후방 지역의 조직, 빨치산 투쟁의
조직과 전술 등이다.

(1) 격멸 작전

작전적 목표인 격멸은 물리적 격멸만을 지향하는 것이 아니라, 모든 형
태의 저항을 완전히 제거하는 의미를 지녔다. 이러한 효과는, 비록 잠재적
위협이라 할지라도 그 위협에 의해 격멸당할 수 있기 때문에 필수적이고
유일한 대안으로 간주되었다. 소련 내부 정치의 원칙들이 군사사상에 영
향을 준 결과였다. 왜냐하면 완전히 제압하지 못한 모든 것은 잠재적 적으
로 간주되었기 때문이다.[80] 투하쳅스키도 "야전군은 결코 국경선 전 구간
에 배치되어 지킬 수 없다. 국경선을 방어하기 위한 최선의 방책은, 우리
의 야전군이 결정적 방향에 집중 배치된 상태에서 적의 야전군을 격멸하
는 것이다. 전쟁 발발부터……한편의 부대들은 다른 편의 부대들을 파괴
하고 격멸하는 목표를 추구한다"고 주장했다.[81]

이러한 관념은 소련의 군사 교리로 수용되었고 최초의 야전 근무 규정
과 후속 발간된 모든 야전 근무 규정에서 구체화되었다. 1936년 최초 발
간된《야전 근무 규정》에는, "노농 적군의 전투 행동은 항상 적의 격멸을

지향해야 한다. 결정적 승리의 쟁취와 적의 완전한 분쇄는 소련이 강요당한 전쟁에서의 기본 원칙이다"라고 기술되었다.[82] 1940년의《야전 근무 규정》은 최후의 순간까지 끊임없이 격멸 전투를 수행할 것을 강조했다. "추격은 후퇴하는 적이 완전히 격멸되기까지 숨 돌릴 틈 없이, 밤낮없이 왕성한 에너지로 연속되어야 한다."[83] 1942~1945년의《보병 전투 교범》에는 "적을 분쇄하겠다는 결심은 동요됨이 없이 최후의 순간까지 실행해야 한다"고 수록되어 있다.[84] '독일 국방군'의 지도부도 '러시아 전역' 준비 단계에서 소련의 작전 목표와 개념을 잘 알고 있었다.[85] 이처럼 소련군은 '최후의 순간까지 적을 격멸하는 것'을 가장 중요한 군사작전 원칙들 중의 하나로 간주했다. 특히 이 원칙은 극히 어려운 조건에서도 끈질긴 전투 의지를 불러일으키는 데 기여했다.

(2) 기습의 순간

소련 군인들은 스탈린에 의해 '잠정 영향 요인'으로 분류된 기습의 순간을 군사작전의 성공에 가장 중요한 영향을 미치는 요인으로 여겼다. 1936년의 야전 근무 규정은 이러한 사실을 증명하고 있다. "기습은 전투에서 기동과 성공을 위해 가장 중요한 요소 중 하나이다. 야전 지휘관은 고도의 기동성에 강력한 화력과 충격력을 통합하는 최신 전투 수단들을 운용해 민첩하고 기습적인 기동을 통해 적보다 유리한 여건을 조성한 후, 적이 불리한 조건에서 전투에 착수하도록 강요할 수 있다."[86] 1940년의 야전 근무 규정에 기술된 내용도 이와 동일한 맥락이다. "기습은 기동과 전투에서 승리를 달성하는 데 가장 중요한 요소 중 하나다……기습은 적과 적의 의지를 마비시키며, 적이 저항을 조직할 가능성을 박탈한다."[87]

전략적 기습은, 1941년 6월 독일의 성공적인 기습공격 사례가 있었지만, 공식 군사 교리에서는 거의 다뤄지지 않았다. 기습은 스탈린이 중시했던 '지속 영향 요인'이 아닌 '잠정 영향 요인'으로 분류되어 있었다. 그러나 소련 지도부가 독일이 달성한 성과로부터 강한 인상을 받았다는 점은 분명하다.[88] 실제로 기습 기동은 소련의 제2단계 전쟁 수행 기간, 즉 1942년 11월 19일 스탈린그라드 포위 작전 개시부터 소련 작전술의 본질을 형성했다.[89]

전술 수준에서도 근거리 기습은 제2차 세계대전 시 소련군 보병 공격의 기본 행동이었다. 소련군은 지형이 허락하는 한, 소부대 또는 각개 병사의 거리를 충분히 유지하면서 천천히 은밀히 기동하는 방책을 즐겨 사용했다. 예컨대 보병의 침투식 공격 시 중무기 사용을 포기한 채, 적 배치의 간격을 통로로 이용하여 독일군 전선 후방에 재집결한 후, 전선에 방어 배치된 독일군 주력의 배면을 공격했다. 매우 주도면밀한 기습공격 방식이었다. 이처럼 소련군은 실제 지형의 여건에 맞춰 풍부한 상상력을 발휘해 구상한 방책들을 적극 적용했다.[90]

(3) 공격 속도의 가속

소련 군사 교리의 또 다른 작전적 특징은 신속하고 역동적인 전진을 강조했다는 점이다. 투하쳅스키의 '종심 깊은 작전' 개념이 용해된 소련의 《야전 근무 규정(PU-36)》은 무엇보다 공격 속도를 연속적으로 가속해야 할 필요성을 강조했다.[91] 소련 내 군사 평론의 주제로 공격작전 시 공격 기세와 충격력의 중요성은 자주 등장했다. "소련군은 대부분의 대규모 작전에서 적 방어진지 돌파 시 공격 속도의 기세를 유지했다는 공통점을 발견할 수 있다."[92] 공격 속도의 기세 유지는 기습과 더불어 돌파의 성공을 보장하는 관건이었다. 왜냐하면 이를 통해 아군은 종심을 깊이 돌파해 주도권을 유지함으로써 최소의 손실로 작전을 종결할 수 있는 반면, 적이 방어를 조직할 수 있는 시간을 박탈할 수 있기 때문이다.[93]

속도의 기세를 유지하는 것도 중요하지만 공격작전의 진행 과정에서 속도를 증가시키는 것도 강조되었다. 1940년의 야전 근무 규정은 공격 제파의 강도와 기세를 지속적으로 증가시켜야 한다고 기록했다. 이어서, 1944년의 야전 근무 규정에는, "적 공격 부대가 완전히 패배할 때까지 유지되는 강력한 파괴력, 아我 중심으로부터 파괴력의 점증, 달성한 전과의 확대 및 강화 등은 야전군의 주 타격 방향에 투입된 여러 개의 사단으로 구성된 제2제파를 통해 구현한다"고 수록되었다.[94] 이 명제는 전쟁 기간 스탈린의 강조로 인해 일종의 경전經典으로 간주되었다. 그러나 이 명제가 소련의 막대한 손실을 유발한 원인이었다는 회의적 평가도 있다. 스탈린은 1944년 2월 23일 최고사령관 명령 제16호를 통해, "지속적으로 증가하는 압박에 의한 섬멸적 타격만이 적의 저항을 파괴하고 궁극적 승리를 우리에게 가져다준다"고 독려했다.[95]

'지속 영향 요인들'에 대한 스탈린의 집착은 속도의 원칙을 서술하는 데 영향을 미쳤다. 왜냐하면 속도전을 수행하려면 대규모 전쟁 장비의 집중 배치가 필요했고, 이를 위해 산업체의 대량생산 능력도 필요했기 때문이다. 부대의 계속적 전진 또는 추격 작전 시 충격력은 평균 수준의 속도를 통해 발휘되었다. 그러나 돌파 시 또는 쟁취한 전과를 확대하거나 추격의 전과를 확대하려면 최고도의 기동성을 발휘해야 한다는 것이다. 투하쳅스키도 적이 측방을 노출할 경우, 기습의 순간을 포착하여 기동 속도를 높여야 한다고 강조했다.[96]

소련 측 자료에 따르면, 소련군은 돌파 단계에서 하루 평균 10~12킬로미터의 속도를 달성했다. 보병은 돌파 시 하루 5~10킬로미터의 속도에 도달했다. 이 돌파 단계의 속도는 공격이 진행되면서 하루 평균 20킬로미터로 증가했다.[97] 즉 돌파 직후 패주하는 적을 포위 섬멸하려면 추격 속도를 점차 높여야 했다. 이어서 원거리를 최대한 신속히 극복하기 위해, 기계화 보병과 전차에 탑승한 보병이 전차부대와 협동하여 기동했다. 이러한 기동 방식에 따라 소련군은 하루 평균 20~25킬로미터의 속도로 전진했다. 이 속도는 자주 25~40킬로미터, 때때로 최고 60킬로미터까지 도달했다. 더욱이 기갑부대의 작전적 기동이 하루 100킬로미터의 속도를 유지하는 경우도 있었다. 1945년 8월, 말리노프스키Bronislaw Kasper Malinowski 원수의 기갑 전력은 만주 지역에서 5일 동안 1,100킬로미터를 주파했다. 물론 이 경우는 만주 서부의 초원 지대라는 지형적 조건과 패퇴하는 일본군의 저항 의지와 저항 강도가 독소獨蘇 전역의 그것과는 현저히 달랐음을 감안해야 한다.[98]

(4) 예비 전투력 편성과 운용

소련군이 공격작전에서 역동성과 속도를 강조하는 것과 충분한 예비 전투력의 배치는 직접적인 함수 관계에 있다. 소련군 지도부는 독일과의 전쟁을 수행하는 동안, 군사 교리에 명시된 '타격력의 증가' 절차와 이에 따른 대규모 예비 전투력의 가용성 유지에 관심을 기울일 수밖에 없었다. 예비 전투력은 계획된 전진 기동에 기세를 부여하여 이를 유지할 수 있도록 보장하는 수단이었다. 이러한 예비 전투력의 역할 규정은 소련군의 공세 작전과 전쟁 초기 독일군의 작전을 비교하는 과정을 통해 이루어졌다. "독일 방식의 본질은 주요 예비 전투력을 전쟁 초기 단계에 투입하는 것이었다……우리의 최고사령부는 현대 전쟁의 성격을 올바로 평가하여 노농적군의 역량을 꾸준히 증강했다. 전역을 종결지을 결정적 순간과 결정적 방향에서 결정적 전투력으로 적에 대처할 수 있도록, 장차 공격작전에 필요한 예비 전투력을 항상 준비했다."[99] 실제로 이 원칙이 소련군에게 승리를 보장해주었다. 소련의 최고사령부는 전략적 예비 전투력을 능숙하게 기동시키고 전투력의 증강에 집중함으로써 전체 전투력의 우위를 달성할 수 있었다. 예비 전투력 보유 노력의 대표적 사례는 1941년 12월 모스크바 반격과 1942년 11월 스탈린그라드 반격을 각각 앞두고 준비하던 단계에서 찾아볼 수 있다.[100] 소련은 방어가 진행되는 동안 군사 상황의 악화와 인적·물적 손실, 심리적 불이익까지도 감수했다. 그러나 다른 한편에서는 공격 부대의 측방 방호, 충격력의 유지, 공격 부대의 종심 형성 등을 위해 전략적 예비대의 규모를 두 배로 증강했다.[101]

이 과정에서 예비 전투력의 구성 원칙은 '지속 영향 요인들'의 수준으로 격상되었고, 이를 스탈린도 승인했다. 보로실로프는 전략적 전쟁 및 전역 계획, 개별 작전 계획의 수립 시 '지속 영향 요인들'에 관한 명제들뿐만 아니라, 예비 전략에 관한 명제들도 중시해야 한다고 지적했다. 독일과의 전쟁 초기 단계에서 스탈린은, 적극적 방어력을 조직하면서 전략적·작전적 예비 전투력의 준비태세 유지에 지대한 관심을 기울였다. 이 예비 전투력은 장기간에 걸쳐 승리하는 전쟁을 지휘하기 위해 필수적이었다. 스탈린의 명령에 따라, 모든 작전에는 예비 전투력이 반드시 편성되었다. 이렇게 하여 스탈린은 일련의 전투 행동을 전략적으로 지휘할 수 있었다.[102]

소련군은 전략적 예비 전투력만큼 작전적 예비 전투력을 중시했다. 작전적 예비 전투력과 운용에 관한 문제는 작전의 안전을 보장하는 데 매우 중요한 요소로 간주했다. 주 타격 방향에서 전투력의 결정적 우위를 확보하는 것은 공격 부대의 성공을 위한 기초적 전제 조건이었다. 예비 전투력이 없는 공격작전은 필연적으로 실패한다는 것이다. 예비 전투력을 어떻게 구성하느냐의 문제는, 무엇보다도 수행해야 할 과업들의 양, 모든 작전 단계별 적과 아군의 상대적 전투력 등을 고려하여 결정했다. 작전이 중단되지 않도록 충분한 예비 전투력을 보유하고, 그 예비 전투력을 실제 투입할 경우 작전의 진행 과정에서 인접 작전 지역의 예비 전투력으로 보충하는 조치가 중요했다.[103]

소련은 '적 섬멸'과 '공격 기세 유지'에 치우쳤다. 이것은 전략적·작전적 예비 전투력을 보유함으로써 실현될 수 있었다. 소련의 군사전략가 사부시킨R. A. Savushkin 대령은 자신의 전쟁 경험을 토대로 동일 맥락에서 서술했다. "전략적 주도권을 획득하고 유지하기 위한 전투, 전략적 예비 전투력의 준비 및 운용, 공격작전과 급격히 변화된 조건의 작전에서 고도의 속도를 보장하는 조치, 기습공격의 구현 등을 통해 얻은 경험 지식에 특별히 주목해야 한다."[104]

(5) 후방 지역의 조직

소련 군사학의 기본 원칙들 중에서 후방 지역에 관한 개념은 고유한 특색을 띤다. 일반적으로, 후방 지역이란 개념은 보급, 행정, 교육 훈련 업무와 이를 수행하는 공간 정도로 이해하는 경향이 강했다. 그러나 소련 군사 교리에서는 소련의 전체 사회와 관계가 있었다. 이렇듯 후방 지역에 관한 확장된 개념은 소련 사회의 정치·이념·심리·경제 분야의 모든 생활과 활동을 포괄하는 의미로 정의되었다.[105] 따라서 이 개념은 전선의 근접 지역은 물론, 후방 군사기지 내의 재편성 활동, 전선에 대한 제반 근무 활동 등이 전개되는 국토 전체의 공간과 활동을 지칭하는 것이었다.[106] 후방 지역은 전투부대의 작전을 지원하기 위해 각종 수단들을 준비하는 곳이었다. 소련의 군사 교리에서는 "후방 지역은 부대의 모든 수요를 어떤 상황에서도 충족시켜야 한다"고 강조했다.[107] 1940년 《야전 근무 규정》에는, "후방 지역 근무지원 활동과 물적·기술적 지원을 조직하는 것은 공격 작전의 성공에 결정적 의미가 있다"라고 기술되어 있다.[108]

(6) 빨치산 투쟁 전술

소련이 일련의 '5개년 계획' 정책을 군사 교리 발전에 적용한 이래, 소련

군사 교리에서는 비정규전 수행의 군사적 전제 조건인 전략적 후퇴 문제
는 더 이상 논의의 대상이 아니었다. 따라서 소련은 1941년 6월 22일 독
일의 기습공격 개시까지는 '공세적 방어' 개념에 고착되어 있었다. 더욱이
소련 지도부는 독일이 핀란드와의 동계 전쟁에서 보여준 전격전의 성과
와 자신들의 패배를 목도했지만 국제 프롤레타리아 계층의 지원으로 전
쟁을 침략자의 영토로 즉각 전환할 수 있다는 공상에 사로잡혀 있었다.[109]
1933년 소련군 최초의 빨치산 전투 교범이 발간된 후,[110] 1944년《야전 근
무 규정》이 출간되기 전까지는 육군의 교범에 빨치산 전투 수행에 관한
교리가 없었다. 그러다가 1944년《야전 근무 규정》에 빨치산 전투 수행에
관해 겨우 한 장章이 편성되었고, "빨치산 전투는 외부의 침탈자를 상대로
조국과 독립을 수호하기 위해 일시 점령당한 지역에서 수행하는 인민의
무장 전투이다"라고 정의된 정도였다.[111]

　이러한 까닭에, 비정규전을 위한 체계적인 준비는 사실상 부족했다.[112]
그러다가 1941년 7월 3일, 스탈린은 독일군이 점령한 지역에서 빨치산 전
투를 수행하는 전담 부대를 조직하기 위해 라디오 방송 연설을 통해 다음
과 같이 호소했다. "적이 점령한 지역에서는 빨치산 전투를 전담하는 기마
및 도보 부대를 편성하고 사보타주 부대를 조직해야 한다. 이 전담 부대들
은 적 부대와의 전투, 전 지역으로 빨치산 전투의 확산, 교량과 도로의 파
괴, 전화 및 전신망 파괴, 숲·보급 창고·열차의 방화 등의 활동을 전개해
야 한다. 그리하여 적이 점령한 지역에서는 적과 모든 부역자들이 견디기
어려운 상황을 조성해야 한다. 그들의 일거수일투족을 추격하여 격멸하고
그들의 모든 행동을 좌절시켜야 한다."[113]

　이 라디오 연설은 소련의 빨치산 전투 부대원들이 어떤 전술적 과업들
을 달성해야 하는가를 명백히 제시했다. 빨치산 전투 부대원들은 일반적
으로 지형을 확보하고 유지하는 임무를 수행하지 않았다. 정규전 부대의

작전을 위해 진지를 준비해야 한다면 지형을 탈취했지만, 습격해서 적을 약화시키는 것이 고유한 과업이었다.[114] 빨치산 전투 부대는 정규전 부대와 다양한 방식으로 협조하면서 전투를 수행했다. 이들은 대체로 적 부대를 간접 접근 방법으로 고착시켰다. 소련군이 벨라루스와 우크라이나 지역을 수복하던 시기인 전쟁의 후반부에 가서는 때때로 직접 접근 방법도 사용했다. 빨치산 전투 부대의 중요한 기능 중 하나가 적 예비대를 고착하는 것이었다. 또 다른 하나는 전투가 진행되는 동안 정규전 부대와 직접 협동하여 적의 측방과 후방을 공격하는 것이었다. 그 대표적 전례로서, 1941년 11월 로스토프Rostov에서 독일군 클라이스트 장군의 기갑사단들이 패배했던 전투를 들 수 있다.[115] 빨치산 전투의 기본 원칙은 정규전과는 달랐다. 전투력을 집중 배치하지 않았고 정형화된 전투 대형을 피했다. 직접 전투가 아닌 습격을 지향했다. 보급원은 매우 제한되었다. 주간보다 야간의 기동, 기만, 기습 등을 중시했다.[116]

　빨치산 전투 부대의 규모는 한정되었다. 이들은 민첩한 교란작전을 수행하기 위해 공개적·직접적 전투를 회피했다. 따라서 규모는 대체로 50명에서 400명 정도로서, 대隊 또는 대대大隊 단위로 편성되었다. 그리고 대대의 경우 특히 동계에는 500명에서 5,000명 규모의 여단으로 편성되기도 했다.[117] 1941년 모스크바에서 전국의 빨치산 활동을 중앙 통제하려고 시도했지만 효과는 미미했다. 그러다가 1942년 5월, 모스크바의 당 중앙위원회 직속으로 '중앙 빨치산 전투 참모부Zentraler Partisanenstab'를 조직했다. 이 조직의 수장은 벨라루스 당위원장 겸 중장인 포노마렌코Panteleimon Ponomarenko였다. 1942년 가을, 보로실로프 원수가 빨치산 전투 활동을 총괄 지휘하는 최고사령관이 되었다.[118] 당시 소련 공산당은 최고사령관부터 개별 요원의 활동에 이르기까지 조종하고 통제하고자 했다. 당은 인민들에게 빨치산 전투에 동참할 것을 독려했고, 주민들의 자유의지에 의해 전개된 빨치산 활동의 사령탑 기능을 차지했다. 당이 각 분야별 리더를 임명했고 정치교육과 물적 지원을 조직했다. 당은 각 단위 조직에 정치위원을 파견했고, 물론 빨치산 요원 중에는 다수의 지역 당원들이 소속되어 있었다. 당은 이러한 인적 조직과 무선망 등의 수단으로 빨치산 활동을 지휘 통제했다.[119]

그러나 중앙 빨치산 전투 참모부는 1944년 1월 해체될 때까지 특히 소련 정규군과의 상호 협력을 조율하는 면에서 어려움이 많았다.[120] 왜냐하면 소련은 독일과의 전쟁에서 현실적 요구에 따라 불가피하게 빨치산 전투를 수행했지만, 사전에 빨치산 전투의 개념과 운용 전략을 체계적으로 준비하지 못했기 때문이다. 이러한 문제는 1950년 6월 25일 북한의 기습 남침을 계획하는 과정에서도 고려되었을 것으로 추정된다. 소련의 군사 교리에 수록된 주요 원칙과 명제들은 북한의 전쟁 준비 및 수행 과정 전반에서 실체를 드러냈다. 그러나 소련의 후견 및 지원에도 불구하고 북한은 빨치산 부대를 정규전 부대의 작전과 협동 운용하지 못했다고 평가된다. 이 점에 있어서도 북한은 소련과 닮은꼴이었다.

6. 북한의 소련 군사 교리 수용

앞서 살펴본 바와 같이, 볼셰비키 러시아는 제1차 세계대전과 10월혁명 이후 클라우제비츠의 변형된 기본 사상을 기초로 다년간 논쟁을 거쳐 최초의 군사 교리를 형성했다. 이후 프룬제는 전쟁 수행에 관해, 투하쳅스키는 작전 수행에 관해 소련 군사 교리의 기본 명제를 세웠다. 이 기본 교리는 1950~1953년의 6·25전쟁을 거쳐 1986년 2월 제27주기 소련공산당 창건 기념일까지 근본 변화 없이 유지되었다.[121]

북한이 어떻게 소련 군사 교리를 수용했는가를 조명하는 작업은 수용 과정 자체가 복잡하고, 접근 가능한 1차 사료가 턱없이 부족하기 때문에 쉽지 않다. 더욱이 당시 북한 정권을 주도했던 인물들 중에서 누가 군사 이론가 또는 전략가로서 소련의 군사 교리를 체계적으로 도입하여 독자적 발전을 시도했는지 전혀 알려지지 않았다. 따라서 주요 인물들의 행적을 통해 그 수용 과정을 추적하기도 어렵다. 소수의 장군들만이 중국 인민해방군 또는 소련군에서 경험을 쌓을 수 있었다. 볼셰비키 러시아의 경우처럼, 당시 북한 내부에서 군사 문제에 관해 공개적으로 진행된 논쟁이나 일정한 체계를 갖춘 군사 교리가 정립되었다는 흔적은 찾을 수 없었다. 결국 6·25전쟁 당시 노획된 교재, 교범, 병사 수첩, 명령지 등의 단편적 문건, 참여자의 증언 등 간접 증거에 의존하여 논의할 수밖에 없는 실정이다.

　이러한 까닭에, 다음과 같은 간접적 방법으로 논증해야 할 것이다. 1) 북한의 모든 공공 분야에 도입된 소련식 본보기를 통해 증명한다. 군사 분야는 그 일부에 해당된다. 2) 김일성과 추종 세력들이 소련에서 이수한 교육과 한국계 소련인들의 중계 역할에서 추적한다. 3) 접근 가능한 교육 자료와 연설 자료 등을 기초로 확인한다. 4) 소련이 조선 인민군의 조직, 무장, 교육 훈련, 전쟁 계획 수립에 관여한 사실을 통해 증거를 제시한다. 5) 1950년 6월 25일에서 10월 말까지 북한군이 수행한 작전에 대한 분석을 통해 소련군 교리와의 공통점을 발견한다. 이러한 접근 방법 중에서 4번과 5번 항목의 방법은 이 책의 제4장과 제5장의 논의에 적용될 것이다.

　1950년 초, 북한군 총참모장 강건 중장은 소련 군사 이론의 도입이 소련 지원의 일부라고 표현하면서 다음과 같이 언급했다. "젊은 조선 인민군은 지난 2년 동안 힘들고 어려운 여건에서도 조국과 인민을 수호할 수 있는 군으로 성장했다. 이것은 자본주의국가에서는 불가능했을 조선 인민의 또 다른 승리이다. 이것은 조선 인민군은 그 뿌리를 전체 노동자 인민에 두고 있고, 소련 정부와 군의 헌신적 도움으로 정치·경제·문화적으로 형성된 민주적 기반 위에서 탄생했기 때문이다."[122]

앞선 제2장에서 논의했듯이, 한국전쟁 발발 직후 1950년 7월 4일, 조선 인민군 최고사령관으로 임명된 김일성은 만주 지역에서 활동했던 항일 유격대의 수장이었다. 그러다가 1940년경, 소련 영토로 도피하여 소련군 제88특별독립저격여단의 대대장이 되었다. 그는 이 시기부터 1945년 9월 19일 원산에 등장할 때까지 다른 유격대원들과 함께 소련군의 정치교육과 군사훈련을 받았다.[123] 또한 교육 훈련 시에 투하쳅스키의 구상이 구체화된 '야전 근무 규정'을 배우고, 소련군이 '위대한 조국전쟁' 통해 얻은 군사전략적·작전적 기본 지식을 학습했다.[124] 김일성은 수개월 동안 모스크바에서도 체류한 것으로 알려져 있다.[125] 김일성 자신은 제2차 세계대전 기간 중 독일군와의 전투에는 참가하지 않았지만, 그의 유격대 동료 중 일부는 참전했거나 소련군에서 소정의 교육을 수료했다.[126] 이들은 '김일성파'의 일원으로 조선 인민군의 창설과 한국 침공 준비 과정에서 주도적 역할을 수행했다. 예컨대, 최광은 1948년 조선 인민군 창설 시 제1보병사단 참모장 직책에 보직된 후 1950년 6월 침공 시 사단장 역할을 수행했으며, 소련의 공군대학을 수료한 것으로 추정된다. 최현은 1950년 개전 초 내무성 경비국 산하 38선 경비 제3여단장을 맡아 옹진반도 침공 작전을 주도했고, 제1단계 작전 종료 직후 제2보병사단장에 보직되었으며, 소련의 육군대학을 수료한 것으로 추정된다.[127] 1950년 6월 28일, 제105전차여단장으로서 서울을 점령하는 데 공로를 세운 유경수는 소련의 기갑병과학교를 수료했고, 제2차 세계대전 기간 중 소련군 기갑부대에서 근무한 것으로 추정된다.[128]

이정식 교수는 1945년 말부터 1950년 6·25전쟁 발발 시까지 약 1만 명의 조선인이 소련으로 넘어가서 군사 및 기술 교육을 받았을 것으로 추정했다. 이들의 수업은 길게는 3년 동안 진행되었다. 소련에서 군사 유학을 했던 대표적 인물이 오진우였다. 그는 6·25전쟁 초기 북한군 제766부대의 동해안 정동진과 임원진 상륙전투를 지휘했던 연대장이었고, 훗날 북한군 총참모장과 인민무력부장에 오른다.[129] 북한군 주요 인물들의 소련 군사 유학에 관한 사항은 상세히 알려지지 않았다. 그러나 김일성을 비롯해 상당수의 지휘관 및 참모들은 소련 군사 이론에 기초한 중요한 조치들을 숙지하고 있었다.

임은의 증언에 따르면, 소련 문화의 전달자로서 한국계 소련인의 역할을 과소평가할 수 없을 것이다. 이들은 1949년 1월 1일까지 5개 그룹으로 나뉘어 총 427명이 북한으로 들어갔다. 이들은 노동당, 정부 조직, 교육, 군사 분야에서 핵심 기능을 수행했다. 첫 번째 그룹은 1945년 8월 29일, 네 번째와 다섯 번째 그룹은 각각 1947년과 1948년 평양에 도착했다.[130] 이 전문가 집단은, 노동당 중앙위원회 부위원장 허가이와 1950년 12월 강건에 이어 총참모장에 임명된 남일과 같은 인물들을 주축으로 소련식 사고 및 행동 양식, 소련 군사 교리의 기본 원칙들을 북한에 이식하는 역할을 담당했다. 이러한 북한 사회의 소비에트화 과정은 단순히 한국식 낡은 것을 소련식 새로운 것으로 대체하는 의미뿐만 아니라, 아무것도 없었던 곳에 무엇인가를 세우는 의미도 지녔다.[131]

남일과 같은 군인을 통해 북한은 소련식 제도나 사고방식 외에 무엇을 도입했겠는가? 그는 재소 교포 2세로서 소련식 사회화 과정을 거친 인물이었다. 타슈켄트 사범대학을 졸업하고 스몰렌스크 소재 군사학교를 수료했다. 제2차 세계대전 기간 소련군 대위 신분으로 스탈린그라드 전투에 참가했다. 1946년 8월, 그는 소련의 북한 진주 후 1년쯤 지나 평양으로 들어갔다. 그는 북한 교육성 부상을 지내고, 한국 침공 직전에는 조선 인민군 부총참모장으로서 한국에 대한 기습공격 계획 수립에 참여했고, 1951년 여름 군사정전위원회 북한 측 수석대표를 맡았다.[132] 한국계 소련인들 중 한일무, 허빈, 김열 등은 도당 위원장 직위까지 상승했다. 강원도당 위원장이었던 한일무는 조선 인민군 초대 해군사령관이 되었다.[133] 이러한 북한 정권의 인력 운영은 소련식 본보기를 북한 사회와 군에 이식하기 위한 불가피한 선택이었다.

이처럼 한국계 소련인의 역할은 소련 군사 교리의 수용과 조선인들의 소련 유학 연수에 그치지 않았다. 이들은 북한 내 군사교육의 기반을 형성하는 데 결정적으로 기여했다.[134] 북한의 군사교육은 소련군 교재와 교범, 교과 과정 등에 의존할 수밖에 없었다. 그러나 러시아어를 구사할 능력을 갖춘 인력이 부족했기 때문에 소련 군사고문관들은 소련군 자료들을 가급적 빨리 한국어로 번역할 것을 재촉했다. 따라서 양질의 번역은 고사하고, 중요한 군사 용어와 개념이 통일되지 않아 군사 업무와 활동에 혼란을 가져오기도 했다.[135] 전쟁 초기 공격 기세를 유지하는 데 핵심 전투력이었던 북한군 전차부대도 예외 없이 소련군 교범을 번역하여 사용했다. 북한군의 군관들은 투하쳅스키가 구상했던 1937년의 《야전 근무 규정》을 그대로 번역해 활용했다. 이 교재에는 어떤 해설도 없었다.[136] 이 밖에도 '스탈린 동지'라는 번역본에 수록된 일부 내용을 보면 북한군이 소련군의 전차부대 운용 방법을 수용한 사실을 확인할 수 있다. 이 소책자는 소련군이 부사관과 병사들의 정치교육 교재용으로 출간한 것이었다. "기갑부대의 전투 운용과 승무원의 훈련을 주의 깊게 살펴보았다. 그의 명령에 따라 특별 캠프들이 설치되었다. 이들 훈련장에서 전차 승무원들은 실전에 가까운 조건에서 전투 행동을 습득했다. 기갑 및 기계화 부대는 육군의 다른 병과와 협동함으로써 강력한 타격력을 발휘했다……육군은 적의 후방으로 종심 깊게 돌파한 후 배치된 적 부대를 포위하여 작전의 결과에 영향을 미쳤다. 기갑 및 기계화 부대가 '위대한 조국전쟁'에서 보여준 중요성과 탁월한 헌신을 고려해 1946년 소련 최고회의the Presidium of the Supreme Soviet는 기갑의 날(9월 둘째 일요일)을 국경일로 선포했다."[137]

제2차 세계대전의 경험을 통해 계속 발전되었던 '종심 깊은 전투' 개념과 소련의 작전적 기본 원칙들의 특징은 북한의 군사지《군사 지식》의 전차 부대 공격에 관한 논설에 그대로 나타나 있다. "소련군의 전투 경험은 공중 지원 아래 강력한 포병과 전차를 운용하여 적 방어진지를 돌파하는 돌격 제파(제1제파)에 고립된 적 거점을 파괴하는 과업 부담을 주지 말아야 한다는 사실을 증명해준다. 왜냐하면 이 과업은 적 종심의 주 방어진지를 돌파해야 하는 기본 임무에 대한 제1제파의 집중력을 분산시키기 때문이다. (제1제파 돌파 후) 잔존하는 강력한 거점들을 파괴하는 임무는 일반적으로 제2제파 또는 특별히 지정된 부대가 수행해야 한다. 이러한 전투 경험을 우리의 수업에 적용하는 것은 적 종심의 방어진지에서의 전투 수행 방식에 관해 지휘관을 훈련시키는 데 크게 기여한다."[138]

이 글에서 소련 공격작전의 전형을 인식할 수 있다. 소련 군사학자인 안필로프W. A. Anfilov가 제2차 세계대전의 경험을 근거로 투하쳅스키의 개념을 발전시킨 것과 일치한다. 안필로프는 무장투쟁 수단의 발달 정도에 비례하여 종심 깊은 공격작전 이론이 수정되어왔다고 주장했다. 새로운 무기 체계와 새로운 전투 기술이 등장함에 따라 제2차 세계대전 때 더욱 원거리의 적 종심 전투력과 수단을 제압할 수 있게 되었다. 그리고 기갑부대, 공수부대, 공군력의 기능과 방공부대의 과업들은 더욱 중요한 위치를 차지하게 되었다. 제2차 세계대전 시 공격작전은 대체로 종심 깊은 적 방어지대를 돌파하는 것으로 시작되었다. 따라서 전쟁 후 수년 동안 돌파 기동을 공격작전의 기본적이고 가장 중요한 부분으로 간주했다. 공격작전 개시 전에 공군력을 운용하여 공중 지배권을 확보하고, 적의 방어지대를 돌파하기 전에 포병과 공군력으로 여건을 조성했다. 신속히 적 부대를 격멸하고 고도의 공격 속도에 도달하기 위해 강력한 돌파부대 편성과, 돌파 지역에 대한 역량 및 수단의 집중을 장려했다. 가장 중요한 작전에서 기갑과 포병의 집중은 최고의 밀도를 형성했지만, 보병의 경우 기갑과 포병의 집중 정도에는 미치지 못했다.[139]

북한과 북한군은 이러한 소련식 공격작전의 전형을 간소한 형태로 수용했다. 1949년 12월, 제5보병사단과 제6보병사단의 야외 기동훈련 최종회의에서 북한 민족보위성 전투훈련국장 김웅 소장은 다음과 같이 발언했다. "우리 인민군은 소련군의 가장 근대화된 군사과학과 경험, 그리고 군사 제 원칙을 그대로 받아들여서 오늘날 세계 어느 군대에도 뒤떨어지지 않는 훌륭한 군대로 성장 발전했다."[140] 1950년 12월 23~24일 만포 별오리에서 개최된 당 중앙위원회 제3차 정기회의에서, 김일성은 중국군 제13병단의 두 차례 성공적 공격작전의 도움으로 낙동강 전선에서 패퇴 후 재편성 중이던 북한군이 전투에 다시 참가하게 된 후 작전의 기본 원칙을 강조했다. 이 원칙들은 소련의 군사 교리를 그대로 수용한 것이었다. "전쟁은 우리에게 많이 가르친다고 쓰딸린 동지께서는 말씀하시었습니다……적들에게 방어선을 구축하고 병력을 재수습하고 정비할 여유를 주지 말기 위하여 적극적 추격전을 전개하여야 하겠습니다……각종 무기에 정통하며 특히 포병과의 협동 동작을 더욱 옳게 조직하며……후비부대를 신속히 훈련하며 우리의 기술 병종들을 더욱 빠른 속도로서 훈련하여 필요한 시기에 그를 전선에서 자기의 능력을 충분히 발휘하도록 하여야 하겠습니다." 이어서 김일성은 1941년 7월 3일 스탈린의 연설처럼, 빨치산 부대원과 패잔 병력들은 적의 기동을 방해하기 위해 적 후방 지역에서 철도망, 도로망, 교량, 통신망을 파괴하고 적 지휘소를 습격해야 한다고 독려했다. 그는 빨치산 유격대원들에게 전체 인민들이 반미 투쟁에 나서도록 선

동할 것을 지시했다. 또한 북한군 정규전 부대는 중국군과의 형제애를 바탕으로 적 유생 역량을 격멸하고 그들의 무기를 탈취하려면 포위 섬멸전을 전개해야 한다고 강조했다.[141] 이러한 김일성 연설 요지에서 소련군 작전 원칙과의 공통점을 열거하는 것은 어렵지 않다. 예컨대, 추격 등 공격 속도의 가속, 기동부대와 포병의 협동, 전선을 지원하기 위한 기술 병종의 훈련 등 후방 지역 조직, 빨치산 전투부대의 적 후방 지역 교란 활동, 적 포위 기동에 이은 유생 역량 격멸 등의 원칙이다.

　이러한 일련의 사실들은 북한군의 작전적·전술적 원칙들은 소련군의 군사-기술 차원의 군사 교리의 영향을 받았다는 논거를 제공해준다. 다른 한편으로 북한은 정치 차원의 군사 교리도 수용했다. 소련 지도부는 시티코프의 제안에 따라, 1948년 모스크바 근교의 나고르노에Nagornoe에 북로당과 남로당 고위 간부 서른다섯 명을 교육하기 위해 특별 수업 과정을 개설했다. 이들은 이 과정에서 러시아어, 지리학, 소련공산당의 역사, 국제 관계 등에 관해 공부했다. 이 심화 학습 과정의 목적은 무엇보다 이념적 교양에 있었다.[142] 이와 같은 방식으로 북한의 지도 계층이 마르크스-레닌주의, 스탈린주의 이론으로 무장했던 것이다. 예컨대 김일성과 북한 정치 지도부는 전쟁을 정치의 연속으로 이해했고, 레닌이 클라우제비츠를 인용하여 정의했듯이 군사력을 정치적 의도를 실현하는 필수 도구로 인식했다. 1950년 4월 발간된 북한의《군사 지식》의 논설은 이러한 인식을 뒷받침하고 있다. "전쟁의 본질과 특성을 규정하는 데 있어서 정치의 역할에 대한 맑쓰-레닌주의 학설에 의하면 군대는 정치의 도구라는 것으로 된다. 다시 말하면 정치는 군대의 사명의 성질을 결정한다. 전쟁은 정치의 군사적 수단으로써 계속이다. 그렇기 때문에 군대는 이 정치의 실천 도구이다. 그러므로 군대의 면모는 무엇보다도 직접 정치의 성질, 전쟁의 내용, 그의 목적 및 의도에 의하여 결정된다."[143] 이 논설의 필자가 마르크스-레닌주의 전쟁 이론을 언급하면서 그 이론의 창시자가 프로이센의 클라우제비츠 장군이었다는 사실을 의식하고 있었는지는 확인되지 않았다.

이처럼 소비에트화된 북한의 정치적·군사적 이론은 조선 인민군의 과업들을 정의하는 데 기초를 제공했다. 조선 인민군은 김일성의 유일 지도 체제 아래 조국과 인민을 수호하기 위해 제국주의와 제국주의 군대에 대항하여 투쟁해야 하는 '정의의 군대'로 형용되었다.[144] 북한의 최고인민회의 김두봉 의장은 한국 침공 직전에 제6보병사단에서 행한 연설에서, 북한군의 정치적 임무에 한국을 폭력적으로 '해방'하는 과업도 포함된다고 강조했다. "우리는 동포들을 해방시켜야만 합니다. 이제 부득이 해방전쟁을 개시하게 되는데 우리는 일주일 동안만 서울을 해방시킬 것입니다. 서울은 남조선의 심장입니다. 그러므로 심장을 장악하게 되면 전체를 장악하는 것이나 다름없습니다."[145] 이러한 '해방'이나 이른바 해방전쟁의 감행을 논술하기 전에, 먼저 소련의 군사 교리가 북한의 전쟁 준비와 전쟁 수행에 어느 정도로 작용했는지를 논의하는 것이 순서일 것이다.

4장

북한의 전쟁 기획과
소련 · 중국의 지원

"소련군을 배워라!"는 조선 인민군의 건설과 남침 준비에 가장 기본이 된 김일성의 교시였다.[1] 1947년 10월 26일, '중앙보안간부학교'의 제1기 졸업식에서, 김일성은 북한에서 모범적 군을 조직하려면 북한의 동지인 소련군을 본보기로 삼아야 한다고 강조했다. "우리는 또한 소련 군대가 위대한 조국전쟁에서 얻은 승리의 경험을 깊이 연구하여 섭취하여야 합니다. 이리하여 전략 전술상으로나 군사 기술상으로 가장 우수한 군대를 육성하도록 하여야 하겠습니다……쏘베트 군대가 위대한 조국전쟁에서 승리한 것도 매개 군관들과 전사들이 자기 조국과 인민을 보위하라는 상부의 명령을 집행하기 위하여 끝까지 투쟁하는 자각적인 규률을 가졌기 때문입니다. 우리 인민군대도 조국과 인민의 명령은 생명을 바쳐서라도 집행하는 강철 같은 규률을 가지도록 하여야 하겠습니다."[2]

이러한 김일성의 교시에 따라 북한군은 소련군을 모방했다. 소련의 군사 교리와 군사 실무뿐만 아니라 제2차 세계대전의 경험도 중요한 지침으로 간주했다. 김일성은 만주에서 항일 유격 활동을 벌였고, 소련에 체류하는 동안 독소獨蘇전쟁의 경과를 관찰했기 때문에, 정규전 요소와 비정규전 요소의 배합전에 익숙한 상태였을 것이다. 비정규전이 북한군 전쟁술의 중요한 요소가 된 원인이 김일성의 항일 투쟁 경험에만 있는 것은 아니었을 것이다. 이처럼 소련군은 북한군의 성격과 목표 설정은 물론, 인적 및 물적 자원의 구조, 공산주의 혁명 역량의 교육, 지휘 조직 및 수단, 전쟁술, 복장, 열병 및 분열 의식 등에 이르기까지 거의 모든 분야에 걸쳐 영향을 미쳤다.[3] 따라서 북한의 전쟁 준비 과정에서 무엇보다 소련 군사고문단의 역할, 소련 군사 교리의 수용, 소련과 중국의 군사 원조, 남침 계획 수립 등의 활동이 어떻게 이루어졌는가를 고찰하고자 한다.

1. '민족해방'을 쟁취하는 공산혁명의 도구, 조선 인민군

북한이 침략 전쟁을 준비하기 시작한 시점은 명확히 규정하기 어렵다. 김일성은 언제 한국에 대한 무력 침공을 생각하게 되었는가? 전쟁 수행을 위한 북한 지도부의 내부 의사 결정은 언제 이루어졌는가? 스탈린은 언제 남침 계획을 승인했는가? 소련은 전쟁 물자 수송 같은 침략 전쟁 수행에 필요한 지원을 언제부터 시작했는가? 이러한 의문점들이 만족스럽게 해소되기에는 아직도 모스크바, 베이징, 평양 지도부의 내부 상황을 심층 조명할 수 있는 1차 사료가 부족하다.

북한 《민주 조선》지의 편집 간부였던 정명조는 김두봉의 발언을 토대로 1949년 11월 6일 김일성 등 조선노동당의 고위 간부 열세 명이 참석한 심야의 비밀회의에서 한국 침공에 관한 최종 결정이 내려졌다고 증언했다.[4] 이 회의에서는 한국 침공에 대한 논의만 있었고, 한국 침공의 시점은 논의되지 않았다고 정명조는 덧붙였다. 이러한 정명조의 증언은 충분히 설득력이 있다. 북한 지도부는 남침 문제에 관해 1949년 3월 김일성의 모스크바 방문 이래 원칙적으로 이미 승인된 것으로 이해했을 테고, 다른 한편으로 중국 공산주의자들의 내전 승리에 깊은 인상을 받았을 것이기 때문이다. 북한 내부의 최종 결정 후 얼마 지나지 않은 1950년 1월 17일 김일성은 스탈린과의 면담을 요청했고, 시티코프가 이를 모스크바에 전달한 것으로 추론할 수 있다.[5]

　여기서 한 가지 의문점이 있다. 1949년 한 해 동안 북한은 소련으로부터 북한군의 미숙한 상태를 지적받아왔다. 그럼에도 불구하고 북한 지도부는 자신들의 침공 실시 및 준비에 대한 스탈린의 승인을 재촉했다. 따라서 당시 북한 지도부가 북한군의 능력을 얼마나 현실적으로 평가해 남침 전쟁을 구상했는지 의문이 남을 수밖에 없다.[6] 어떻든 김일성은 소련의 볼셰비키 혁명이 군사 수단에 의해 확산되었음을 알고 있었고, 항일 무력 투쟁 또한 경험했으므로, 무력을 중요하게 생각했을 것이다. 따라서 북한에서 공식 활동을 시작한 이래 무력 수단에 의한 공산주의 혁명을 염두에 두었다고 볼 수 있다. 북한군 창설 전 김일성의 공식 발언들 속에서도 군사적 수단에 관한 생각을 충분히 엿볼 수 있다. 그는 북한 내 소위 '민주주의 기지'를 구축하는 데 무력 수단을 필수불가결한 요소로 인식했다. 1946년 4월 20일 함경북도 당 확대위원회에서, 김일성은 북조선공산당이 소련 붉은군대의 주둔이 제공하는 유리한 조건을 최대한 이용하여 '민주주의 기지'를 튼튼히 축성하는 혁명 과업을 완수해야 한다고 강조했다.[7] 1947년 10월 26일 중앙보안간부학교 제1기 수료식에서 김일성은, 조선 인민군은 조국의 완전한 독립을 위해 투쟁해야 하고 전체 인민과 국가가 요구하면 동원될 수 있도록 항상 준비되어 있어야 한다고 언급했다.[8] 북한이 1946년 7월 8일 임시 인민위원회에서 장교 양성 기관인 중앙보안간부학교 설립을 의결한 것은 체계적 창군 노력의 일환이었다. 이 학교의 존재는 북한 군 창설의 필수 전제 조건이었고, 북한군의 존재 이유는 조국의 완전한 독립을 쟁취하는 것이었다. 따라서 북한 정권은 이미 1946년 여름 남북 양측이 서로 다른 목표를 향해 나아갈 것이라고 예상했고, 그때부터 한국에 대한 무력 침공을 구상하기 시작했을 것으로 추정된다.[9]

1948년 2월 8일, 북한의 정부 수립 선포에 앞서 조선 인민군의 공식 창설식이 열렸다. 이 행사에서 김일성은 연설을 통해 조선 인민군의 창설 목적과 의미를 명백히 제시했다. 그는 북한이 인민군의 창설을 통해 스스로의 힘으로, 조국을 분열하려는 미 제국주의자들과 한국의 방해를 극복하고 완전 자주독립 국가 건설을 촉진할 수 있게 되었다고 역설했다. 이어서 한국 인민들도 민주적 통일과 조국의 자주독립을 위해 용맹스러운 투쟁에 동참할 것을 선동했다.[10] 이처럼 북한 정권은 조선 인민군을 무력 통일의 수단으로 간주하고 있었다. 1949년 7월 29일, 김일성은 북한군 제6보병사단 군관회의에서 북한군의 사명을 다음과 같이 표현했다.[11] "우리 조국이 해방된 지 4년이 지나도록 아직 통일되지 못하고 나라와 민족이 갈라져 있는 것은……조국을 통일하려면 남조선에서 미제를 내쫓고 리승만 역도를 때려 부숴야 합니다……조국의 통일과 민주주의 자주독립 국가 건설을 위한 우리의 혁명 위업은 정당하며 최후의 승리는 반드시 우리의 것입니다."[12]

따라서 조선 인민군은 김일성의 군대, 노동당의 군대, 마르크스-레닌주의 혁명 사상으로 무장된 군대, 소련 군사 교리를 기반으로 정신적, 물리적 능력을 추구하는 군대, 중국 해방군과 함께 내전 경험을 갖춘 인적 요소와 빨치산 투쟁 경험을 갖춘 인적 요소가 주축이 되어 조직된 군대, '민족해방'을 쟁취하는 공산혁명의 도구 기능을 지닌 군대였다. 김일성과 추종 세력에게 조선 인민군은 북한에 구축된 '민주주의 기지'를 발판으로 한반도 전체의 공산혁명이라는 목표를 이루는 데 가장 중요한 수단으로 창설되었다.

2. 소련 군사고문단의 결정적 역할

북한의 전쟁 준비를 본격 논술하기 전에, 김일성의 독재정치를 위해 모스크바는 북한 내 소련 군사고문단의 역할을 어떻게 설정해 활용했는지 살펴보는 것이 순서일 듯하다. 레베데프 소장의 1948년 10월 2일자 비망록에 따르면, 소련군의 철수 후에도 소련 측의 중요 인물들은 북한에 계속 잔류했다. 예컨대, 소련 군사고문단 요원들, 대사관과 통신사 타스TASS 같은 기관의 직원들, 정부 기관과 산업체의 전문가들, 조소문화협회 종사자들은 계속 활동했다.[13]

소련 군사고문단은 북한 인민위원회와 지방 조직의 구성 같은 북한 체제의 수립[14], 북한군 창설, 전쟁 준비 및 수행 과정에서 결정적 역할을 담당했다. 그럼에도 불구하고 이 조직의 활동을 포괄적, 심층적으로 조명한 연구 자료, 즉 하인치히Dieter Heinzig의 《중국국민당과 소련 군사고문단 1923~1927》[15] 같은 수준의 체계적 연구 산물이 없다. 가장 기초적인 소련 군사고문단의 임무와 편성, 연대기 등에 관한 사료도 찾아보기 어렵다. 다행스럽게도 국방연구소에서 번역해 발간한 《소련 군사고문단장 라주바예프의 6·25전쟁 보고서》[16]가 가장 신뢰할 만한 사료로 평가된다. 근본 원인은 북한 측의 1차 사료에 대한 접근은 전혀 허용되지 않고, 소련 측의 1차 사료에 대한 접근도 아직 불충분하기 때문이다. 그러나 지금까지 공개된 연구 자료들과 관련자들의 증언을 토대로 소련 군사고문단의 활동을 재구성하는 작업을 통해 중요한 논점들을 추론해볼 수 있을 것이다.

1946년 8월, 소련군 스미르노프Ivan Ivanovich Smirnov 소장이 최초의 북한군 지휘 기구인 '보안간부 훈련대대부'의 수석 고문관 역할을 담당했다. 이 시점부터 소련 군사고문단은 조직체의 요건을 갖춰 기능을 발휘하기 시작했다고 볼 수 있다.[17] 이 소련 군사고문단은 제대별 참모부, 야전 부대, 학교 기관 등을 조직하는 과정을 지도했다. 이러한 활동은 1948년 2월 조선 인민군의 공식 창설에서 1948년 12월 소련 점령군의 철수에 이르기까지 이어졌다. 그 후에는 핵심 기능을 담당한 고문관들만 북한에 잔류한 것으로 보인다. 이러한 변화는 북한군이 창군 초기의 난관을 소련 군사고문단의 집중 지도와 지원을 받아 극복했다는 사실을 뒷받침해준다. 1950년 2월, 바실리예프 중장을 단장으로 하는 새로운 고위 군사고문단이 평양에 도착하여 스미르노프의 지휘 아래 있는 약 스무 명의 고위 고문관들과 임무를 교대했다. 이 새로운 조직의 활동의 중점은 전쟁 및 작전 수행을 지도하는 데 있었다.[18] 스미르노프 장군의 군사고문단장 역할은 이미 1949년 4월부터 평양 주재 소련 대사였던 시티코프가 겸임했던 것으로 추정된다. 1949년 4월 20일, 시티코프는 새로운 고위 군사고문단이 아직 평양에 도착하지 않았으며, 스미르노프는 군사 지식이 부족하고 처신이 오만하여 북한 인민들로부터 존경받지 못하고 있다고 스탈린에게 보고했다. 1950년 2월 23일, 시티코프는 바실리예프 중장과 고위 고문관들이 평양에 도착한 사실을 모스크바에 보고했고, 이후 시티코프가 겸직하던 소련 군사고문단장의 임무는 바실리예프 중장에게 인계되었다.[19]

바실리예프가 군사고문단장으로 재직하던 1950년 9월, 소련군 부총참모장 자하로프Matvey Vasilievich Zakharov[20]가 위기에 몰린 전쟁 상황을 극복하기 위해 긴급히 평양으로 파견되었다. 자하로프는 유엔군의 인천 상륙 작전 성공 직후인 9월 18일 대표단을 이끌고 서둘러 평양에 도착했던 것이다. 자하로프는 평양에 도착하기 전까지 모스크바에서 평양 주재 소련 군사고문단장으로부터 정기 보고를 접수하는 자리에 있었다. 따라서 전황의 전개 과정을 누구보다도 잘 파악하고 있었다. 북한이 절체절명의 위기에 직면한 상황이었기 때문에 자하로프의 임무는 바실리예프의 판단과 결심을 도와주는 것이었다. 1950년 11월 바실리예프 군사고문단장과 시티코프 대사가 한국에 대한 최초의 침공 계획대로 한반도를 석권하지 못하고 패퇴하게 된 책임을 지고 라주바예프Vladimir N. Razuvaev 중장에게 자신들의 역할을 물려주기까지 소련 고문단 조직에 구조적인 변화는 없었던 것으로 보인다.[21]

1950년 5월 16일과 11월 29일, 소련 정부의 결정에 따라 북한군을 지도하는 소련 군사고문단의 규모가 확대되어 그 수가 246명에 달했다.[22] 라주바예프 중장은 북한군이 유엔군의 공세로 말미암아 절망적 혼란에 빠지게 되자, 6·25전쟁 발발 후 5개월여가 지난 1950년 11월 18일 바실리예프 중장이 수행하던 군사고문단장 직책과 시티코프의 대사 직책을 인수하면서, 국방무관도 겸직하게 되었다.[23] 라주바예프는 1953년 7월 27일 정전협정이 체결된 이후 9월 29일까지 재임했다.[24] 스미르노프, 시티코프, 바실리예프, 라주바예프 순으로 이끌었던 소련 군사고문단의 시기별 중점 업무는 제1단계(1946년 8월~1948년 말) 조선 인민군 창설, 제2단계(1949년 초~1950년 1월) 장교 교육 및 조선 인민군 발전, 제3단계(1950년 2월~1953년 9월) 직접 전쟁 준비 및 수행 등으로 분류할 수 있다.

북한에서 활동한 소련 군사 고문관을 포함한 전체 고문단의 규모는 여러 문헌에 나타나 있지만, 기록 내용은 상이하다. 커밍스와 핼리데이Jon Halliday는 비교적 작은 규모의 고문단이 구성되었을 것으로 추정하고 있다. 이 두 학자는 출처가 명기되지 않은 영국 측 자료를 근거로, 북한의 중앙 정부 기관에서 활동한 소련 군사 고문관의 수는 1946년 약 200명이었고, 1947년 4월 약 서른 명으로 급감했다고 주장했다.[25] 플로트니코프G. K.

Plotnikov 대령은 소련 점령군이 철수한 직후인 1948년 말 소련 군사 고문 관의 수는 약 200~250명이었다고 증언했다.[26] 커밍스와 핼리데이는, 전쟁 발발 전 소련 군사 고문관은 약 120명으로, 북한군 사단별로 약 열다섯 명의 군사 고문관이 편성되었다고 주장했다. 이어서 두 학자는 전체 규모 면에서 동부 유럽 국가들에 파견되어 활동했던 수천 명의 소련군 참모 및 고문관들과 큰 차이가 없다고 결론지었다.

슈나벨은, 소련 군사고문단의 역할이 처음부터 북한군을 창설하는 것이 었고, 이들에 의해 양성된 북한군 군관의 수가 증가할수록 소련 군사 고문 관의 수는 감소했다고 기록했다. 1948년에 사단별로 약 150명의 군사 고 문관이 활동했는데, 이들의 수는 1949년 약 스무 명, 1950년에는 세 명에 서 여덟 명 수준으로 감소했다.[27] 만일 이러한 추정이 확실하다면, 소련 군 사고문단은 1948년 2월 북한군의 공식 창설 시점부터 1948년 말 소련군 의 철수 시점까지 상당히 큰 규모를 유지하면서 북한군의 조직에 주도적 으로 관여한 것이다. 이후 사단별 군사 고문관의 수는 소련 점령군의 철수 에 맞춰 약 150명에서 약 스무 명 수준으로 감소했을 것이다.

스텔마크도, 6·25전쟁 기간에 미국군 정보 당국이 포로 심문과 정찰 활 동을 통해 분석한 자료를 근거로 추론했다. 그의 논거에 따르면, 북한군의 조직과 교육 훈련은 소련 군사고문단의 엄격한 통제 아래 이루어졌다. 북 한군 각 사단에는 소련군 대령 예하에 약 15~17명의 장교로 구성된 군 사 고문 조직이 편성되어 있었다. 이들은 인사·정보·작전·군수처(G- 1·2·3·4)와 선전부서에 각각 중령 한 명, 통신과 보급 기능에 각각 소령 한 명, 각 연대에 소령 또는 대위 한 명이 편성되어 활동했다. 특별히 전차 와 포병의 중대 단위에는 북한군이 소련 군사 기술 교리에 따라 무기 체계 를 운용할 수 있도록 각각 한 명의 고문관이 편성되었다.[28] 스텔마크는 시 기를 특정해 소련 군사고문단의 규모를 제시하지 않았지만, 이는 슈나벨이 제시하고 있는 소련 점령군 철수 후인 1949년 당시의 규모와 비슷하다.

국방부 군사편찬연구소에 따르면, 1948년 말 소련군의 철수 시점까지 소련 군사고문단의 전체 인원은 약 2,000명 수준으로 증가했다가 그 후 급격히 감소했다.[29] 이러한 기록은 1952~1954년 육군본부에서 발간한 《6·25사변 육군전사》에 근거를 두었다. 소련 군사고문단의 전체 규모와 변화의 추세 면에서 슈나벨과 스텔마크의 주장과 근사하다. 북한군의 사단 외에도 총참모부, 군사학교 기관 등 각종 지원 조직 등에서 활동했던 군사 고문 조직을 가산해야 하기 때문이다. 북한군은 1948년 말까지 3개 사단을 창설하여 보유하고 있었다.

북한이 한국에 대한 침공을 결정한 1950년 초부터 1953년 정전협정 체결까지 소련 군사고문단 규모는 라주바예프의 보고서를 근거로 비교적 구체적으로 제시할 수 있다. 1950년 3월 15일 소련 군사고문단장 바실리예프 중장은 북한군 내 총 239개 직책에 소련 군사 고문관이 빠짐없이 보직되어야 한다고 모스크바에 보고했다. 1950년 3월 1일 당시 소련 군사 고문관은 148명이었다. 따라서 그는 아흔한 명의 보충을 요청했던 것이다.[30] 이에 따라 모스크바 지도부는 바실리예프가 요구한 아흔한 명보다 일곱 명 많은 아흔여덟 명을 파견함으로써 총 246명의 군사 고문관이 북한군에서 활동하게 되었다.[31] 이 군사고문단 외에도 소련 점령군 철수 시 4293명의 소련군 군사 전문 인력이 북한에 잔류했다. 이들 중 4,020명은 현역 신분이었고 273명은 민간인 신분이었다.[32] 북한의 침략 전쟁이 진행되는 동안 소련 군사고문단의 규모는 감소했다. 1952년 2월 15일 기준, 162명의 군사 고문관이 북한에서 임무를 수행하고 있었다. 이어서 1952년 3월 22일 모스크바 내각의 의결에 따라 열 명이 추가 감소해 152명 수준이 되었다.[33] 1953년 7월 25일, 정전 2일 전, 소련군 총참모장 소콜롭스키Marschall Vasily Sokolovsky 원수는 라주바예프에게 소련 군사고문단과 군

사 전문 인력의 수를 최소 규모로 감축하라는 의결 사항을 통보했다.[34]

소련 점령군이 북한에서 철수하기 전(소련 군사고문단 활동 제1단계)까지 북한 지역에서 활동한 소련 군사고문단의 규모는 여러 문헌에 제시된 수치와 기준이 다르기 때문에 정확히 규정하기 어렵다. 그러나 소련 점령군의 철수 이후 1950년 초(소련 군사고문단 활동 제2단계)까지의 규모는 플로트니코프 대령의 증언과 라주바예프의 보고서를 근거로 148~250명 수준이었다고 추정할 수 있다. 직접 전쟁 준비 및 수행 기간(소련 군사고문단 활동 제3단계)에 운용된 군사고문단의 규모와 변화는 앞서 서술한 내용과 같다. 다시 말하자면, 모스크바는 1948년 말 소련 점령군 철수와 함께 소련 군사고문단의 규모를 줄여서 유지하다가, 전쟁을 최종 결정한 직후부터 늘려서 운용했다. 이어서 전쟁 발발 후 전쟁이 장기화되면서 전쟁에 대한 스탈린과 모스크바의 책임을 은폐하기 위해 점차 규모를 축소했다고 볼 수 있다.

소련 군사고문단은 북한군의 정치 및 군사 교육 훈련, 현대식 소련 군사 장비 편제, 전략적·작전적 전쟁 계획 및 수행 분야에서 결정적 역할을 수행했다. 그들은 단지 조언이나 자문에 그치지 않고 사실상 최종 결정권을 빈번하게 행사했다.[35] 그들은 중요한 인사 문제에도 개입했다. 특정 직책에 적합한 인물을 평가해 직접 임명하거나 해임했다. 대표적인 사례가 유성철과 황호림의 인사다. 유성철은 1948년 9월 북한군 총참모부 작전국장으로 임명되기 전에 중앙보안간부학교의 전술학 부장과 총참모부 정찰국장을 역임했다. 소련 군사고문단이 유성철을 전술학 부장 직책에 가장 적합하다고 판단했기 때문이다.[36] 북한의 민족보위성 총참모부를 조직하는 과정에서 그전까지 '인민집단군 총사령부'의 부총참모장 겸 작전국장이었던 황호림 소장이 배제되었다. 소련군 대위로 근무한 경력을 지닌 황호림은 소련 군사고문단은 물론, 강건 총참모장과도 자주 갈등을 빚었기

때문이다. 그는 소련으로 복귀했고, 후임에 유성철 대좌가 보직되었다.[37]

1950년 초, 한국 침공이 최종 결정된 후 전쟁을 준비하는 과정에서 주도권은 소련 군사고문단이 가지고 있었다. 그들은 조력 활동을 했을 뿐만 아니라, 자신들의 의지대로 직접 작전 계획을 수립했고, 그 실행에도 결정적 영향을 미쳤다. 북한군의 공격을 위한 기본 작전 계획이 공식적으로는 북한군과 소련 군사고문단이 공동 수립한 것처럼 알려져 있지만, 이는 사실과 다르다. 실제로는 바실리예프 중장과 군사고문단에 의해 작성되었다.[38] 한국 침공 직전에 소련 군사고문단은 군단과 사단 사령부에 배치되어 활동했으며, 침공 직후에는 북한군 제2제대와 후방 지역에서 군단 사령부를 지원했다.[39] 그들은 침공 직전에 북한군 부대들의 공격 집결지에서 공격 준비 상태를 점검하고, 북한군 장교들에게 자신감을 불어넣어주었다.[40] 주영복에 따르면, 제1군단 사령부에 다섯 명, 제2군단 사령부에 두 명, 그리고 제105전차여단에 두세 명의 소련 군사 고문관이 배치되어 있었다.[41] 무엇보다 민족보위성에서 사단에 하달되었던 서식명령의 배부선을 보면, 소련군 수석 고문관과 고문관들이 포함되어 있었다. 심지어 러시아어로 작성된 명령들이 그대로 사용되었다.[42] 이처럼 소련 군사 고문관들은 거의 모든 지휘 및 참모 활동 절차에 개입했고 필요하면 직접 부대를 지휘했다. 이 과정에서 소련 군사 교리의 정치 원칙과 군사-기술 원칙들을 적용하거나 모스크바 총참모부의 직접 지시를 이행했다. 그리고 이러한 소련 군사고문단의 활약상은 주기적으로 모스크바 총참모부로 보고되었다. 1950년 6월 26일, 평양 주재 소련 대사 시티코프는, 소련 총참모부가 지시한 대로 소련 군사고문단은 북한군과 함께 6월 12일과 23일 두 차례에 걸쳐 38도선을 연하여 북한군 전투력을 집중 배치하는 임무와 지형 정찰 임무를 문제없이 완수했다고 보고했다.[43]

소련 군사고문단은 전투에도 직접 참여했다. 흐루쇼프의 회고록을 통해 이미 알려진 바와 같이, 소련의 직접 참전을 반드시 은폐하라는 스탈린의 엄중한 지시가 있었다.[44] 이 지시는 소련 군사 고문관이 38도선 이남으로 북한군과 동반하거나 전투부대에 체류하는 행동을 절대 금지하는 것이었다. 따라서 소련 군사 고문관들의 활동은 포로가 될 위험이 전혀 없는 제2제대와 후방 지역에서만 허용되었다.[45] 주영복의 증언에 따르면, 북한군 제2군단 주 지휘소가 남침 개시 직전에 38도선 북쪽 3~4킬로미터 지점까지 전진 배치되었을 때, 소련 군사 고문관들은 후방 지역에 잔류했다.[46]

그렇다고 해서 북한군이 완전히 단독으로 남침을 감행했다는 것을 의미하진 않는다. 북한군의 남침이 감행된 후 그 성공 여부는 모스크바의 커다란 관심사였다. 소련 군사 고문관들은 노출을 최소화하기 위해 전선 지역에서는 대폭 축소된 규모로 활동했다. 소련 군사 고문관들은 북한군 대대와 연대에서는 철수했지만 사단·군단·전선 사령부에서 임무를 계속 수행했고, 필요시 민간인 또는 종군기자로 위장해 활동했다. 그러나 모스크바는 이 '종군기자들'이 포로가 될 경우, 시티코프 대사로 하여금 각 개인이 책임을 지도록 통제했다.[47] 현재 국방부 군사편찬연구소에 보관 중인 미국군의 포로 심문 자료에서 이러한 내용의 기록을 발견할 수 있다. 1950년 7월 10일 서울에서 소련군 소령 한 명, 1950년 8월 15일 여주에서 소련군 하사 한 명과 소위 한 명, 그리고 8월 중 서울에서 민간 복장의 소련인 한 명이 관측되었다.[48] 이것은 소련 군사 고문관의 '전방' 투입을 금지하는 지시가 반복 하달되었음에도 불구하고 일부 소련 군사 고문관들이 북한군과 함께 공격 작전에 임했다는 것을 뒷받침해준다.[49] 소련 군사 고문관이 38도선 이남에서의 활동을 전면 금지하도록 한, 남침 공격 이전에 하달된 지시는 북한군의 침공 작전이 난관에 봉착하고 한국 사회의 자체 붕괴에 대한 최초 예상이 빗나가자 더 이상 구속력을 유지하지 못했을 것이다. 만일 소련이 전쟁 수행을 북한에 완전히 맡길 의도가 아니었다면, 군사 고문관들이 38도선 이남 지역으로 이동하는 것은 불가피했을 것이다. 이미 북한군의 침공 개시 당일 시티코프 대사는, 소련 군사고문단의 후방 잔류 후 북한군 장교들의 지휘력이 저하되고 야포와 전차의 운용을 제대로 하지 못하며 상호 통신 유지에 결함이 있다고 모스크바 총참모부에 보고했다.[50] 북한군은 더 많은 군사 고문관이 최전방 전투부대의 활동에 동참해주기를 반복 요청했다.[51] 소련 군사 고문관은 비밀 유지를 위해, 중국군이 요청한 것에 비해 작은 규모로 중국 '인민지원군'에서도 활동했다.[52] 당시 소련군 부총참모장 자하로프 대장은 9월 18일 평양에 급파되어 유엔군의 인천 상륙 작전이 가져온 상황 변화를 판단해 스탈린의 지시에 따라 북한군과 소련 군사고문단을 지원하고 있었다.[53] 자하로프는 1945년 극동 지역에서 일본과의 전쟁에 참전한 경험이 있었기 때문에, 그가 평양에 급파된 사실은 6·25전쟁을 연구하는 학자들의 주목을 받지 못했다. 아마도 자하로프는 흐루쇼프가 한반도 군사작전을 맡길 최고사령관으로 추천했던 소련 극동 군사령관 말리노프스키 원수의 대안이었을 것으로 추정된다.[54]

6·25전쟁 동안 라주바예프의 지휘 아래 있던 소련 군사고문단은 모스크바의 총참모부가 최신 전황을 파악할 수 있도록 북한군의 최신 상황과 중국군의 작전 능력에 관해 수많은 보고서를 작성했다. 대표적 사례로서, 북한군의 재편성과 제 병과의 상황에 관해 총 144쪽 분량으로 1951년 5월 4일 작성된 라주바예프의 보고서와, 중국군의 전투력 평가, 작전 수행의 특성, 중국 인민해방군 총참모부의 역할과 위상, 소련 군사고문단의 역할 등에 관해 1951년 6월 16일 작성된 코체르긴Andrey Nikolaevich Kochergin 소장의 보고서가 있다.[55]

이 일련의 보고서에는 소련 군사고문단의 구체적 활동이 기록되어 있지 않다. 소련 군사고문단이 북한에서 수행했던 핵심 역할에 관한 불확실성을 명확히 해소하려면, 추가 심층 연구가 필요하다. 어떻든 소련 군사고문단은, 스탈린과 소련 지도부가 북한의 폭력적 방법에 의한 '남조선 해방' 기도를 물리적·정신적·정치적으로 지원했다는 사실을 웅변하고 있는 대표적 상징이었다. 북한 지도부는 소련 군사고문단의 지도와 지원 없이 는 남침 전쟁을 감행하지 못했을 정도로 철저히 의존적인 상태였다. 이러한 관점에서 소련 군사고문단의 관여 없이 수립된 작전 계획과 실시된 작전은 없었다는 사실은 명백하다. 1950년 9월 27일, 스탈린이 시티코프 대사와 자하로프 대장에게 보낸 전보 내용이 말해주듯이, 스탈린은 전쟁 발발 후 전개되는 상황에 대한 책임이 전적으로 소련 군사고문단에 있다고 인식했다.[56]

3. 조선 인민군의 공식 창설 과정

조선 인민군의 창설 과정은 소련 군정의 구상과 의도에 따라, 이미 1945년 11월 '보안대'가 조직되면서 시작되었다.[57] 1946년 2월 8일 발족된 '임시 인민위원회'[58]의 '보안국'이 여러 보안 조직들을 관할했다. 초대 보안국장은 최용건이었다.[59] 이 부서는 북한군의 전체적 창설 과정을 주도했다.

1946년 '보안대' 간부 요원의 양성을 위한 최초의 교육기관으로서 소련군 창설 기념일인 2월 23일 '평양학원'을 개교했다. 이 학원은 추후 제2군관학교로 개칭되었다.[60] 초대 원장은 김책[61], 교무 주임은 한국계 소련인 기석복이 맡았다.[62] 1946년 7월 20일, 또 다른 군관학교인 '중앙보안간부학교'가 설립되어 평양학원의 군관 양성 기능을 인수했고, 평양학원은 정치 군관 양성 기능을 담당하게 되었다.[63] 이 중앙보안간부학교는 추후 제1군관학교로 개칭되었다.[64] 초대 교장은 박효삼, 부교장은 박성철이 맡았다. 이 학교는 3개 학부로 구성되었다. 전술학 부장은 추후 북한군 총참모부 작전국장으로서 한국 침공 계획 수립에 관여했던 유성철이었고, 사격학 부장은 박길남, 통신학 부장은 이종인이었다.[65] 연안파였던 박효삼은 군사 경험을 인정받아 학교장이 되었고, 군사 부교장은 갑산파에 속한 박성철이었다. 전술학 부장과 사격학 부장은 한국계 소련인이었다. 이처럼 북한군의 양대 군관 양성 교육기관의 요직은 김일성의 측근 세력과 한국계 소련인 몫이었다.

1946년 7월 8일, '임시 인민위원회'가 '중앙보안간부학교' 창설을 의결했다. 군관 양성 교육 기간은 12개월이었으며 수업 인원은 약 500명이었다. 군관 후보생 선발위원회가 운영되었다. 이 위원회는 한 명의 위원장과 네 명의 위원으로 구성되었다. 초대 위원장은 마오쩌둥이 극찬했던 무정 장군이었고, 부위원장은 무정과 함께 연안파의 거두였던 김두봉이었다. 그리고 네 명의 위원은 김책, 최용건, 장종식[66], 김웅[67]이었다. 이 위원회의 과반수는 김일성의 측근 세력이었다.[68]

1946년 8월, 평양에 군사 참모부가 설립되었다. 군사 조직의 실체를 은폐하기 위해 '보안간부 훈련대대부'라는 위장 명칭을 부여했다. 1946년 12월, 초대 사령관에 최용건이 임명되었다. 부사령관 겸 정치위원은 소련 군사 교육을 이수한 갑산파 소속의 김일이었다. 참모장도 갑산파 소속의 안길이었다. 포병 부사령관은 연안파 소속 무정이었다.[69] 이 조직은 북한군 총참모부의 모체였다.[70] 이처럼 북한군 최고 참모 조직의 요직들은 김일성의 갑산파가 차지했다. 초대 소련 군사고문단장 스미르노프 소장이 이 참모 조직을 지도했다. 그 예하에 3개 사단이 편성되었고, '보안간부 훈련 제1·2·3소'라는 위장 명칭을 사용했다. 각 사단에는 사단장 개인을 지도하는 대령 또는 중령급 소련 군사 고문관과 그 휘하 군사 고문관들이 편성되어 있었다. 이 시기에 소련군 무기와 장비가 최초로 편제되었다.[71]

1947년 2월 22일, 북한 '인민위원회'가 정식으로 발족해 '임시 인민위원회'의 기능을 인수했다. 1947년 5월 17일, '보안간부 훈련대대부'는 '인민집단군 총사령부'로 개편되면서 조직 규모도 확충되었다. 최용건은 사령관 직책을 유지했다. 인민위원회에는 더 이상 '보안국'이 존재하지 않았다. 이렇게 하여 김일성은 자신의 오른팔인 최용건을 통해 북한군을 직접 지휘 통제할 수 있게 되었다.[72] 1948년 2월 8일, 조선 인민군이 공식 창설되면서 '인민집단군 총사령부'는 '인민군 총사령부'로 개칭되었고, 조선민주주의인민공화국 수립과 동시에 민족보위성 예하에 조직되었다. 그리고 김일성은 수상, 최용건은 민족보위상이 되었고, 1948년 2월 3일 소련 정치국에 의해 승인되었다.[73] 스미르노프 소장은 계속해서 북한 민족보위상의 수석 고문관으로 활동했다. 이러한 조직과 인적 구성은 6·25전쟁 발발 전까지 거의 변함없이 유지되었다.[74]

1945년 10월, '수상 보안대'가 조직되었다. 1946년 7월, '수상 보안대 사령부'와 예하 부대로 동해와 서해에 각각 1개 대대씩 2개 대대가 창설되었고, 이는 같은 해 12월 '해안경비대'로 개칭되었다. 1947년 8월 20일, 사실상 최초의 공군 '비행대'가 조직되었다. 육군과 마찬가지로 최초의 해군 및 공군 군관들은 '평양학원'에서 양성되었다.[75] 이러한 방식으로 북한은 분명한 목적을 가지고 정규군을 창설했고, 주된 과업은 한국 '해방'이었다. 1948년 2월 8일, 1948년 9월 9일 조선민주주의인민공화국이 수립되기 7개월 앞선 시점에 폭력혁명의 수단이자 소련군을 본보기로 조직된 조선 인민군이 실체를 드러내게 되었다.

4. 소련과 중국의 지원에 의한 사단급 전투력 극대화

1946년 8월, 군관 양성 학교 기관의 개설에 이어 '보안대'를 조직하기 시작해 1946년 말 이미 규모가 약 2만 명에 달했다. 이들 병력과 군관들의 양성 교육이 진행되는 동안 규모는 그대로 유지되었다. 1948년 소련은 6만 명을 무장시킬 수 있는 무기를 공급했다. 1949년 북한은 총동원을 시행해 약 4만 명을 추가 징집했고, 중국 인민해방군에서 복무했던 약 2만 명이 북한으로 귀환해 보충되었다. 1950년 봄, 최종 보충 작업이 가속화되면서, 추가 징집 병력과 중국 인민해방군 귀환 병력을 합쳐 약 1만 명이 증강됨으로써, 북한군은 총병력 약 13만 5만 명을 갖추게 되었다.[76] 이러한 과정을 거쳐 7개 보병사단, 1개 전차여단, 3개 교도사단, 1개 상륙연대, 1개 모터사이클 정찰연대, 5개 38선 경비여단이 편성되었다. 이 중 1개 보병사단은 3개 보병연대와 1개 포병연대로 편제되었다.[77]

인민집단군 총사령부로 개편된 시기인 1947년 5월, 보안간부 훈련 제1·2소를 모체로 북한군 제1·2보병사단이 창설되었다. 보안간부 훈련 제3소는 진남포에서 제3독립혼성여단으로 개편되었다. 제1보병사단과 포병연대는 개천, 그 예하 제1보병연대는 신의주, 제2보병연대는 재령, 제3보병연대는 강계에 주둔했다. 이 중에서 1개 연대는 중국 인민해방군에서 복무했던 병력으로 편성되었다.[78] 사단장은 김웅[79]이었다. 제2보병사단은 함흥, 제4보병연대는 회령, 제5보병연대는 평양, 제6보병연대는 남암, 포병연대는 강덕에 주둔했다. 사단장은 강건[80]이었다. 이와 같이 1948년 2월 8일 조선 인민군의 공식 창설 이전에 이미 2개 전투사단과 1개 전투여단의 편성이 완료되었다.

제3보병사단은 1948년 9월 9일 조선민주주의인민공화국 수립 후 제3독립혼성여단을 모체로 창설되었다. 제3보병사단과 포병연대는 원산, 제7보병연대는 덕원, 제8보병연대는 평양, 제9보병연대는 흥남에 주둔했다.[81] 1948년 10월 15일, 제4독립혼성여단이 남포에서 창설되었다.[82] 김일성이 1949년 3월 7일 스탈린과의 회담에서 한국에 대한 무력 침공을 논의할 당시 북한군은 전투부대로 3개 보병사단, 1개 독립혼성여단, 1개 전차연대, 122밀리 야포로 무장된 1개 포병연대, 1개 비행연대를 보유하고 있었다.[83]

　제4보병사단은 1950년 3월 제4독립혼성여단을 모체로 남포에서 창설되었다. 제4보병사단 예하 3개 보병연대와 포병연대 중 1개 보병연대도 중국 인민해방군에서 복무했던 병력으로 구성되었다.[84] 제5보병사단은 1949년 8월 중국 인민해방군 제164사단을 모체로 나남에서, 제6보병사단은 1949년 7월 중국 인민해방군 제166사단을 모체로 사리원에서 창설되었다. 이처럼 제5·6보병사단은 마오쩌둥을 지원하기 위해 중국 내전에 참전했던 조선 의용군 부대였다.[85] 제7보병사단[86]은 1950년 2월 원산에서 중국 인민해방군 제139·140·141·156사단 예하의 잔여 조선 의용군 병력을 주축으로 창설되었다.[87] 1950년 3월에서 6월 사이, 제10보병사단은 제2민주청년훈련소를 모체로 숙천에서, 제13보병사단은 제1민주청년훈련소를 모체로 신의주에서, 제15보병사단은 제3민주청년훈련소를 모체로 회령에서 창설되었다. 이 3개 사단은 북한군 공격의 제2제대를 형성하는 전투력이었으며, 핵심 직책은 역시 중국 내전에 참전했던 조선 의용군 출신이 맡았다.[88] 1950년 2월 2일, 김일성은 이 3개 사단을 창설하기 위해 1949년 3월 17일 모스크바에서 체결한 협약에서 최초 1951년 지원하도록 명시되었던 차관의 조기 집행을 요청했다.[89] 1950년 3월, 스탈린은 이러한 김일성의 제안을 수용해 이 3개 사단의 편제 무기와 장비를 제공했다.[90] 이상에서 살펴본 바와 같이, 북한군의 사단급 부대 편성 면에서 중국 내전에 참전했던 조선 의용군 출신 부대와 병력이 가장 중요한 비중을 차지했다. 이렇게 하여 북한 지도부의 모스크바 회담 직후인 1949년 5월 초 김일이 베이징을 방문했을 때, 마오쩌둥이 약속했던 중국 인민해방군 내 3개 조선 의용군 사단의 귀환이 적시에 이루어진 것이다.

중국이 중국 내전에 참전했던 조선 의용군을 북한으로 귀환시킨 것은 북한에 대한 감사의 표시로 이해할 수 있다. 중국 내전 시 조선 의용군이 중국 인민해방군의 일원으로 중국 공산주의자들을 도왔고, 특히 1946년부터 1948년까지 북한은 중국 공산주의자들의 후방 지원 기능을 수행했다. 1946년 10월, 공산당군이 국민당군의 압박에 의해 동북 방면으로 후퇴했을 때, 공산당군 병력 약 1만 8,000명과 약 2만 톤의 전쟁 물자를 신의주와 다른 북한 지역으로 이전 배치할 수 있었다. 또한 공산당군이 지배하고 있던 다롄이 국민당군에 의해 포위 고립되었던 1947년부터 1948년까지 약 5만 1,000톤의 전쟁 물자를 북한 지역으로 이전 배치할 수 있었다. 이처럼 중국 공산주의자들은 북한 지역을 자신들의 전투력을 재편성하고 복원하기 위한 후방 지역으로 활용했고, 이 과정에서 북한 측으로부터 많은 지원을 받았던 것이다.[91] 조선 의용군의 병력 구성을 보면, 북한에서 파견된 조선인들도 있지만 만주에서 출생하거나 거주했던 조선인들이 더 많았다. 따라서 하루키는 '조선 의용군의 귀환'이라는 표현이 적합하지 않다고 주장하고 있다. 왜냐하면, 중국 공산주의자들의 관점에서 보면 중국 지도부가 프롤레타리아 국제주의 정신에 따라 결정해 중국 인민해방군 소속의 조선 의용군을 북한으로 파견한 것이기 때문이다.[92] 더욱이 북한군 제6보병사단장 방호산, 제5보병사단장 이덕산 같은 인물들은 한국 '해방전쟁'을 중국 '해방전쟁'의 연장으로 인식하고 있었다.[93]

북한은 사단급 부대의 창설 과정에서 특징적인 조치를 취했다. 북한군 전체의 전투력을 균형 있게 형성하면서도 사단 단위의 전투력을 극대화하기 위해 고심한 흔적이 보인다. 예컨대 조선 의용군 출신의 베테랑과 신병들을 배합하기 위해 1950년 2월 20일부터 3월 20일까지 사단 예하의 연대 단위 부대들을 상호 교차 편성했다. 제1보병사단의 제1보병연대와 포병연대를 제6보병사단 예하로 재편하고, 제6보병사단의 제14연대를 제

1보병사단 예하로 재편하면서 포병연대를 새롭게 조직하는 방식이었다.[94] 나아가 1950년 5월 17일부터 6월 5일까지 조선 의용군 출신 병력들의 당적이 중국공산당에서 조선노동당으로 변경되었다.[95] 이러한 조치는 이미 예고된 것이었다. 1949년 7월 29일, 김일성은 제6보병사단 군관들 앞에서 행한 연설에서, 인민군 장병들은 북조선노동당의 노선과 정책으로 철저히 무장해야 하고, 그 정당성을 명확히 인식해야만 인민군의 사명을 올바로 완수할 수 있다고 역설했다.[96]

북한군 보병사단의 편성은, 중국 인민해방군 소속이었던 조선 의용군 사단과 연대를 주축으로 이루어지고 연안파 지휘관들의 역할과 비중이 컸음에도 불구하고 소련군 보병사단과 닮았다. 북한군 제2보병사단에 관한 자료를 보면 소련군 보병사단의 편성과 거의 일치하는 것을 알 수 있다. 예컨대, 사단 참모부에 정치 보위 기구가 병존했다. 후방부, 문화부, 대전차대대, 교도대대, 수송중대 그리고 3개 전투연대와 1개 포병연대의 편성은 소련군 편제의 전형이었다. 사단 전체 병력은 약 1만 명, 연대 병력은 약 2700명이었다. 사단의 화력 자산으로, 122밀리 야포 12문, 76밀리 야포 24문, SU-76밀리 자주포 12문, 45밀리 대전차포 12문, 14.5밀리 대전차총 36정이 편제되었다. 연대는 120밀리 박격포 6문, 76밀리 야포 4문, 45밀리 대전차포 6문, 14.5밀리 대전차총 9정을 보유했다. 중대는 61밀리 박격포 2문을 보유했다. 이 모든 무기는 소련이 제공한 것이었다.[97]

제105전차여단[98]은 1949년 5월 16일 제115전차연대를 증강해 평양에서 창설되었다. 제115전차연대는 1948년 12월 창설되었고, 열다섯 명의 소련군 군사 고문관의 지도와 지원으로 여단급으로 확장되었으며, 병력 약 6000명과 T-34 전차 120대를 보유했다.[99] 여단장은 유경수였다.[100] 이러한 주력부대들과 더불어 제17모터사이클 정찰연대, 제766독립보병연대, 제1·2·3·5·7경비여단이 조직되어 한국에 대한 기습 침공 시까지 지속적으로 증강되었다.

사단급 부대를 지휘 통제하기 위해 2개 군단 사령부가 구성되었다. 북한군 제1군단 사령부는 1950년 6월 10일, 제2군단 사령부는 6월 12일 창설되었다. 제1군단장은 김광협, 제2군단장은 김웅이 맡았다. 북한 민족보위성은 조선민주주의인민공화국 수립 선포와 동시에 북한군 최고사령부가 되었다. 민족보위성의 핵심 직위는 갑산파 인물들이 차지했다. 최용건 민족보위상, 김일 부상, 강건 총참모장, 김광협 작전국장(후임 유성철) 등이었다. 민족보위성 수석 군사 고문관으로 소련군 스미르노프 소장이 계속 활동했다.[101]

지금까지 '남조선 해방'을 위한 북한의 무장투쟁 수단 중 정규전 전력의 준비 과정을 살펴보았다. 이제 비정규전 전력, 즉 빨치산 활동의 이론적 · 실제적 준비와 전개에 관해 논의하고자 한다. 이 책의 제3장에서 논술한 바와 같이, 소련군 빨치산 투쟁의 원칙은 1944년 발간된 소련군《야전 근무 규정》에 처음으로 수록되었다. 그러나 소련군은 빨치산 전투의 운용 개념과 전략을 체계적으로 준비하지 못하고, 정규 작전과 조화롭게 운용하는 면에서 여러 가지 문제점을 드러내 보였다. 더욱이 북한이 소련의 빨치산 전투 관련 군사 교리를 북한군의 여건과 현실에 맞게 창조적으로 수용하고 발전시킨 흔적을 찾아보기 힘들다. 이처럼 빨치산 전투에 관한 소련의 군사 이론가와 군사 고문관들의 전략적 사고와 작전 원칙들이 북한군의 작전 계획과 수행 과정에서 실용화되지 못했다. 따라서 한국 내 빨치산의 활동이 북한군의 침공 작전에 기여하지 못한 것은 물론, 결국 빨치산 자체도 생존하기 어려웠던 것으로 추론할 수 있다.

그러나 김일성과 그의 동지들은 최소한 항일 유격 투쟁 과정에서 최대 200~300명 규모의 조직으로 전술적 수준의 경험을 축적했고,[102] 중국 내전에 참전했던 조선 의용군 간부들은 마오쩌둥의 빨치산 전술과 전략을 체험했을 것이다. 또한 북한은 제2차 세계대전 중 소련군이 구사했던 정규전과 비정규전의 배합 전략을 인식해, 한국 내 공산주의 빨치산 활동을 조직하고 지휘하는 데 있어서 소련군의 빨치산 부대 편성과 운용 방식을 모방했을 것이다. 이러한 관점에서, 북한이 '남조선 해방'을 위한 침공을 준비하면서, 한국 내 빨치산 활동을 어떻게 조종하고 통제했는지 살펴보려 한다.

　일본 식민 지배로부터 해방을 맞이한 후, 한국 내 공산주의 빨치산 조직이 생성되었다. 이들은 대한민국 건국을 방해하기 위해 시위, 파업, 테러 공격, 위조지폐 제작·유통 등의 합법적·비합법적 집단 투쟁을 통해 자신들의 정치적 의사를 관철해 궁극적으로는 사회주의 정부를 수립하고자 했다. 이들 투쟁 활동이 폭력적으로 변질되고 사회 혼란을 가중시키자, 미국 군정청은 1946년 2월 23일 군정법령 제55호[103]를 발령해 지하 활동을 금지하고 정당 소속과 당원 등록을 요구했다. 공산주의자들은 이를 거부한 채 도시와 농촌에서 집단 투쟁을 계속하면서, 산악 지형을 거점으로 본격적인 무장투쟁을 병행하기 시작했다.[104] 그리고 일련의 조직적 폭동과 반란이 이어졌다. 1946년 대구 10·1사건[105], 1948년 2·7총파업[106], 1948년 제주 4·3사건[107] 그리고 1948년 여수 순천 10·19사건[108] 등이 대표적 사례이다. 1948년 8월 15일 대한민국 정부 수립 후, 공산주의자들은 무장 투쟁을 통해 한국 정부를 전복시키고 북한군의 기습 남침을 지원하는 데에 진력했다. 1948년 12월 1일, 대한민국 정부는 '국가보안법'에 따라 공산주의를 공개적으로 찬양하거나 공산주의를 지원하는 불법 활동을 금지했다.[109]

　이러한 정치 상황의 발전과 투쟁 방식의 변화에 맞춰 빨치산의 지휘 체계와 조직 구조도 변화되었다. 남조선노동당 당수 박헌영과 수뇌부 및 측근들이 한국 안보 당국의 추적을 피해 1947년 북한으로 도피한 후 북조선

노동당이 한국 내 빨치산 투쟁을 지휘·통제하게 되었다. 이러한 북조선 노동당의 빨치산 투쟁 지휘 체계는 1949년 7월 1일 남조선노동당을 흡수해 조선노동당이 창건된 후에도 계속 유지되었다. 조선노동당 중앙위원회 산하에 한국 내 빨치산 활동을 총괄 지휘하는 '제14호실'이 편성되어 있었다. 박헌영은 중앙위원회 부위원장이었다. 북한 정권은 제14호실을 통해 평양의 '강동정치학원'[110]과 한국 내 3개 빨치산 여단을 지휘 통제했다. 이러한 체제로 강동정치학원에서 양성된 빨치산 핵심 대원들을 남파하여 한국 내 빨치산 부대와 조직적 투쟁을 전개하고자 했다. 제1여단은 오대산, 제2여단은 지리산 그리고 제3여단은 태백산을 중심으로 활동했다.[111] 각 여단 예하의 1개 빨치산 대대의 규모는 50~100명에서 400~500명으로 확충되었다.[112] 이러한 빨치산 대대의 규모는 이 책의 제3장에서 제시한 소련군 빨치산 대대의 규모와 일치했다. 또한, 한국 내 빨치산 활동을 중앙집권적으로 통제하기 위해 제14호실을 전담 조직으로 편성한 것도 소련공산당이 중앙위원회 산하에 '중앙 빨치산 전투 참모부'를 운영했던 것과 닮았다. 이것은 한국 내 빨치산 부대가 조직력을 보강해 체계적인 무장투쟁을 전개하는 데 소련 군사고문단의 영향을 받았고 소련군 군사 교리를 따랐음을 방증하는 대표적 증거이다.

공산주의 빨치산 부대들은 조선노동당 중앙위원회의 지령을 받아, 1949년 7월부터 10월까지 이른바 '하계 공세'를 전개했다. 이 대규모 무장투쟁은 남북한 38선 경계 지대는 물론, 한국 후방 지역 거점을 중심으로 시차를 두고 연속적으로 일어났다.[113] 북한 정권은 한편으로 한국 사회를 혼란에 빠뜨리고 '해방 구역'을 확산하여 대규모 주민 봉기를 도모하고, 다른 한편으로는 스탈린과 소련 지도부에게 한국 내 빨치산 무장투쟁이 '남조선 해방'에 기여할 수 있다는 확신을 주기 위해 이러한 대규모 '하계 공세'를 기획한 것으로 보인다. 이를 통해 김일성과 북한 정권은 스탈린의 환심을 사는 데 성공했다. 소련공산당 정치국은 1949년 9월 24일 한국 내 빨치산 투쟁, 해방 구역 확산, 주민 봉기 등을 독려함과 동시에 조선 인민 군의 무력 증강을 촉구하는 의결 사항을 채택하기에 이르렀다.[114]

빨치산 부대원들은 다양한 공산주의자들로 구성되었다.[115]

첫째, 1946년 10월 대구 10·1사건 이후 미국 군정 산하의 안보 기관에 의해 추적되었던 직업 혁명가들, 즉 한국식 볼셰비키들이었다. 둘째, 남조 선노동당 지도부에 속했던 예비역 군인들이었다. 셋째, 남조선노동당 청년당원으로서 일정 기간 북한의 강동정치학원에서, 추후 회령 군관학교[116]에서 정치 및 군사 수업을 받은 후 남파된 인원들이었다. 넷째, 북한 출생으로 북한에서 빨치산 훈련을 수료한 후 한국 내 빨치산 부대에 합류하여 북한 정권의 지령에 따라 활동했던 인물들이었다.

빨치산 부대원의 무장은 각양각색이었고 단순했다. 최초 일본제 38식·99식 소총, 도검, 죽창 그리고 사제 무기류로 무장했고 이어 전투에서 노획한 미국제 카빈 소총과 M-1 소총을 사용했다.[117] 빨치산 부대는 북한 지도부에 무기와 탄약 지원을 요청했지만, 북한으로부터 무기와 탄약을 공급받은 증거는 찾을 수 없었다.[118] 북한에서 파견된 빨치산 요원들은 일본제 99식 소총, 경기관총, 수류탄, 폭약으로 무장했고, 독극물, 사진기, 무전기 등을 갖추고 있었다.[119]

한국 내 빨치산 활동은 1946년 대구 10·1사건[120] 이후 2년 동안 전개되었고, 1948년 11월부터 북한의 강동정치학원과 회령 군관학교에서 양성된 빨치산 요원들로 증강되었다.[121] 1950년 3월까지 북한에서 약 10회에 걸쳐 남파된 빨치산 요원들은 2400명에 달했다.[122] 1949년 가을에만 약 800명의 빨치산 간부들이 남파되었다.[123] 미국 군사고문단이 1950년 3월 10일 작성한 통계에 따르면, 1949년 말 전라도 지역에서 1030명, 한국 전역에서 2,850명의 빨치산 부대가 활동했다.[124] 그러나 1950년 봄까지 공산주의 빨치산 부대들은 한국 군경의 성공적인 토벌 작전으로 완전히 소탕되었다. 한국의 빨치산 토벌 작전 부대들은 전라도의 지리산, 강원도의 태백산, 경상도의 소백산 소재 공산주의 빨치산 활동의 근거지를 포위해 파괴하는 데 성공했다. 1950년 3월에 들어서 전라도 지역의 빨치산 규모는 342명에 불과하게 된다.[125] 이처럼 한국 내 빨치산 활동 규모가 급격히 감소한 것은 북한 정권이 빨치산 투쟁을 지도하고 지원하는 데 실패했음을 입증한다. 한국 내 빨치산 활동이 난관에 봉착하게 되자, 김일성도 빨치산 투쟁의 성공 가능성에 관해 상이한 시점에서 상이한 언급을 했다. 그는 낙관과 비관을 오가는 입장을 보였다.[126]

5. 소련의 전쟁 물자 공급

북한은 6·25전쟁을 준비하고 수행하는 기간에 소련으로부터 거의 모든 물적 지원을 받았다. 더욱이 북한의 발전은 소련의 기술 전문가들에게 전적으로 의존할 수밖에 없었다.[127] 1949년 3월, 최초로 한국에 대한 북한의 무력 침공 문제가 논의되었던 북한 대표단과 소련 지도부의 모스크바 회담에서, 소련이 북한에 경제 및 기술 원조를 제공하는 공식 계기가 마련되었다.[128] 이 회담은 '조소경제·문화협정'의 체결로 종료되었다. 이 협정에는 물품 교환과 지급, 기술 지원, 교역, 문화, 예술 분야 협력 그리고 1950년까지 5억 4,600만 달러의 차관 지원 등에 관한 양자 합의 사항이 명시되었다. 이에 따라 북한은 소련으로부터 군수물자 등을 지원받는 대가로 쌀을 비롯한 식량, 광물 등을 소련에 공급할 의무를 지게 되었다.[129]

당시 중국 공산주의자들은 내부의 적을 완전히 극복하지 못했고 산업 수준도 열악했기 때문에 북한군을 위해 현대식 장비를 제공할 수 있는 형편이 아니었다. 중국 내전에서 승리한 후에도 중국 공산주의자들은 산적한 문제들에 직면해 있었다. 그들은 정치·군사 상황의 안정을 우선시했다. 이를 위해 타이완 침공이 필요하다고 여기고 있었다. 더욱이 중국 경제의 사정이 심각했다. 중국으로서는 내전으로 인해 훼손된 경제를 복구해 공산주의 방식으로 발전시키는 것이 급선무였다.[130]

1949년 3월, 조소경제·문화협정이 체결되기 전부터 소련의 물적 지원은 진행되었다. 1947년 5월, 북한군 최초로 2개 보병사단을 창설하기 위해 소련제 무기와 장비들이 도입되었다.[131] 1948년 말 소련군의 철수 시, 북한군은 소련군 장비 및 물자를 인수해 북한군 제3보병사단과 제4보병사단의 전신인 제4독립혼성여단, 제105전차여단의 전신인 제115전차연대를 편제했다.[132] 조소협정 후에는 전차, 야포, 오토바이, 항공기, 함정, 소총, 탄약 등의 군수물자 공급이 증가하는 추세를 보였다. 이러한 소련의 지원은 1949년 가을부터 1950년 6월 북한의 남침 직전까지 9개월 동안 집중되었다.[133] 1949년 5월 1일, 김일성은 소련군 무기와 탄약의 지원을 요청하는 서신을 스탈린에게 보냈고, 스탈린은 1949년 6월 4일 이를 승인했다.[134] 이러한 양자 협정과 노력을 통해 북한군은 급속히 성장했다. 1949년 12월, 북한 공군은 소련 IL-10, YAK-9, PO-2 등의 기종으로 편성된 1개 비행사단을 보유하게 되었다.[135] 같은 시기에 북한 해군은 소련 함정을 보유하고 있었다. 제105전차여단이 완전한 편제를 갖추도록 1950년 4월까지 T-34 전차, 76.2밀리 자주포, 화물차 등이 도입되었다.[136]

1950년 4월, 스탈린이 김일성의 남침을 최종 승인한 후 소련군 전쟁 물자의 공급은 더욱 급속히 증가했다. 왜냐하면, 추가 계획된 부대 편성을 진행하기 위해, 이에 관한 북한의 모든 요청 사항을 지체 없이 실행하라는 스탈린의 지시가 있었기 때문이다.[137] 주영복은, 1950년 4월 중순 블라디보스토크에서 출항한 대형 화물선 6척이 청진에 입항해 T-34 전차, 여러 유형의 야포, 대전차포, 박격포, 정비 부속품, 연료, 의무·공병·통신 물자 등을 하역하는 상황을 목격했다고 증언했다.[138] 곤차로프도 소련군 총참모부의 통계를 기초로, 1949년부터 1950년 4월 김일성이 모스크바에서 복귀한 시기를 계기로 전쟁의 최종 준비 단계까지 소련군 무기 공급이 대폭 증가했다고 서술했다.[139] 1950년 5월 27일 시티코프 대사는, 양자의 합의대로 소련군 무기 및 물자들이 북한에 도착했다고 스탈린에게 보고했다.[140] 주영복의 회고록도 이를 증명하고 있다. 북한군은 대량의 포병 화기를 비롯하여 T-34 전차 약 150대와, YAK-전투기 40대, YAK-폭격기 70대, 정찰기 10대, 훈련기 10대 등 항공기 약 180대를 보유하게 되었다. 북한군 해군은 해안 방어를 위해 함정 16척으로 무장되었다.[141]

북한은 소련 전문가들의 기술 지원 덕분에 일부 군수물자를 독자적으로 생산했다. 1948년 3월, 기관단총의 시제품이 생산되었다. 1948년 12월, 기관단총을 시험 사격하는 자리에서 김일성은 권총, 박격포, 수류탄, 탄약 등을 생산하는 군수공장을 설립할 것을 지시했다. 이에 따라 평양 근교에 설립된 제65호 군수공장에서 군수물자를 생산했다.[142] 이 밖에도 1949년 8월 30일, 원산과 남포 조선소에서 각각 해안 경비정 제41호와 제51호를 건조했다.[143] 물론 당시 북한의 기술 수준을 고려할 때, 소련 기술 고문관들의 지도와 지원으로 소련제 부품들을 조립하는 데 그쳤을 것으로 추정된다.

6. 소련 군사고문단에 의한 북한군의 전투훈련

1948년 1월, 김일성과 최용건은 강계에서 실시된 포병 사격 훈련을 참관했다. 이들은 높은 명중률에 놀라움을 표했고, 주한 미군만 철수한다면 자신들의 포병으로 이승만 정권을 타도할 수 있다고 확신했다.[144] 1949년 한 해 동안, 각 병과별 교육 훈련이 증가했으며, 중화와 황주에서 주로 훈련했다. 주영복은, 1949년 7월 민족보위성 소속 참모장교들과 함께 통신 종합 연습에 참가해 공병 운용을 주제로 강의했다고 증언했다.[145] 이러한 방식으로 각 병과별 교육 훈련이 진행되었을 것으로 추정된다.

1949년 7월, 민족보위성 전투훈련국이 통제하는 대부대 기동연습이 처음으로 실시되었다. 이 기동연습의 주제는 전차 및 포병 부대로 증강된 보병사단의 공격작전이었다. 이와 동시에 군단 지휘소와 사단 지휘소의 지휘 및 참모 활동 절차를 숙달했다. 조선 인민군 총참모장 강건이 군단장 역할, 김광협이 군단 참모장 역할을 수행했다. 이 기동연습에는 약 열 명의 소련 군사 고문관, 포병 사령관 무정, 문화 부사령관 김일, 전투 훈련국장 김웅 등을 비롯한 장령과 군관들이 참가했다.[146] 이 시점에는 아직 북한군의 군단 사령부가 창설되지 않은 상태였다. 그럼에도 불구하고 북한군은 이러한 기동연습을 통해 작전 수준에서 군단 및 사단 사령부의 지휘관과 참모들의 능력을 배양했던 것이다. 이 연습에 참가했던 인물 중에서 김광협과 김웅은 1950년 6월 각각 제1군단장과 제2군단장에 임명되었다. 여기서, 북한 정권은 스탈린의 최종 승인 전부터 한국에 대한 무력 침공을 기본 전제로 조선 인민군을 편성하고 훈련했다는 점을 알 수 있다.

1949년 8월, 북한군 제105전차여단은 주둔지를 벗어나 첫 번째 전투 기동훈련을 실시했다. 1949년 10월부터 12월까지 민족보위성 전투훈련국장 김웅이 주관하고 소련 군사고문단이 동참한 가운데 북한군 제5·6보병사단의 전투 기동 능력에 대한 검열이 이루어졌다. 1949년 여름 중국 인민해방군에서 귀환한 이들로 편성된 이 두 사단은 공격작전 상황에서 수검했다. 소련 군사고문단은 제6보병사단의 능력에 대해 풍부한 전투 경험을 보유한 점은 인정하지만, 체계적 작전 계획의 수립 능력과 군사 이론

지식 면에서 결함이 있다고 강평했다.[147] 북한 민족보위성을 대표해 김웅도 제6보병사단이 다른 사단들에 비해 우수한 전투 수행 능력을 구비하고 있지만 작전 계획의 수립과 시행, 제병 협동 능력은 보완해야 한다고 강평했다.[148] 다시 말하면, 북한군 제6보병사단은 중국 내전에서 축적한 전투 경험을 기초로 소련군 군사 교리와 작전 수행 원칙을 숙지해 전면적인 기습전을 실행하기 위한 능력을 향상해야 한다는 의미였다. 이후 북한군 제6보병사단은 6·25전쟁 중 가장 성공적인 작전을 수행하게 된다. 이 사단은 1950년 9월 15일 유엔군의 인천 상륙 작전으로 인해 패색이 짙은 상황에서도 다른 사단들처럼 지리멸렬하지 않고 조직적인 후퇴를 했던 유일한 부대였다.

조선 의용군은 무엇보다 중국의 '사람이 무기를 능가한다'는 사상을 바탕으로 한 전투를 경험했다. 이 관념에 따르면, 전쟁에서 의지, 신념, 창의, 유연성 같은 인간의 본성이 무장과 기술에 비해 더욱 결정적 요소이다. 중국 지도부는 이 요소들이 사상적 교화를 통해 강화되어야 한다는 신념을 갖고 있었다.[149] 마오쩌둥은 중국 내전을 통해 증명된 이 교의를 기초로 우세한 군사력을 보유한 적을 이길 수 있는 원칙들을 발전시켰다.

1. 전쟁이란 고유의 법칙과 특성이 있는 사회현상이다. 따라서 군사전략적 사고의 본질은 전쟁 상황의 법칙을 연구하는 데 있다.
2. 전쟁은 정치·경제·문화·정신적 요소를 지닌 복잡한 사회현상이다. 이 모든 요소들은 전쟁에서 군사적 능력에 의해 영향을 받고 제어될 수 있다. 즉 군사적 능력이란 군사전략적 사고의 출발점이다.
3. 군사적 능력은 적대적 모순 요소를 조화시키는 법칙에 따라 달라진다. 마오쩌둥은 군사적으로 열세한 국가가 군사 지도부의 역동적 역할과 지혜로운 전략을 통해 우세를 점할 수 있다고 여겼다.

4. '지피지기 백전불태'(적을 알고 나를 알면 백번 싸워도 위태롭지 않다)
   라는 손자의 명제를 마오쩌둥도 중시했다.[150] 마오쩌둥은 모든 지휘관
   과 사령관들이 결심을 내리거나 작전 계획을 수립하기 전에 적과 우리
   의 상황을 정확히 파악해야 한다고 강조했다.
5. 우세한 적에 최종 승리를 거두려면 장기전 전략을 추구해야 한다. 이 원
   칙의 효과는 중국 내전에서 분명히 입증되었다. 이 장기전 전략에 따라
   열세한 편은 시간을 최대한 활용해 수세에서 공세로 전환해야 한다.[151]

이러한 원칙에 따라 숙련된 조선 의용군 출신 부대들도 다른 북한군 부대들과 마찬가지로 소련 군사 교리의 원칙들을 구현해야만 했다. 앞서 제시한 북한군 제5·6보병사단의 사례와 같이, 1950년 봄까지 사단 단위로 일련의 전투 기동훈련이 이루어졌다. 1950년 4월부터는 민족보위성과 총참모부의 주관으로 대대적인 검열이 진행됐다. 이 검열은 정치사상 교육, 체력 훈련, 경계 근무 등을 포함한 모든 군사 교육 훈련 분야를 대상으로 경연대회 형태로 실시됐다. 이 검열 결과, 제2보병사단이 최우수 부대로 선정되었고, 제1보병사단, 해군, 제3보병사단, 제6보병사단, 제4보병사단, 제7보병사단, 제5보병사단 순으로 서열이 평가됐다.[152] 1950년 5월부터 6월 사이에는 모든 사단급 부대가 그동안의 전투 기동훈련과 검열에서 도출된 미비점을 보완하기 위해 최종 기동연습을 실시했다. 이와 병행해 군관 수첩, 교범, 군수물자 등이 추가 분배됐다.[153]

7. 소련 군사고문단이 주도한 한국 침공 계획

김일성이 모스크바에서 복귀한 직후인 1950년 5월 초, 한국 침공 계획

을 수립하는 작업이 시작되었다. 이 작업에는 '위대한 조국전쟁'에서 소련의 영웅 칭호를 받은 바실리예프 중장을 비롯해, 소련군 군단장을 역임한 북한군 총참모부 군사 고문관인 포스트니코프Peter Konstantinovich Postnikov 소장, 북한군 정치국 군사 고문관 마르첸코Vasili Marchenko 소장 등이 참여했다.[154] 당시 북한군 총참모부 작전국장 유성철의 증언에 따르면, 소련 군사 고문관들은 북한군이 사전에 수립한 작전 계획 초안이 수세적이라는 이유로 동의하지 않았다.[155] 이 '수세적'이라는 평가는 적어도 1년 동안 무력 수단에 의한 '남조선 해방'을 부르짖었던 북한 정권과 군이 침공 계획 하나 제대로 수립하지 못했음을 의미한다. 따라서 소련 군사 고문관들은 북한군과 구체적인 협의 없이 며칠 만에 침공 계획을 수립해 총참모장 강건에게 넘겨주었고, 강건은 러시아어로 작성된 이 계획을 한국어로 번역하게 해 김일성에게 보고했다. 북한 정권은 이 계획이 소련 지도부에 의해 승인된 것으로 여겼다. 소련 군사 고문관들은 이 계획의 초안을 '선제 타격 계획'이라고 명명했지만, 공식적으로는 '반격 계획'이라고 표기했다.[156] 시티코프가 모스크바로 즉각 보고한 바와 같이, 1950년 6월 25일 김일성은 북한군 모든 부대에 '반격'을 명령했다. 그런데 시티코프는 자신의 전보에 항상 '계획된 공격'이라고 표기했고 내부 보고서에서도 위장 명칭을 사용하지 않았다.[157] 북한의 작전 계획은 한국의 선제공격에 대응하는 반격 계획이 아니라 선제 침공 계획이었다.

이처럼 침공 계획을 완성하는 과정에서, 소련 군사 고문관들이 초안을 수립한 후 소련 군사고문단과 북한 지도부 사이에 침공 개시 시점에 관한 이견이 있었던 것으로 보인다. 김일성은 베이징 방문 하루 전인 1950년 5월 12일 시티코프에게, 6월이 침공을 개시하는 데 적절한 시점이고, 이에 따라 총참모장에게 모든 필요한 지시를 하달했지만, 그때까지 모든 준비의 완료 여부는 확언할 수 없다고 말했다.[158] 바실리예프와 포스트니코프는 모든 부대가 모든 무장을 갖추고 전체 군관의 보충이 완료되는 7월이 최적의 시점이라고 보았다. 그러나 김일성의 제안이 최종 수용됐다. 7월이면 우기가 시작되고 침공 개시 시점이 늦춰질수록 누설될 위험이 커진다는 우려에서였다. 시티코프의 표현대로, '흔쾌히' 수용된 것은 아니었다.[159] 시티코프가 1950년 6월 16일 모스크바로 보고한 바와 같이, 북한군이 6월 25일 침공을 개시해 한국을 '해방'시키는 세부 계획이 6월 15일 완성되었다. 이 계획은 전체적으로 그대로 실행되었지만 남침 개시 4일 전 부분 수정이 있었다. 최초 38도선 2개소에서만 침공을 개시하려던 계획을 38도선 전 전선에 걸쳐 동시에 침공을 개시하는 것으로 바꾸었다. 북한군의 전면 기습 침공 의도를 실행 직전까지 은폐하기 위한 기만 술책이었을 것이다.[160]

이 침공 계획은 스탈린이 1950년 4월 모스크바에서 북한의 무력 남침을 공식 승인하면서 제안한 구상을 기초로 수립되었다. 북한 지도부는 스탈린의 구상에 따라 다음과 같이 3단계 접근을 시도해야 했다.[161] 첫째, 38도선 일대에 북한군 공격 부대 집중 배치, 둘째, 한국에 대해 평화 통일을 호소하는 제안 발표, 셋째, 이러한 북한의 제안에 대한 한국의 거부 후 군사행동의 개시 등이었다. 이러한 연출 각본에 따라 북한 지도부는 북한의 남침은 한국의 북침에 대응하는 조치라고 조작하고, 평화 통일을 위해 모든 노력을 기울이지 않았다는 비난을 피하고자 했다. 이 각본은 소련이 핀란드와의 '동계 전쟁' 당시 소련군 총참모장 메레츠코프가 수립한 '반격 계획'과 유사하다. 그 계획은 핀란드군이 약체이고 국민들이 핀란드 정부를 불신하기 때문에 14일 작전으로 승리할 수 있다는 예상이 기초가 되었다. 소련은 '반격 작전'으로 표방하기 위해, 핀란드군이 포격할 가치가 전혀 없는 국경의 '마닐로' 지역을 먼저 포격한 것처럼 꾸몄다.[162] 이러한 소련의 경험이 6·25전쟁에도 그대로 반영된 것이다. 북한이 1950년 6월

25일 치밀하게 계획하고 준비한 침공을 감행했다는 일련의 확고부동한 증거에도 불구하고, 이 전쟁에 관해 북한과 소련 측 주장을 대변하지 않는 역사가들조차도 1990년대까지 북한의 침공 개시 사실에 대해 다소간의 의문을 표했다. 예컨대, "1950년 6월 25일 실제로 무슨 일이 일어났는가?", "누가 이 음울한 날 새벽에 먼저 발포했는가?" 등을 들 수 있다.[163] 따라서 스탈린과 김일성이 자신들의 침공을 '반격'으로 위장할 수 있다고 계산한 것은 얼마간 성공적이었다.

이처럼 '반격'으로 위장된 '선제 타격 계획'은 소련의 군사 교리와 일치한다. 소련은 침략 전쟁을 일으키지 않지만, 적의 침략을 즉각 반격해 적국의 영토로 전장을 확대한다는 원칙을 소련이 해체될 때까지 표방했다.[164] 또한 이 침공 작전 계획은 스탈린이 1950년 4월 모스크바 회담 중 전쟁은 '전격적으로' 수행되어야 한다고 김일성을 일깨웠던 것과 일치했다. 그래야만 적이 수습할 기회를 박탈하고 무엇보다 미국의 개입 여지를 없앨 수 있다는 것이었다. 이에 대해 김일성은 3일 만에 종결할 수 있다고 교만에 찬 표현을 했다. 북한 정규전 부대의 전격적 진격은 빨치산 활동과 주민 봉기와 배합되어 미국이 개입하기 전에 신속한 승리를 가져다줄 것이라는 계산에서였다. 한국 내 약 20만 명의 조선노동당원들은 그동안 증강된 빨치산 역량과 더불어 한국 정권을 전복시키는 투쟁을 전개할 것으로 기대했다.[165]

이러한 모든 구상은 침공 작전 계획을 수립하는 데 기초가 되었다. 유성철에 따르면, 포병 사령관 김봉율, 포병 사령부 참모장 정학준, 공병국장 박길남 등이 그와 함께 계획 수립 과정에 참여했다. 이들은 모두 한국계 소련인이었다. 작업의 비밀 유지를 위해 러시아어를 모르는 연안파는 배제되었다. 작전 계획의 번역 작업은 약 1개월간 진행되었다. 전체 작전 계획은 공격작전 계획, 육·해·공군 전개 계획, 군수 지원 계획, 부대 훈련으로 위장하기 위한 기만 계획 등으로 구성되었다. 이러한 일련의 계획들은 김일성에게 보고되었고, 김일성은 '승인' 서명했다.[166] 공격작전 계획에는 기본문과 병과별 부록이 포함되었을 것이다. 주영복에 따르면, 민족보위성 공병국장실에서 러시아어로 작성된 공병 계획을 우리말로 번역해 각 보병사단 예하 공병대대와 독립 공병연대에 하달했다. 소련군 군사 고문관 돌기O. S. Dolgiy 대령이 러시아어로 작성된 6~7쪽 분량의 계획을 주영복에게 건네주고 번역 작업이 완료될 때까지 감독했다. 이 계획의 요지는 제1단계 작전에서 전방에 배치될 예정인 7개 보병사단과 제105전차여단의 공격 축선상의 기동로를 개방 유지하는 것이었다.[167] 1950년 5월 말, 북한군 총참모부는 소련 군사고문단과 공동으로 북한군이 38도선에 부대를 집중 배치할 수 있는 준비를 완료했다고 스탈린에게 보고했다. 침공 개시 시점은 김일성의 제안대로 6월 25일이었다.[168] 이에 따라 북한군 주력은 1950년 6월 12일 38도선 북방 10~15킬로미터 일대의 집결지로 이동을 개시했고, 이러한 전진 배치는 6월 23일까지 완료되어야 했다.[169]

1950년 6월 15일, 시티코프는 침공 계획을 완료했다고 스탈린에게 보고했다. "침공은 세부 계획에 따라 여명에 개시할 것입니다. 제1단계 작전에서 조선 인민군은 옹진반도에서 국지전이 일어난 것처럼 가장한 공격을 개시해 주 타격 방향은 서해안을 따라 남쪽을 지향할 것입니다. 제2단계 작전에서 서울을 점령하고 한강을 장악할 것입니다. 동시에 동부전선에서는 춘천과 강릉을 해방시킬 것입니다. 그리하여 한국군의 주력을 포위 섬멸할 것입니다. 제3단계 작전에서 인구 밀집 도시들과 중요 항구들을 접수함으로써 잔적을 소탕하고 한국의 남은 지역들을 해방시킬 것입니다."[170] 이 작전 개념은 아래 제시하는 다른 사료들의 내용과 일치한다.

북한군 총참모부가 1950년 6월 20일 각 사단에 하달한 러시아어 정찰명령과 투명도형 작전 계획을 근거로 반격을 위한 작전 개념은 다음과 같이 재구성할 수 있다.[171] 전체 작전은 세 단계로 수행하며 3~4주 내 종결하도록 계획되었다. 제1단계에서, 적 주저항선을 돌파한 후 적 주력을 포위해 격멸한다. 3일 내 서울을 점령하고, 수원-원주-삼척 선까지 진출한다. 제2단계에서, 적 예비 역량을 포위 격멸하고, 군산-대구-포항 선까지 진출한다. 제3단계에서, 한국 지역 내 잔적을 소탕하고, 여수-목포-부산 선까지 진출한다.

라주바예프 중장이 1951년 11월 14일 소련군 총참모부에 보고한 전쟁 경과 보고서에 따르면, 북한군의 '반격'은 남해안까지 총 350킬로미터의 종심까지 네 단계로 수행하도록 계획되어 있었다. 제1단계에서, 국경 지대에서 적 주력의 방어 지역을 돌파한 후 서울을 접수하고, 수원-원주-삼척 선까지 진출한다. 연안반도와 옹진반도, 예성강 서쪽 지역을 완전히 해방시킨다. 작전 기간은 5일, 작전 종심은 90킬로미터였다. 제2단계에서, 후방으로부터 투입된 적 예비 역량을 격멸하고, 천안-제천 선까지 진출한다. 작전 기간은 4일, 작전 종심은 40~90킬로미터였다. 제3단계에서 후퇴하는 적 역량을 추격하고, 대전-선산 선까지 진출한다. 작전 기간은 10일, 작전 종심은 90킬로미터였다. 제4단계에서, 적을 추격하면서 저항 근거지를 파괴한다. 공격 부대 주력을 편성하여 임실(전주 남동방 25킬로미터)-거창-왜관(대구 북서방 20킬로미터)-포항 선까지 진출한다. 서해안을 따라 공격하는 기동부대는 부산까지 공격해 한국군 잔여 역량의 퇴로를 차단하고 완전히 섬멸한다. 작전 종심은 40~80킬로미터였다.[172]

그러나 실제로는 최초 단계의 북한군 침공 작전이 다르게 전개되었다. 라주바예프가 전쟁 중이던 1951년 11월 보고한 대로, 제1단계에서 옹진반도의 '완전한 해방'은 계획에 명시한 것만으로도 '한국의 침공에 대한 반격'으로 위장하는 의미가 있었지만 실제 상황은 그렇게 진행되지 않았다. 국지전 또는 '국지전에서의 반격'을 발판으로 전면전을 수행하려 했던 의도는 침공 수일 전 38도선 전 전선에서 기습 공세를 동시에 개시하는 것으로 바뀌었다. 그 이유는 한국이 방어력을 발휘할 기회를 박탈하는 데 있었다. 이 변경 사항은 김일성의 요청에 따라 시티코프가 6월 21일 보고하여 모스크바의 공식 승인을 얻었다.[173] 이처럼 기습 침략을 개시함에 있어서 옹진반도 전투의 교두보 기능은 군사적 의미를 상실했다.

라주바예프 보고서에는 비록 전체 작전 기간이 명시되어 있지 않았지만, 북한군의 작전 단계와 실제 진행된 작전 경과는 거의 일치했다. 제1단계 작전은 계획대로 5일간 진행되었고 완전한 성공을 이룩했다. 1950년 6월 28일, 북한군은 서울을 점령했고 한국 경찰과 반동분자들의 '숙청 작업'에 2일이 추가 소요되었다.[174] 제2단계 작전에서 북한군의 주력은 천안-제천 선에 도달하도록 계획되어 있었다. 북한군 공격 부대 선두는 계획보다 3일 늦은 7월 7일 새벽에 진입하는 데 성공했다.[175] 제3단계 작전에서 북한군은 7월 17일과 18일에 대전까지 진출했다. 작전 계획보다 3~4일 지연되었다.[176] 제4단계 작전의 기간은 예외적으로 명시되지 않았다.[177] 그리하여 전체 작전 계획을 시행하는 데 있어서 지연된 시간은 최대 4일이었다. 공격작전은 거의 계획한 대로 시행되었다는 인상을 주면서 추후 논란거리가 되지 않도록 고심한 흔적이 보인다. 이러한 보고 내용의 이면에는 소련 군사고문단이 주도했던 최초 계획의 실효성과 적합성을 미화하고, 그 계획과 북한군 시행의 차이를 최소화하려는 라주바예프의 의도가 숨어 있을 수 있다.

전반적으로 사실과 일치하지만, 라주바예프는 북한군 제7보병사단이 전쟁 발발 1주일 후 춘천 전투에서 실패해 제12보병사단으로 개편된 사실은 침묵했다.[178] 오직 제12보병사단을 언급했다. 그러나 이러한 보고서의 결함에도 불구하고 그의 자료를 토대로 북한군 사단별 작전선을 구체적으로 조명할 수 있게 되었다.

제1단계에서 서측으로부터 제6·1·4·3보병사단과 제105전차여단을 전방에서 운용했고, 제13·15보병사단을 제2제대로 운용했다. 이와 같이 편성된 북한군 제1군단은 북한군의 주 타격 부대로서 한국의 수도 서울을 공격하는 서부전선을 담당했다. 중부전선에서는 제2·7보병사단과 제12모터사이클 정찰연대를 전방에 투입했고, 1개 연대가 감소 편성된 제5보병사단을 제2제대로 운용했다. 이와 같이 편성된 북한군 제2군단이 보조 타격 부대로서 춘천-수원 방향으로 공격해 주 타격 부대와 협동으로 한국군의 주력을 포위 섬멸하고자 했다. 동부전선에서는 제776독립보병연대가 동해안에 상륙하여 대관령-원주 방향으로 공격하고 제5보병사단의 10연대를 제2제대로 운용해 서부와 중부 전선의 공격 여건을 조성하고자 했다.[179]

　북한 정권은 서울을 점령하면 한국군의 주력이 격멸되기 때문에 승리는 결정될 것이라고 예상하고 있었다. 이후의 북한군 공격작전은 쉽게 한국의 전략적 종심까지 진행될 수 있을 것으로 기대했다.[180] 이러한 판단에 따라 북한군은 제1단계 작전에서 홍천-춘천 방향으로 공격했던 제2·5·7보병사단이 한국군의 주력을 격멸하고 서울을 점령하는 데 기여하도록 중심을 형성했다.[181] 이러한 작전술은 북한 정권이 무엇보다 한국 내 전면적 주민 봉기를 과도하게 기대했고 한국군의 지속적 저항 능력을 평가절하한 결과였다.

　실제 전쟁은 소련 군사고문단과 북한 정권의 기대와는 다소 다르게 전개되었지만, 그들의 기본 작전 구상은 적절했다. 클라우제비츠가 정립한 중심의 원리를 적용하여 평가해보면, 그들은 수도 서울을 전략적 중심으로, 한국군의 주력을 작전적 중심으로 선정하여 작전 계획을 발전시킨 것이다. 클라우제비츠는 전체 작전은 중심에 의존해야 하며, 적의 중심에 모든 가용 역량을 집중해야 한다고 주장했다.[182] 클라우제비츠는《전쟁론》

제8편에서 프랑스를 상대로 공격 전쟁을 수행하는 상황을 가정하여 중심의 실제 적용 사례를 제시했다. 만일 전쟁의 목표가 적을 격멸하는 것이라면 수도 파리와 프랑스군의 주력을 중심으로 간주해야 한다는 것이었다.[183] 이러한 사고법은 클라우제비츠 이래 전혀 변하지 않았다.

북한군이 제1단계 작전 목표를 달성하지 못한 원인에 관해서는 이 책의 제5장에서 상세히 논의할 것이다. 여기서는 북한군의 '반격 작전' 계획이 소련 군사 교리의 '종심 깊은 작전' 원칙은 물론, 제2차 세계대전의 경험 요소들과 동일한 맥락에서 작성되었다는 사실을 적시하고자 한다. 왜냐하면 기습 공격, 돌파, 속도의 가속, 종심 깊은 기동, 포위 및 격멸 같은 요소들이 본질적으로 소련군의 '종심 깊은 작전'과 일치하기 때문이다. 그러나 북한군은 소련군과는 달리 전략적·작전적 예비 부대와 후방 조직의 역량을 충분히 준비하지 못했다.[184] 이러한 결함은 아마도 북한 정권과 모스크바 지도부가 속전속결을 통한 북한의 신속한 승리를 너무 쉽게 예단했고, 침공 개시 시점을 결정하는 과정에서 충분한 작전 준비의 중요성을 지적한 소련 군사 고문관들의 견해가 잘 받아들여지지 않았기 때문에 나타난 결과였을 것이다. 이 문제는 라주바예프가 확인한 바와 같이 1951년 봄부터 비로소 보완되기 시작했다[185] 그럼에도 불구하고 북한군은 소련군을 모방해 무장하고 훈련했으며, 소련군의 작전 원칙에 따라 작전을 수행했다. 이 과정에서 기갑부대가 북한군 공격 역량의 핵심을 형성하여 적지의 종심 깊이 돌파했다. 1949년 하트Liddell Hart는 이러한 소련군 기갑부대의 핵심 역할에 대해 다음과 같이 평가했다.[186] "소련군의 주 전투력은 지상군이 보유하고 있다……지상군 내에서는 기갑부대가 창끝 전투력이다."

북한군 제103전차여단은 3개 전차연대와 1개 기계화보병연대로 구성되어 있었다.[187] 이 부대는 제1군단과 함께 북한군 전체 공격작전의 중심 전투력이었다. 1개 전차연대는 개성-서울 축선을 따라 공격하는 북한군 제1·6보병사단과 협동작전을 수행했고, 1개 전차연대를 제외한 여단의 주력은 제3·4보병사단과 함께 제1군단의 중심을 형성하여 협동했다. 제2군단 작전 지역에서는 추가로 30대의 전차가 운용됐다.[188] 북한군의 전차부대는 제1단계 작전에서 주 타격 방향에 집중 투입되었지만, 이후 단계의 작전에서는 그렇게 운용되지 않았다. 한국의 다수 전문가들은 한국의 지형 조건에서는 전차부대의 집중 운용이 불가능할 것이라는 견해를 갖고 있었다. 6·25전쟁 발발 이틀 전 이임한 미국 군사고문단장 로버츠William L. Roberts 준장도 전차부대가 기동하기에는 "도로가 너무 협소하고 논바닥이 너무 연약하다"고 평가하면서, 경솔하게도 북한도 유사한 평가를 할 것으로 예상했다.[189]

한반도 지형은 산악 지대 70퍼센트, 평야 지대 30퍼센트로 형성되어 있다. 산악 지대는 크고 작은 규모의 산, 능선, 구릉으로 형성되어 있으며, 산과 구릉 사이로 길고 짧은 회랑들이 발달해 있다. 북고남저, 동고서저의 지세와 더불어 대부분의 도로망이 종적(남북)으로 발달해 있어 북한군이 공격 속도를 높이는 데 유리했다. 단지 대부분의 하천이 동에서 서로 흐르고 있어 공격 속도의 유지에 불리했다. 따라서 북한군은 회랑을 따라 전차부대 위주의 공격 부대가 한국군의 방어 정면을 압박하는 가운데, 보병부대가 능선을 따라 한국군 방어 부대 주력의 양측 방향으로 침투 기동해 포위 섬멸하는 방식, 즉 양익 포위 전법을 선택할 수밖에 없었을 것이다. 이양익 포위의 공격 기동 형태는 작전술 수준뿐만 아니라 전술 수준에서도 한반도 지형 구조에 적합했다. 이러한 북한군의 공격 기동 전법은 소련군의 전법과 닮았다. 북한군의 기동 방식은 즐로빈 중장과 베토시니코프 소장이 1947년과 1949년에 제2차 세계대전의 경험을 토대로 제시한 세 번째 유형의 공격 기동 방식을 준용한 것이었다.[190]

북한군의 제1단계 작전에서는 예비 전투력의 결정적 역할이 요구되지 않았다. 북한군이 서울을 3일 만에 점령한 것은 제2차 세계대전에서 소련군이 수행한 공격작전의 복사판이었다. 당시 소련군 공격 부대들은 보통 적의 제1방어(지대)선을 공격 1일차에, 제2방어선을 공격 2일차 또는 3일차에 극복했다.[191] 더욱이 북한군 공격 부대의 밀도를 소련군과 비교하면 매우 흥미롭다. 북한군의 공격 정면은 38도선을 연하여 약 250킬로미터에 달했다. 이것은 제2차 세계대전에서 소련의 한 전선군이 '종심 깊은 작전' 개념에 따라 취했던 공격 정면의 폭과 비슷하다. 소련군 1개 전선사의 공격 정면은 약 250~300킬로미터, 종심은 약 150~200킬로미터였다. 그러나 북한군 공격 정면의 밀도와 작전 수행 능력은 소련군 전선군보다 현저히 약했다. 소련 1개 전선군은 보통 20~30개의 보병사단과 2~3개의 전차군단으로 편성되었고, 주공 정면은 60~80킬로미터, 그 일부인 1개 보병사단의 정면은 2~2.5킬로미터였다.[192] 1942년 11월부터 1943년 말까지 진행된 스탈린그라드 포위 공격에서는 그 밀도가 더욱 증가했다.[193] 이에 비해 주공 정면에 배치된 북한군 1개 보병사단의 정면은 20~25킬로미터였다. 이러한 밀도의 차이는 방어하는 적의 전투력의 강도와 작전 수행 능력에 비례해 나타난 것이다. 북한 정권과 소련 군사고문단은 한국군의 전투력과 작전 수행 능력을 제2차 세계대전 당시의 독일군보다 현저히 약하게 평가했다. 이러한 사실은 소련대사관이 1949년 9월 15일 작성해 스탈린에게 직접 전달한 보고서에서 확인할 수 있다.[194]

북한군의 제1단계 작전에서 사단별 작전 수행 과정을 관찰해보면, 소련 군사 이론 및 행동과의 유사성을 더욱 명확하게 인식할 수 있다. 예컨대 북한군 제6보병사단은 전체 북한군 공격의 우익을 형성해 한국군의 후퇴를 차단하기 위해 인천과 서울의 남서부로 공격하도록 계획되어 있었다. 북한군 제1·4보병사단은 서울을 정면으로 공격한 후 제1보병사단은 서울 서부 지역을, 제4보병사단은 서울 중심부를 점령하는 임무를 맡았다.

제3보병사단과 제105전차여단은 북한 인민군 전체 공격 부대의 좌익 내환을 형성해 서울 남동부로 공격한 후 동부 지역을 점령하는 임무를 맡았다. 북한군 제2·7보병사단과 제12오토바이연대는 좌익 외환을 형성하여 한국군 주력의 후퇴를 차단하고 예비대의 전선 투입을 방해하기 위해 서울을 우회해 성남-여주-수원 방향으로 공격하게 되어 있었다.[195]

한국에서 공산주의 빨치산 부대들은 1950년 봄까지 한국군과 경찰에 의해 거의 소탕되었음에도 불구하고 1950년 초여름까지 북한 전쟁 전략수단의 한 축을 형성하고 있었다. 북한 정권은 침공 직전에도 빨치산 부대들을 한국으로 침투시켰다. 주요 세력 중 하나는 정태식이 지휘하는 485명으로 구성된 도시 빨치산 부대로서, 서울·인천·대구·부산·춘천에 북한 지도부의 지령을 받는 남로당 조직을 재건할 목적으로 1950년 4월 침투했다. 다른 하나는 김달삼[196]이 지휘하는 부대로서, 1950년 6월 10일 한국으로 침투했다. 김달삼 부대는 홍천·원주·영주·청주 등지에서, 흩어진 빨치산 부대원들을 재조직해 한국군의 태백산맥 서쪽 지역의 보급로를 차단하는 임무를 부여받았다.[197] 김달삼은 1950년 4월 김일성이 모스크바에 체류하는 동안 평양으로 들어가서 빨치산 투쟁의 과업들을 북한 지도부와 의논했다. 이때 김달삼은 북한군의 한국 침공 작전에 기여하는 빨치산 부대의 과업을 조율했을 것으로 추정된다.[198] 이 밖에도 1950년 6월 1일부터 6월 중순까지 다수의 소규모 침투가 이루어졌다. 이들은 한국의 내륙 깊숙이 침투해 치안 조직을 파괴하고 북한 정규군의 공격 기동로를 개방 유지하는 임무를 부여받았을 것이다.[199] 이들은 북한군의 침공 개시 시점을 정확히 알지 못하고 있었다. 아마도 북한 지도부가 이 작전 보안을 유지하기 위해 알리지 않았을 것으로 추정된다.[200]

이러한 침공 계획의 수립과 병행해 북한 정권은 보조적 조치들을 취했다. 예컨대, 미국 극동군사령부 정보참모부는 북한의 38도선 접경지대 주민들이 이미 1950년 3월과 4월에 소개疏開한 것으로 판단했다. 이러한 판단은 2001년 7월 공개된 한국인 첩보 부대Korea Liaison Office, KLO[201]의 보고서를 기초로 이루어졌다.[202] 이 조치는 북한의 침공 계획을 은폐하기 위해 소련의 '콜호스(집단농장)'를 본보기로 하는 집단농장 체제 구축 사업의 일환으로 실행되었다.[203] 이밖에도 군수 지원을 보장하기 위해 다수의 무기 및 탄약고가 설치되었다. 모든 민간 트럭이 운전기사와 함께 동원되었다. 이들 중 일부는 이미 1950년 4월 징발되었다.[204] 그럼에도 불구하고 자하로프는 김일성으로 하여금 1,500명의 운전병 지원을 중국 정부에 요청하게 하는 문제에 관해 1950년 9월 26일 스탈린에게 문의했다.[205] 최초 예상보다 전쟁이 치열해지면서 운전병이 부족했기 때문이다.

이러한 북한의 침공 준비 징후들은 윌러비Charles A. Willoughby에 의해 여러 차례 워싱턴으로 보고되었다. 그러나 미국 지도부와 중앙정보국은 북한군은 서울 점령을 포함해 시·공간적으로 제한된 작전을 수행할 수 있는 태세를 갖추고 있다고 시인했지만, 북한의 무력 침공 가능성은 '확실하지 않다'고 평가했다. "한국에 대한 북한의 군사적 우세는 분명하지만, 소련과 중국 공산군의 적극 개입 없이 북한 정권이 한국 전역을 효과적으로 통제할 수 있는지는 확실치 않다."[206]

북한 정권은 정치 선전과 기만 술책 활동을 활발히 전개했다. 북한군이 38도선 지역으로 전진 배치되는 동안 북한 지도부는 스탈린의 구상대로 '평화 공세'를 취했다. 예컨대, 1950년 6월 7일 평양방송을 통해 통일적 최고 입법기관을 구성하기 위한 남북한 총선거를 제의했다. 그리고 평양방송을 통해 북한군의 38도선 접경 지역 전진 배치 활동을 하계 기동연습으로 위장 선전했다.[207] 이처럼 북한군의 모든 전쟁 준비는 원칙적으로 모스크바 지도부와의 협의와, 평양 주재 소련 군사고문단을 포함한 소련 대표단과의 협력을 통해 이루어졌다. 일찍이 시먼스가 적시한 바와 같이, 북

한군의 침공 개시 시점도 모스크바 지도부의 승인과 동의 없이는 결정될 수 없었다.[208]

5장

전쟁의
발발과 전개

이 장에서는 소련의 정치적·전략적 의도를 배경으로 설정된 전쟁 목표를 북한과 중국이 어떻게 군사작전을 통해 구현했는지를 논의하고자 한다. 전쟁 발발 후 진지전으로 전환되기까지 12개월 동안 진행된 기동전에서, 모스크바-베이징-평양의 정치적 의사 결정이 어떻게 이루어졌고 조선 인민군과 중국 인민지원군의 군사전략적 사고와 군사작전이 소련의 지원 아래 어떻게 전개되었는지를 조명하고자 한다.

이 논의는 다음과 같은 문제에 해답을 제시할 것이다.

1) 진지전으로 전환되기까지 작전 수준의 전쟁 경과는 어떠했는가?
2) 소련, 중국, 북한은 어떤 전쟁 목표를 설정했고, 이를 구현하기 위해 어떤 전략으로 군사작전을 전개했는가?
3) 예상치 못한 일련의 상황에 소련 지도부는 중국 지도부와 함께 어떻게 대응했는가?

4) 북한의 군사 목표가 서울을 점령하는 데 국한되어 있었는가? 서울의 전격적 점령 이후 북한군의 공세가 지연된 원인은 무엇인가?

5) 북한 정권이 기대했던 한국 내의 민중 봉기가 일어나지 않았고, 빨치산이 결정적 역할을 수행하지 못했던 사실은 어떻게 이해할 것인가?

6) 북한군과 중국군의 작전 수행은 모스크바의 의사 결정과 요구에 어느 정도로 의존적이었는가?

7) 중국의 군사개입 동기는 무엇이며 그들은 어떻게 군사적으로 준비했는가?

8) 중국군 부대가 언제 한국 영토에 진입했는가?

9) 스탈린이 중국의 군사개입을 부추긴 동기는 무엇인가?

10) 북한과 중국의 군사작전은 소련의 군사 교리에 근거를 두었는가?

이러한 문제를 논의하는 과정에서 한국과 미국 측의 정치적 의사 결정, 군사전략적 사고와 군사작전을 핵심적으로 다루게 될 것이다.

1. 북한군의 야심 찬 초기 작전 수행

전쟁 개시 하루 뒤인 1950년 6월 26일 평양 주재 소련대사 시티코프는 극비 전문을 모스크바로 전송했다. 이 전문은 소련 군사 고문관들이 동반된 상태에서 침공을 위한 사단 단위의 계획과 정찰 등을 포함한 모든 조치들을 1950년 6월 24일까지 완료했고, 6월 25일 새벽 4시에 북한군이 기습공격을 개시했다는 내용을 담고 있었다. 이 전문에서 시티코프는 전쟁 발발 첫날의 전반적 상황을 성공적이라고 묘사하면서, 북한군의 과오와 결함을 지적했다. 예컨대 작전 수행 과정에서 나타난 상하 제대의 통신,

포병과 전차 부대의 운용 등의 문제를 언급했다. 그 원인은 무엇보다 북한 군의 지휘 경험이 부족하고 소련 군사 고문관들이 전선까지 동반하지 않고 후방에 머물러 있었기 때문이라고 보고했다. 나아가 시티코프는 북한 정권과 인민들이 승리를 향한 확신과 감격에 싸여 있다고 보고했다.[1]

1950년 6월 25일 한국을 기습 침공할 당시의 북한군은 8개의 완전 편성된 보병사단, 절반으로 감소 편성된 2개 보병사단, 1개 독립 보병연대, 1개 오토바이 정찰연대, 1개 전차여단으로 구성되어 있었다. 북한군 총 병력은 약 13만 5,000명이었다. 이 중에서 북한군 제1·2·4·5·6·7보병사단 등 6개 부대와 제105전차여단[2]은 실전을 체험한 부대 단위 또는 병력들로 편성되었기 때문에 상대적으로 강력한 전투력을 보유하고 있었다. 이들 전투 경험자 중 다수는 중국 내전에서 중국 인민해방군의 일원으로, 소수는 제2차 세계대전에서 소련군의 일원으로 참전했다.[3]

이처럼 강력한 전투력을 보유한 부대들이 제3보병사단과 함께 북한군의 제1제대를 형성했다. 북한군 제5보병사단은 제10·13·15보병사단과 함께 제2제대로 운용되었다.[4] 북한군의 남침 직전인 6월에 2개의 군단 사령부가 창설되었고, 남침 직후인 7월 5일 소련군의 본보기에 따라 전선사령부가 창설되었다. 그 이전에는 북한군 총참모부가 2개 군단을 직접 지휘 통솔했다.[5] 여기서 전선사령부가 남침 전에 창설되었다는 유성철의 증언은 부정확한 것으로 보인다.[6] 시티코프가 1950년 7월 3일 스탈린에게 보낸 전문을 통해, 전선사령부는 소련군의 제의와 본보기에 따라 7월 4일 또는 5일 창설되었다는 사실을 알 수 있다. 이 전선사령부의 역할은 '3인 군사위원회'의 주도로 수행되었다. 이 군사위원회의 편성과 인적 구성은 시티코프가 소련 군사고문단장 바실리예프 장군과 협의해 제안한 것이었다.[7] 북한군 전선 사령관은 김일성의 최측근인 김책 부수상이 맡았고, 전선사 참모장은 강건 북한군 총참모장이 맡았다. 북한군 전선사령부의 최

초 위치는 서울이었다.[8]

한국군은 8개 보병사단을 보유했다. 전체 병력 약 9만 8,000명 중에서 약 6만 5,000명이 전방 방어 작전을 수행하고 있었다. 이 중에서 수도보병사단 제17보병연대, 제1·7·6보병사단 등의 부대만 병력과 장비 면에서 완전한 편제에 가까웠다. 한국군의 방어 책임은 서측으로부터 수도보병사단 제17보병연대, 제1·6·7보병사단, 그리고 2개 연대만으로 편성된 제8보병사단 순으로 담당했다.[9] 제17연대를 제외한 수도보병사단 예하 부대와 제2·3·5보병사단은 후방 지역에 주둔하고 있었다. 수도보병사단을 제외한 다른 사단들은 빨치산 토벌 작전을 수행하거나 교육 훈련 중이었다.

상호 전투력을 비교하면 북한군이 월등했다. 병력 규모 면에서 북한군은 한국군보다 두 배가량 우세했고,[10] 화력 면에서는 세 배가량 우세했다.[11] 기동 면에서 북한군은 150대의 T-34 전차를 보유했고 공군 전력 면에서 110대의 전투기 등을 보유하고 있었다. 이에 반해 한국군은 전차와 전투기를 전혀 보유하지 않았다. 남북한의 해군 전력 규모는 비슷했지만, 상대적으로 해군이 차지하는 비중은 낮았다.[12]

북한군은 침공 계획[13]에 따라 제1단계 작전을 전격적으로 수행했다.[14] 제1단계 작전의 목표는 한국군의 주력을 섬멸하는 것이었다.[15] 1950년 6월 28일 정오, 북한군 제4보병사단이 서울 외곽 경계선에 도달하고 같은 날 오후 북한군 제3보병사단이 서울 도심에 진입함으로써, 북한군은 침공 개시 후 4일 이내에 서울을 완전히 접수하는 데 성공했다.[16] 이날 김일성은 전 인민과 북한군에게 '서울 해방'을 축하하는 연설을 했다. 이 연설에서 김일성은 '동족 전쟁'을 신속히 종결할 수 있도록 모든 역량을 동원해 진격하고 있는 북한군 부대를 지원할 것을 독려했다. 이어서 한국 주민들과 후방 지역의 빨치산 부대원들에게 한국 전역에서 폭동을 일으키고 활발한 투쟁을 전개할 것을 호소했다.[17] 그러나, 1950년 6월 26일부터 미국군의 공군 작전이 개시되어 서울에 진입한 북한군을 세차게 괴롭혔다. 예컨대, 6월 29일 하루 미국 제5공군사령부 예하 전폭기들이 한국군의 방어 작전을 근접 항공 지원하기 위해 172회 출격했다. 6월 28일, 미국 해군의 첫 번째 구축함 '주노'가 동해에 도착해 다음날 강릉-삼척 일대에서 작전 중이었던 북한군 제766상륙연대에 함포 사격을 시작했다.[18]

북한군 제1단계 작전에서, 기습공격은 매우 성공적이었다. 여기서 급속한 속도로 종심 깊게 돌파했던 전차부대의 효과성은 과소평가할 수 없다. 이러한 의미에서 소련 군사 교리와의 연관성을 논의하지 않을 수 없다.[19] 소련 군사고문단과 북한군은, 1936년과 1940년 발간된 소련군《야전 근무 규정》에서 '전투에서 가장 중요한 성공 요인'으로 규정한 '기습의 순간'이라는 작전 원칙을 성공적으로 적용했다.[20] 첫째, 침공 개시 시점으로 한국군의 모든 대응이 이완될 수밖에 없는 일요일 새벽을 선택했다. 둘째, 북한군의 전차부대 운용이다. 기습 달성과 전차부대 운용의 상호 관계는 1936년의 소련군《야전 근무 규정》에 명시되어 있으며, 전차는 제2차 세계대전에서 이미 효과가 검증된 최신 무기 체계였다. 한국군은 전차는 고사하고 효과적인 대전차무기도 보유하고 있지 않았다. 북한군 전차부대의 출현은 한국군에게 공포심을 유발했다. 미국 공군의 제트 엔진 전투기의 출현이 북한군에게 가져다준 공포심과 비견될 수 있다. 셋째, 북한군은 소련제 전차를 수단으로 소련 군사 교리의 작전 원칙인 '공격 속도의 가속'를 구현해 기습 효과를 극대화할 수 있었다. 당시 38도선에서 서울 북방 외곽 경계까지의 도로상 기동 거리는 약 50킬로미터였고, 북한군 전차부대의 선두가 미아리 고개에 출현한 시점이 6월 27일 오후 7시였다.[21] 침공 개시 후 63시간이 경과한 시점이었다. 일일 평균 진격 속도를 계산해보면 약 20킬로미터였다. 소련군은 제2차 세계대전 당시 돌파 단계에서 일

일 평균 10~12킬로미터 진격했다.[22] 소련군의 작전 원칙과 실전 경험에 비춰볼 때 성공적 작전이었다.

이와 같이 북한군은 소련군의 작전 원칙들 중에서 '기습의 순간'과 '공격 속도의 가속'을 성공적으로 적용했다. 북한군 전차부대의 기습적이고 신속한 기동으로 말미암아 전쟁 초 며칠 동안 한국군의 일부 부대는 전의를 상실했다. 그럼에도 불구하고 북한군의 제1단계 작전은 절반의 성공에 그쳤다. 왜냐하면 한국군 주력의 퇴로를 차단하여 포위 섬멸하지 못했기 때문이다. 소련군의 '작전적 목표인 격멸'을 구현하지 못했던 것이다.[23] 더욱이 북한군의 침공이 한국 전역에서 대대적인 주민 폭동을 유발할 거라는 예상도 빗나갔다.[24]

이러한 북한군의 실패 원인을 조명하기 위해, 무엇보다 북한은 원래 한국의 수도 서울만 점령한 후 한국과의 정치 협상을 통해 공산주의 통일 국가를 건설하고자 했다는 주장을 다루지 않을 수 없다. 이 가설은 최초 콜코 부부가 제시했다.[25] 커밍스도 동일한 가설을 주장했다. 커밍스에 따르면, 옹진반도에서 기동연습 중이던 북한군이 한국군의 공격을 받게 되자 반격을 했다는 것이다. 또한 그는, 이 반격 작전 과정에서 북한군은 서울의 신속한 점령 등 예상 밖의 성공을 거두면서 전세가 유리해짐에 따라 계속해서 남쪽으로 진격할 수 있었다고 주장했다. 따라서 북한 정권의 목표는 서울을 점령하여 한국 측과 연립정부를 수립하는 데 있었다는 것이다.[26] 손턴도 커밍스와는 완전히 다른 의도에서 북한군의 작전 목표는 서울 점령에 국한되었다는 가설에 합류했다. 임은의 증언에 따르면, 북한 정권은 북한군이 한국군의 주력을 격멸하면 한국 체제의 잔존 세력은 '인민 봉기'로 쓸어버릴 수 있다고 확신하고 있었다.[27] 임은 외에도 유성철을 비롯한 여러 북한 측 인사들의 증언들을 토대로 이러한 유형의 가설이 확산되었던 것이다.[28]

서울을 점령한 후의 북한군의 행동은 이러한 주장들을 뒷받침하는 것처럼 보인다. 그러나 이는 사실과 다르다. 소련 정부가 공개한 관련 문서와 다른 자료들의 내용도 1950년 10월 미국군이 노획했다가 1987년 공개된 러시아어 문건과 일치한다. 이 문서는 북한군의 계획된 군사작전이 진행되는 동안 수행해야 할 정찰 활동을 지시하는 투명도형 명령이었다. 앞서 논술한 바와 같이, 북한군의 공격작전은 3단계로 구분되어 최종적으로 여수-목포-부산으로 이어지는 남해안 선을 3~4주 이내에 점령하도록 계획되어 있었다.[29] 임은과 유성철의 증언에 따르면, 전체 공격작전에서 가장 중요한 최초 단계의 작전 계획은 북한군 부대에 러시아어 원본과 한글 번역본 형태로 하달되었다.[30] 북한군의 한강 도하까지의 실제 공격작전 과정을 살펴보면, 서울 점령에 이은 북한군의 계속 공격은 최초부터 계획된 것이었음을 쉽게 알 수 있다. 그리고 왜 북한군이 최초 작전 계획에 따라 서울을 접수한 후 지체 없이 남쪽으로 진격하지 못했는가에 대한 의문을 풀 수 있을 것이다.

6월 28일 북한군이 서울을 점령한 날, 북한군 제6보병사단은 이미 한강을 도하하기 시작했다. 북한군 제3, 4보병사단은 이틀 동안 서울에 잔류하고 있던 한국의 군인, 경찰, '반동분자'들을 색출해 무장을 해제했다. 이러한 활동과 병행해서 남쪽으로 계속 공격하기 위한 준비가 필요했다. 그리하여 6월 30일 제3보병사단이, 7월 1일 제4보병사단이 한강을 도하하기 시작했다. 한강 철교가 복구된 7월 3일 북한군의 첫 번째 전차가 한강을 도하했다. 7월 4일에 가서야, 제3 · 4보병사단이 경부 국도 축선을 따라 공격할 수 있는 준비를 갖추게 되었다. 다시 말하면, 북한군의 선두 공격부대가 한강 도하를 완료하는 데 약 5일이 소요된 것이다. 북한군의 도하는, 무엇보다 도하 장비를 제대로 갖추지 못한 데다 한국군의 주력 중 성공적으로 철수한 병력이 한강 남안에서 조직적으로 방어했기 때문에 지체될

수밖에 없었다.[31]

북한군 제2군단 공병부 부부장으로 참전했던 주영복의 증언에 따르면, 당시 북한군은 도하 장비를 제대로 보유하고 있지 않았다. "인민군은……도하 보장이 늦은 관계로 귀중한 3일을 한강 이북에서 허비할 수밖에 없었다. 만일 서울을 해방한 3개 정예 사단[32]이 도하 장비만 현대화되었더라면……인민군은 창군 이래 보병(후에 탱크와 항공병)에만 치중했지 공병과 통신병 등의 기술 병종에는 전혀 관심을 기울이지 않은 채 전쟁에 돌입했다. 특히 공병의 원시적 상태는 최악의 상황이었다……공병부의 책임 고문이었던 스타니코프 중좌의 한반도 지세에 대한 과소평가와 무지에서 기인한 결과였다……따라서 서울 해방 후 '3일간의 휴식'은 인민군 자체의 계획이 아닌 피치 못한 전력상의 공백에 따른 자연스러운 결과였을 따름이었다."[33]

한국군이 한강 방어선에서 북한군의 공격작전을 지연시킬 수 있었던 결정적 요인은 한국군 제6보병사단이 지연작전을 성공적으로 전개했다는 사실에서 찾을 수 있다. 한국군 제6보병사단이 조직적 지연작전을 통해 북한군 좌측익의 공격 기동을 좌절시킴으로써, 수원 북쪽에서 한국군의 주력이 포위당하는 것을 예방할 수 있었다. 북한군의 기습 침공으로 말미암아 한국군은 최초 1주 동안 약 4만 4,000명의 병력을 잃었다. 초기에 전방 방어 작전을 수행했던 한국군의 부대 중에서 오직 제6·8보병사단만이 지휘 체계, 병력, 무기 및 장비 등의 전투력을 유지하는 가운데 조직적인 전투를 전개하면서 후퇴할 수 있었다. 그러나 수도보병사단 제17연대, 제1·7보병사단 같은 다른 부대들의 경우는 달랐다. 북한군이 주 타격 방향에서는 전격적으로 공격작전을 수행했지만, 보조 타격 방향에서는 한국군 제6보병사단과 맞서 고전했다. 이처럼 주 타격 방향과 보조 타격 방향에서 기동 속도의 차이가 발생한 이유는 지형 조건과 전투력의 운용이 달랐기 때문이다. 그 결과, 한국군은 전체 병력의 절반 이상인 약 5만 4,000명을 한강 이남으로 후퇴시켜 방어선을 구축하여 북한군의 공격 속도를 제어할 수 있었다.[34] 이러한 관점에서 서울 점령 이후 북한군은 맥아더가 1950년 11월에 직면하게 될 '완전히 새로운 전쟁'은 아니지만 최초 계획과 달리 전개된 상황에서 전쟁을 수행해야 했다. 따라서 북한 정권이 원래 군사작전의 목표를 서울 점령에 국한했다는 주장은 설득력이 없다.

1950년 7월 1일, 스탈린이 시티코프에게 보낸 전문은 북한군의 군사작전 목표가 서울 점령에 국한된 것이 아니었음은 물론, 북한군의 공격작전이 스탈린의 원래 구상과 다르게 진행되었다는 사실을 증명한다. "1. 북한 지도부가 어떤 계획을 가지고 있는지 보고하지 않고 있다. 계속 진격할 의도인가? 아니면 진격을 중지하기로 결정했는가? 우리의 의견으로는, 반드시 공격을 계속해야만 하며, 한국이 빨리 해방될수록 개입의 여지도 적어진다."[35] 나아가 스탈린은 북한 지역에 대한 미국 공군의 공습 결과를 염려하면서, 미국군의 개입에 대한 북한 지도부의 공식 설명을 요구했다. "북한 지도자들은 미국군 전투기가 북한 영토를 공격한 것을 어떻게 생각하는지 보고하라. 그들은 놀라지 않았는가, 그렇지 않으면 평상심을 유지하고 있는가? 북한 정부는 미국군의 공격과 군사개입에 대해 공개적으로 항의 성명을 발표할 의향이 있는가? 우리의 의견으로는, 이러한 조치가 있어야 한다." 그리고 스탈린은 북한이 요구하는 탄약을 비롯한 군사 장비들을 1950년 7월 10일까지 제공하겠다고 부연했다.[36]

이제 북한군이 침공하면 한국 전역에서 주민 폭동이 일어날 것이라는 예상이 빗나간 원인에 대해 논의하고자 한다. 김일성의 방송 연설과 공식 연설, 프랑스 신문과의 인터뷰 등에 관한 문서를 보면,[37] 북한 정권은 1950년 9월 중순까지 공세 작전 기간에 빨치산 투쟁과 주민 폭동에 대한 기대를 완전히 포기하지 않았다.[38] 소련 군사 이론이 규정하고 있었듯이, 빨치

산 전술은 북한 전쟁 수행의 중요한 부분이었다.[39] 1944년 발행된 소련군
《야전 근무 규정》은 빨치산 전쟁을 '인민 대중의 무장투쟁'이라고 정의했
다.[40] 한국 내의 공산주의 빨치산 활동이 북한군의 초기 공격작전에 어느
정도 기여했던 것은 사실이다. 그러나 이 빨치산 투쟁이 주민 봉기, 즉 '인
민 대중의 무장투쟁'으로 발전하지는 않았다.

　한국군 제2보병사단은 전쟁 발발 전 빨치산 토벌 작전으로 인해 대전
지역에 묶여 있었고, 전쟁 발발 후 소규모 빨치산 부대들의 습격 때문에
전방으로의 전개가 현저히 지연되었다.[41] 한국군 제7보병사단은 방어 작
전 중 탄약 보급로가 빨치산 부대에 의해 차단되었기 때문에 1950년 7월
2일 원주를 포기하지 않을 수 없었다.[42] 전쟁 발발 후 전쟁 종료까지 통신
망이 파괴되는 사례는 빈번하고 지속적으로 발생했다.[43] 그러나 전반적으
로 빨치산 활동이 전쟁 수행에서 차지했던 비중은 크지 않았던 것으로 보
인다.

　김일성과 박헌영이 모스크바 회담에서 스탈린을 설득했던 '민중 봉기'
가 불발된 원인으로, 빨치산 부대의 활동, 남로당의 역할, 북한 지도부의
역할, 정규전 부대와 비정규(빨치산) 부대의 배합 등의 측면에서 다음과 같
이 정리해볼 수 있을 것이다.

1) 1950년 봄까지 한국군과 경찰에 의해 공산주의 빨치산 부대원들은 거
　의 토벌되었다. 빨치산 토벌 부대들은 전라도(지리산), 강원도(태백산),
　경상도 등의 빨치산 활동 거점 3개소를 포위해 저항 '세포 조직'들을 격
　멸하는 데 성공했다.[44]

2) 빨치산 부대들을 지원하면서 한국 정부를 전복하는 투쟁을 전개해온
　남로당 조직이 1950년 3월 말경에는 거의 와해되기에 이른다.[45] 한국
　군과 지하조직에서 은밀히 활동했던 핵심 당원들이 대다수 체포되었

다. 서울 지역의 남로당 조직 지도층 일부가 한국 당국에 자수함으로써, 1949년 9월경에 이미 남로당은 현저히 약화되어 있었다.[46] 1950년 2월 25일에만 해도 한국군과 정부 조직 내 196명의 군인으로 구성된 당 조직망이 검거되었다.[47] 1950년 3월 27일, 남로당 거물 김삼룡과 이주하가 체포되었다. 이러한 과정은 남로당 조직의 와해를 불러왔고, 남로당의 와해는 북한이 전쟁 수행 과정의 하나로 기대했던 '인민대중의 무장봉기'의 무산을 의미했다.[48]

3) 1948년 11월부터 북한 정권은 한국 내 빨치산 투쟁과 남로당의 활동에 활력을 불어넣고자 노력했다. 그러나 이러한 북한 정권의 노력은 한국 당국의 노력에 의해 손상된 조직과 약화된 세력을 복원하기에는 역부족이었다.[49] 북한 정권은 한국에서 탈출해 입북하는 빨치산 부대원들을 엄호하고, 빨치산 투쟁 거점을 보강하거나 신설하기 위해 대규모 빨치산 요원들을 남파했다. 그러나 이러한 시도들도 특별한 성공을 거두지 못했다. 따라서 북한 정권은 1950년 3월 이후부터 북한군 정규군의 한국 침공 시까지 빨치산 부대원들을 계속 남파하면서 빨치산 전략을 변경했다. 그 목표는 서울, 인천, 대구, 부산, 춘천과 같은 대도시 지역의 남로당 조직들과 북한 지도부와의 연락 체계를 복원하는 것이었다. 나아가 분산된 빨치산 부대들을 태백산 일대로 모아 재편성해 북한군의 침공 작전을 돕는 데 있었다.[50]

4) 북한 정권은 침공 계획에 대해 빨치산과 남로당 지도부에 알려주지 않았던 것으로 보인다. 다양한 증언들이 이러한 사실을 뒷받침하고 있다. 특히 1950년 3월 말 남로당 거물인 김삼룡과 이주하가 체포된 이후 남로당 지하조직을 이끌었던 박갑동의 증언이 설득력이 있다. 1950년 6월 25일 당시 박갑동은 서울 안암동에 은거하고 있었다. 그는 동료가 알려주기 전까지 전쟁 발발 사실을 몰랐다.[51] 이처럼 정규전 부대와 비

정규전(빨치산) 부대의 배합 운용이라는 측면에서 북한 지도부와 한국 내 공산주의 조직은 충분한 조율을 거치지 않았던 것으로 보인다.

　이처럼, 늦어도 1950년 봄부터 한국 내 빨치산 부대와 남로당은 북한 정규군의 기습 침공 작전의 성공을 확대할 만큼 광범위한 주민 봉기를 조직할 수 없는 상태였다. 이보다 1년 전인 1949년 2월에 이미 미국 중앙정보국은 한국 내 공산주의자들의 역량을 다음과 같이 분석했다. "한국 내의 공산주의자들의 능력은 현재 낮은 수준이며 아마도 한국 당국이 안정성을 증대해나간다면 더욱더 약화될 것이다……현재 공산주의자들의 선전선동의 목표는 한국 사회에 혼란, 공포, 패배주의 등을 생산하는 데 있다. 공산주의자들은 이러한 효과를 지방에서 얻기 위해 고립 지역 주민이 지속적인 북한의 침공 위협과 선동에 취약하다는 점을 이용할 수 있다. 그러나 공산주의자들은, 미국이 신생국 한국을 홀로 극동의 공산주의 연합 세력에 대처하도록 남겨둔 채 주한 미군 철수를 준비했던 1948년 가을부터 자신들에게 조성된 이점을 상실했다……한국 내 공산주의 세력의 임무는 정치적, 경제적 혼란을 조성해 정부에 대한 지지를 약화시키고 한국군을 분리시킴으로써 북조선 인민공화국에 한국을 흡수하려는 소련의 계획을 지원하는 것이다. 그리고 기회주의자들로 하여금 북한 정권과 '연립'하는 것이 유리하다는 심리적 분위기를 조성하게 하고, 공산주의 세력의 우세가 명백하다는 확신을 확산시키는 것이다. 그러나 현재 한국 내 공산주의 세력은 이러한 임무를 완수할 수 있을 정도로 유지되고 있거나, 한국 전역의 조직적 활동을 지원할 만큼 강력해 보이지 않는다."[52]
　1950년 봄, 소련 지도부도 한국 내의 공산주의 활동이 현저히 약화되었다는 사실을 명확히 인식했을 것이다. 평양에 파견된 소련 대사를 비롯한 소련 대표단은 한국의 정치 상황에 관해 정기적으로 모스크바에 보고해

왔는데,[53] 북한 정권이 한국의 주민 봉기를 실제 어느 정도 기대했는가를 입증할 만한 자료는 부족하다. 따라서 북한 정권도 한국 내 공산주의 세력이 곤궁에 빠져 있다는 것을 인식하지 못했으리라고 보기 어렵다. 한국 내 빨치산 부대와 남로당 조직을 재건하기 위해 적극적 조치들을 취했던 이유도 북한 정권이 그러한 상황을 심각하게 인식했기 때문이라고 할 수 있다. 그럼에도 불구하고 북한 정권은 북한군의 초기 침공 작전이 성공하면, 남로당 지하조직과 빨치산 부대원들의 활동이 활기를 띠고, 전면적 주민 봉기 또는 최소한 부분적 폭동을 유발할 것이라는 환상에 사로잡혀 있었다고 볼 수 있다. 북한 정권은 전쟁에서 승리할 것이라는 예감에 도취되어 전체 상황을 현실보다 낙관적으로 평가했을 것이다. 이러한 김일성과 북한 정권의 인식은 1950년 4월 모스크바 회담에서 스탈린의 최종 승인을 얻기 위해 제시했던 낙관적 전망의 기반이었다. 7월 1일, 시티코프는 북한군의 초기 전투가 성공적으로 진행되는 동안, 한국 주민들은 미국 공군의 폭격에 위협을 느끼면서 '관망하는' 태도를 보이고 있다고 모스크바에 보고했다.[54]

2. 북한군의 절반의 성공, 낙동강선 진출

북한군의 서울 점령과 한강 도하 후 7월 25일, 북한군 제3보병사단은 북한군 제4보병사단과 함께 공격을 주도하면서 영동–김천 선에 도달했다. 이 과정에서 미국 제1기병사단에 피해를 주어 낙동강 선으로 후퇴를 강요했고, 8월 4일 낙동강 선에 도달했다.[55] 북한군의 다른 공격 부대들도 여러 기동 축선을 따라 8월 1일과 8월 4일 사이 낙동강 선에 도달했다. 이렇게 해서 북한군과 유엔군이 대치하는 낙동강 전선이 형성되었다.[56] 여기서 북한군 제6사단의 간접 접근 기동에 주목할 필요가 있다. 손자와 하트가 주장한 '최소저항선' 원리, 즉 공격하는 측이 방어하는 측의 전투력 배치가 가장 약한 곳을 지향해 기동하는 방식에 부합하는 작전이었다.

북한군 제6보병사단은 6월 28일 김포, 7월 4일 인천을 점령한 후 다른 북한군 사단들과 분리되어 남서부 지역으로 기동했다. 제6보병사단의 주력은 7월 8일까지 제4보병사단을 후속해 7월 9일 천안 북서쪽 12킬로미터 지점의 동천리에 도달했다. 제6보병사단 예하 1개 연대는 서해안을 따라 남진했고, 사단의 주력은 제1군단 2제대로서 7월 14일 조치원의 북서쪽 12킬로미터 지점의 전의에 도착했다. 이 사단의 임무는 제1군단의 우측방을 방호하고 필요시 금강 선에서 방어 중인 한국군을 공격하는 북한군 제3보병사단과 제105전차사단을 증원하는 것이었다. 그러나 북한군의 주 타격 부대들이 순조롭게 진출하자 제6보병사단의 증원 임무는 해제되었다. 그리하여 제6보병사단은 7월 19일 서해안을 따라 남해안 방향으로 기동하기 시작했고, 군산-광주-목포-순천을 거쳐 7월 30일 진주까지 진출해 부산 방향의 기동로를 장악했다. 북한군 제6보병사단은 한국군과 미국군의 의미 있는 저항을 받지 않고 12일간 약 400킬로미터 거리를 기동한 셈이었다. 이처럼 최소저항선을 따라 기동하면서 주요 도시들을 장악했다. 특히 목포와 여수와 같은 중요한 항구를 통제해 북한군의 후방 기능을 발휘하도록 조직했다.[57]

손턴은 "스탈린이 북한군의 승리를 방해하려는 의도를 갖고 있었다"라고 주장하면서, 그 증거로 북한군 제6보병사단의 작전선을 제시했다. 스탈린은 북한군이 주 타격 방향인 경부 축선에 모든 가용 역량을 집중해 신속하게 진출하지 못하도록 의도적으로 제6보병사단을 분리 운용하는 명령을 하달했다는 것이다.[58] 그러나 이러한 주장은 사실과 다르다. 그의 견해는 스탈린의 실제 의도와 명령에 대한 추정과 사변적 논리에 기초를 두고 있다.

1) 스탈린은 손턴의 주장과는 달리 서울 점령 후 북한군의 공격 속도가 유지되지 않는 문제를 혹독하게 비판했다.[59]

2) 스탈린이 북한군 제6보병사단을 주 타격 역량으로부터 분리 운용하라는 명령을 하달했다면, 그것은 미국 공군의 폭격에 의해 점증하는 손실을 줄이려는 조치로 이해할 수 있다. 그러나 손턴은 그 명령의 존재를 확인해주는 증거를 제시하지 않았다.[60]

3) 북한군은 제6보병사단의 작전 기동을 통해 주 타격 부대인 제3, 4보병사단과 제105전차사단의 우측방을 한국군과 미국군의 위협 가능성으로부터 엄호할 수 있었다. 이러한 목적을 달성하기 위해 주요 항구들을 장악해 방호하는 조치가 필요했다. 주력부대의 공격을 측후방에서 엄호하는 것은 모든 작전의 기본이다.

4) 라주바예프의 보고서에 따르면, 북한군 제6보병사단에 서해안과 남해안을 따라 기동해 마산을 공격하는 임무가 부여되었다.[61] 제6보병사단은 북한군 전체 공격작전에 기여하기 위해, 궁극적으로는 한국군과 미국군의 남서부 방어 전선을 돌파하는 중대한 임무를 띠고 있었던 것이다.

5) 북한 정권은 북한군의 식량을 조달하기 위해 우리나라 최대의 곡창 지대인 호남 지방의 '해방'을 중시했을 것이다. 북한군의 최초 군수 지원 계획에 따르면, 군수 지원 소요의 3분의 2는 북한 후방 지역에서 지원하고 3분의 1은 점령 지역에서 징발하게 되어 있었다. 그러나 북한군의 병참선 기능이 미국 공군의 폭격에 의해 거의 상실됨으로써, 점령 지역 현장 조달의 비중이 커지고 의존도가 더욱 높아지게 되었다.[62]

6) 북한군의 병력은 한국 주민의 징집으로 보충되었다.[63] 사회학자 김동

춘의 연구에 따르면, 북한 최고인민회의 상임위원회는 1950년 7월 1일 동원령을 선포했으며, 북한 정권은 이 동원령을 근거로 1950년 9월 초까지 북한 주민 약 20만 명, 한국 주민 약 20만 명을 징집했다. 최초 한국 주민의 징집은 자발적 의지를 따랐지만, 점차 강제성을 띠게 되었다.[64] 이러한 병력 보충을 위해서도 북한군 제6보병사단의 간접 접근 방식의 작전 기동은 불가피했을 것이다.

7) 이처럼 북한군 제6보병사단의 우회기동은 목적이 분명했다. 북한군 주타격 방향의 압박 강도는 제6보병사단 없이도 강력했다. 따라서 미국 지도부는 북한군의 충격력을 약화시키기 위해 극심한 시간적 압박을 받으면서 방어 작전을 계획하고 준비할 수밖에 없었다. 우리는 당시의 이런 상황을 상기할 필요가 있다.

금강-소백산맥 방어선이 7월 17일 붕괴된 후, 워커Walton H. Walker 장군의 미국 육군 제8군 사령부는 낙동강의 장애물 효과를 이용해 방어선을 구축하는 구상을 처음으로 제안했다. 금강-소백산맥 방어선도 대전 전방의 최종 자연 장애물을 따라 대구와 부산 방향으로 이어지는 교통의 요충이었다. 그러나 워커 사령관은 낙동강을 따라 최후 방어선을 구축해 그곳으로부터 공세 이전을 계획했다.[65] 워커 사령관과 참모들은 북한군이 낙동강 선에서 작전 한계점에 도달해 공격 기세를 상실하도록 강요하는 계획을 발전시켰던 것이다.[66]

7월 19일, 트루먼 대통령이 당시 전쟁 상황에 관해 질문했을 때, 맥아더 장군은 다음과 같은 요지로 답변했다. '북한은 승리의 결정적 호기를 상실했다. 미국 육군 제8군은 일본에서 한국으로 신속히 전개했으며, 공군과 해군의 지원 아래 적에게 쉴 새 없이 전투를 강요하고 있다. 특히 북한군의 군수 지원 경로를 차단하는 가운데 그들에게 손실이 막심한 정면 공격을 강요하고 있다. 미국군과 한국군이 북한군의 공세로 인해 강한 압박을 받고 있지만 조만간 전장의 주도권은 더 이상 북한군 측에 있지 않을 것이다.'[67]

7월 20일, 미국 제24보병사단이 대전에서 후퇴할 때 사단장인 딘William F. Dean 소장이 생포되었다. 7월 22일, 미국 제1기병사단이 영동에서 미국 제24보병사단의 임무를 인수했다. 그럼에도 불구하고, 맥아더는 7월 24일 미국 합참과 전화 통화에서 북한군을 저지할 수 있다는 확신을 보이면서, 북한군이 한국군과 미국군에 비해 수적 우세를 유지하는 한 한미 연합군을 포위하려고 시도할 것이라고 언급했다.[68] 이러한 그의 발언은 미국군의 전투력이 증강될수록 북한군의 포위 기도는 더 어려워지리라는 것을 의미했다. 따라서 우선 방어선과 지연선의 중앙 정면을 지키는 것이 매우 중요했다. 맥아더와 워커는 "우리의 중앙 정면을 지킬 수 없다면 우리의 방어선은 축소되어야 할 것이다"라고 인식하고 있었다.[69]

실제로 낙동강 방어선은 북한군에게 전투력 소모를 강요하기에 적합했다. 낙동강 방어선은 방어 부대가 자연 장애물을 이용해 강력한 방어력을 갖출 수 있게 하고, 내선 작전의 이점, 즉 시·공간적 중앙에 배치해놓은 예비대를 적의 공격 위협이 가중되는 곳에 적시에 투입해 집중 운용할 수 있는 이점을 제공하기 때문이다. 7월 29일, 워커 장군은 대구에서 맥아더와 회의를 한 지 이틀 후 낙동강 방어선을 "지키지 못하면 죽는다"는 강령을 내놓고 반드시 방어해야 한다고 명령했다.[70] 낙동강 방어선은 'L'자를 180도 뒤집어놓은 형태이다. 낙동강 방어선의 북−남 정면은 약 160킬로미터, 서−동 정면은 약 80킬로미터에 달했다. 서부 정면은 낙동강을 따라, 북부 정면은 산악 지형으로 형성되었다. 동부 지역은 동해와 닿아 있었고 남부 지역은 남해와 닿아 있었다.[71]

유엔군은 부산 방어권에서 반격을 준비했다. 1950년 7월 7일 한국에 대한 군사 및 비군사 지원에 관한 안보리 결의안이 채택되기 전에 이미 미국을 비롯한 여러 국가가 군사 지원을 시작했다.[72] 영국, 호주, 캐나다, 뉴질랜드는 먼저 해군과 공군을 파견했다. 유엔 지상군의 편성은 지연되었다. 왜냐하면 정치적·군사적 고려 사항을 조율해야 하고, 미국과 유엔 회원국 사이의 의견 대립이 있었기 때문이다. 미국은 유엔과 미국의 군사 개입이 정당성을 확보하려면 파병국 또는 파병 부대의 수가 많아야 한다고 주장했다. 그러나 군사적으로는 작전의 효율성과 상호 운용성의 문제, 즉 지휘 통일과 군수 지원의 문제를 고려하지 않을 수 없었다. 1950년 8월 23일까지 7개국이, 이어 1950년 9월 5일 4개국이 지상군을 파병했다. 파병 부대의 규모는 대대급에서 여단급까지 상이했다. 이들 국가의 지상군 파병은 군사적 의미보다는 정치적 의미가 컸다.[73] 미국 지상군이 대부분의 전력을 형성했다.[74] 이처럼 유엔 사상 최초의 국제연합군에 부여된 사명은 공산주의자들의 침략을 한반도에서 궁극적으로 물리치는 데 있었다.

흐루쇼프는 자신의 회고록에서, 스탈린은 중국군이 개입한 후 비로소 전쟁 수행에 직접 관여하기 시작했다고 증언했다. "펑더화이彭德懷는 미국군을 극복하기 위한 상세한 전역 계획을 담은 장문의 전문을 작성했다……펑더화이는 이 보고서를 마오쩌둥에게 발송했으며 마오쩌둥은 다시 스탈린에게 보고했다."[75] 그러나 스탈린은 처음부터 한반도 전장의 상황을 통찰하고 있었으며, 모든 중요한 순간에 북한의 전쟁 수행에 관여했다. 모스크바는 한국에 대한 침공 직전의 준비 상황, 북한군의 작전 경과와 지휘의 본질적 문제 등에 관해 평양으로부터 보고를 받아 정확히 알고 있었을 뿐만 아니라, 일련의 지시도 하달했다.[76] 평양 주재 소련 대사를 비롯한 대표자들은 전쟁 중 모든 중요한 사건들을 모스크바에 보고했다. 7월 1일, 시티코프는 미국군의 개입 후 북한 정권 내부에 조성된 회의적 분위기를 전했다. 김일성은 보병, 전차, 해군 부대의 추가 창설 필요성을 언급하면서 시티코프의 조언을 구했다. 그리고 김두봉과 홍명희는 미국군과 싸우는 것은 어렵다고 여기고 있으며, 이러한 문제에 관해 소련의 입장은 무엇인지 김일성을 통해 알기를 바라고 있었다.[77]

그로부터 3일이 지난 7월 3일, 시티코프는 김일성, 박헌영과 나눈 대화 요지를 모스크바로 보고했다. 김일성은 북한군의 진출 속도에 대해 불만을 표했다. 그는 진출 속도가 늦어지는 것이 중부전선과 한강 도하 작전에서 지체되었기 때문이라고 여겼다. 그는 미국이 북한 지역의 항구에 상륙부대를 투입하거나 후방 지역에 공수부대를 투입할 가능성을 걱정해, 2개 보병사단, 12개 육전대대, 해안경비대를 편성할 수 있는 무기 지원을 모스크바에 요청했다.

시티코프는 2개 군단 사령부에 두 명의 소련 군사 고문관을 파견하고, 서울의 북한군 전선사에 소련 군사고문단장 바실리예프와 군사 고문관들을 파견할 것을 스탈린에게 건의했다.[78] 7월 8일, 김일성은 시티코프를 통해 스탈린에게 전달한 전문에서 긴박한 지휘의 문제를 해결하기 위해 25~35명의 소련 군사 고문관들을 북한군 전선사와 2개 군단 사령부에 운용할 수 있도록 승인해줄 것을 간청했다. 김일성은 북한군 군관들이 현대 작전술에 충분히 익숙하지 못한 상태라는 것을 이유로 들었다.[79] 이러한 김일성의 요청 사항들은 소련 지도부에 의해 대부분 충족되었다. 7월 14일 시티코프가 스탈린에게 보낸 전문을 보면, 김일성이 다시금 한반도 전역을 미국의 '개입'으로부터 '해방'시킬 수 있다는 용기와 감격에 사로잡혀 있다는 사실을 엿볼 수 있다.[80]

이처럼 소련군의 군사 지원이 증대되었음에도 불구하고, 초기 작전에 성공한 후 북한군의 진출은 기대와 달리 신속하지 않았고 성공적이지도 못했다. 1950월 8월 28일, 스탈린은 시티코프를 통해 김일성의 전쟁 수행을 지도하고 독려하면서 소련 전폭기와 전투기의 추가 지원 의사를 표명했다. 스탈린은 중요한 순간마다 김일성과 북한군을 안심시키고 그들의 용기를 북돋아주는 역할을 자임했다. 당시 김일성은 낙동강 방어선을 돌파하기 위해 모든 역량을 투입하고 있는 상태였다. "소련공산당 중앙위원회(볼셰비키)는 개입자들이 곧 한반도에서 치욕스럽게 축출될 것이라는 점을 의심하지 않는다. 3. 공군력을 분산시키지 말고 전선에 집중하라고 김일성 동지에게 조언하라. 전선의 특정 부분에 대한 북한군의 공격은 대규모 항공 전력에 의한 결정적 타격과 함께 개시해야 하며, 북한군 전투기는 적 항공기들의 타격으로부터 북한군 부대를 최대한 방어해야 한다. 필요하다면 우리가 근접 지원 항공기와 전투기들을 추가 지원할 수 있다."[81]

8월 31일, 이에 대해 김일성은 조선노동당 중앙위원회 정치국 명의로 답신을 보냈다. "경애하는 스탈린 동지, 우리는 당신의 관심에 깊이 감동했습니다. 우리는 따뜻한 동정과 충고를 주신 것에 대해 우리의 경애하는 스승이신 당신에게 감사드립니다. 조선 인민들의 투쟁의 결정적 기간 우리는 당신으로부터 크나큰 정신적 지원을 받았습니다. 우리는 또다시 조선을 노예화하려는 미국 간섭주의자들과의 전투에서 최종 승리를 거두기 위해 확고한 결의에 차 있습니다. 독립과 자유를 위한 고귀한 투쟁에서 우리는 당신의 어버이 같은 보살핌과 도움을 늘 느끼고 있습니다. 만수무강을 기원합니다. 충성을 다하여, 김일성."[82]

김일성의 표현은 중세 영주에 대한 충직한 신하의 충성 맹세를 방불케 한다. 당시 낙동강 전선에서 북한군이 처한 비참한 군사 상황을 고려하면 이러한 김일성의 태도는 조롱거리가 아닐 수 없다. 왜냐하면 소련의 실제 군사 지원은 결코 넉넉하지 않았으며, 더욱이 북한군의 보충 소요를 충족하기에는 턱없이 부족했다. 이 시점의 북한군 1개 보병사단의 평균 병력은 미숙한 신병들을 포함해 겨우 4,000~5,000명으로 기본 편제의 절반 수준이었다. 대부분의 병사들은 군수 지원이 제대로 이루어지지 않아 무기, 군복, 군화도 없이 전투를 수행했다. 9월 초, 낙동강 전선에서 대치하고 있던 한국군과 유엔군의 연합 병력은 북한군보다 2대 1로 더 우세했다.[83] 그럼에도 불구하고, 북한 정권은 추후 유엔군이 공세로 전환했을 때 방어 및 지연작전을 제대로 수행하지 못할 정도로 낙동강 전선의 돌파를 무모하게 독려했다. 아마도 스탈린의 독려와 격려, 소련 항공기의 추가 지원 언급 등으로 말미암아 북한군은 작전 한계점을 넘어 절망적인 공세를 계속할 수밖에 없었을 것이다. 북한군은 낙동강 전선에서 침공 초기부터 전선의 전투를 주도했던 병력의 약 70퍼센트 이상을 잃었다. 왜냐하면 후방으로부터 인적, 물적 자원의 보충이 적시에 이루어질 수 없었기 때문이다.[84] 북한군의 공세는 종말점에 도달해 더 이상 최초의 의도대로 전쟁을 주도할 수 없게 되었다. 미국 지상군과 유엔군은 점차 증강되어 반격을 준비하고 있었다.[85] 훗날 흐루쇼프는, 만일 소련 극동군구 사령관 말리노프스키가 북한군의 침공 작전 준비와 수행 과정을 지도하고, 북한군에 1∼2개 전차 군단을 지원했더라면 신속히 부산을 점령해 최종 승리를 쟁취했을 것이라고 회고했다.[86]

소련이 전쟁의 진행 과정에 적극 개입하지 않은 것은 중국을 끌어들이려는 술책과 연관이 있었다. 중국 지도부는 전쟁의 시작부터 중요한 사건들을 비교적 정확히 추적할 수 있었다. 특히 미국의 군사개입 직후부터 모스크바와 베이징 지도부의 소통은 활발했다. 스탈린은 이미 1950년 7월 1일 북한군이 과연 신속한 진출 속도를 유지할 수 있을지, 북한 지역에 대한 미국 공군의 폭격이 어떤 결과를 가져올지 등을 염려하기 시작했다.[87] 이러한 소련과 중국의 의견 교환 과정에서 중국군의 참전에 관한 문제는 중심에 놓일 수밖에 없었다.

1950년 7월 10일, 중국은 서남군구 정찰국장 차이청원柴成文을 단장으로 하는 군사 참관단[88]을 평양에 파견해 북한 지도부와의 연락 체계를 강화했다.[89] 이 군사 참관단의 파견은 북한의 침공 개시 3일 후인 1950년 6월 28일 네룽전聶榮臻이 저우언라이 총리에게 건의한 바 있었다. 차이청원의 회고에 따르면, 김일성은 이미 전쟁 개시 시점에 중국군 군단장과 사단장들의 파견을 저우언라이에게 요청한 사실을 중국 군사 참관단을 영접하는 자리에서 언급했다.[90] 따라서 김일성은 중국 군사 대표단이 파견되지 않은 문제를 모스크바에 제기했고 이에 따라 스탈린은 관련 조치를 마오쩌둥에게 7월 8일 요구했던 것이다.[91] 이 중국 군사 참관단은 정보 전문가로 구성되어 있었고, 한반도 전장의 상황을 베이징으로 보고했다. 마오쩌둥은 이들의 보고 내용을 기초로 낙동강 전선에서 북한군이 적시에 후퇴해야 한다고 조언하는 등 북한의 전쟁 수행에 대해 자신의 전략적·작전적 의견들을 전달할 수 있었다.

그러나 중국군이 참전을 준비하는 데 필요한, 한반도 전장 상황에 관한 정보는 충분히 소통되지 못했다. 주된 원인은 김일성의 연안파 견제에 있었다. 그는 연안파의 영향력이 강해질 경우, 중국에 대한 북한의 의존성이 더 심화될 것을 우려했다.[92] 더욱이 북한군의 작전 수행을 심각한 혼란에 빠뜨린 유엔군의 공세 단계에서 중국군은 물론 소련군 지도부도 한반도 전장 상황을 정확히 파악하는 데 어려움이 있었을 것이다.[93]

저우언라이는 주중 소련 대사 로신과의 7월 2일 대화에서, 만일 미국군이 38도선을 넘어 북진한다면 중국군이 조선인으로 위장해 미국군과 전투를 수행할 것이라고 밝혔다. 그는 이를 위해 무크덴(선양) 지역에 중국군 병력 약 12만 명으로 편성된 3개 군이 집결해 있다면서, 중국 지상군에 대한 소련의 공군력 지원이 가능한지 물었다.[94] 저우언라이가 언급한 중국군 부대는 제13병단으로서 제38·39·40군으로 편성되어 있었다.[95] 로신은 이 사실을 스탈린에게 보고했다. 스탈린은 한국군과 유엔군이 38도선을 넘어 북진할 경우 9개 중국군 사단을 한중 국경에 추진 배치한다는 중

국 지도부의 생각은 옳으며, 소련의 공군력을 지원할 준비가 되어 있다고 답변했다.[96]

7월 13일, 스탈린은 전보를 통해 마오쩌둥, 저우언라이와 함께 영국 정부의 제안에 관해 의논했다. 영국 정부는 한반도 문제의 평화적 해결을 촉진하기 위해 북한군이 38도선 북쪽으로 철수해야 한다고 주장했다. 스탈린은 이러한 영국의 제안에 대한 답변을 중국 지도부에 전달했다. 여기서 스탈린은 평화적 해결을 더 어렵게 만들려는 의도와 술책을 드러냈다.[97] 그는 중국 지상군을 지원하기 위해 124대의 제트 전투기로 편성된 1개 비행사단을 파견할 준비가 되어 있다고 언급하면서, 소련군 조종사를 파견해 중국군 조종사를 양성한 후 모든 장비 일체를 중국군에 인계하겠다고 약속했다.[98] 이에 따라 중국 지도부는 중국군 조종사 교육 프로그램과 일정에 대해 제안했고, 스탈린은 7월 25일 그 제안을 수용했다.[99] 8월 27일, 소련 지도부는 중국 지도부가 요청한 바와 같이 동북 지역의 중국 공군과 방공부대를 지원하기 위해 서른여덟 명의 군사 고문관과 전문가를 중국에 파견하겠다고 통보했다.[100] 1950년 8월 초순, 중국군의 MIG-15 전투기 조종사 양성 교육이 상하이 주둔 중국군 제4비행여단과 제10비행연대에서 소련 군사 고문관들의 지도로 시작되었다. 이어서 8월 중순, Lar-II 전투기, Tu-II 폭격기, Ill-11 전폭기 조종사 양성 교육이 개설되었다.[101]

1950년 8월 말, 소련은 122대의 MIG-15와 MIG-16으로 편제된 1개 비행사단을 파견했으며, 이들은 조종사 교육을 위해 동북 지역에 즉시 배치되었다. 이 비행사단은 소련이 중국에 제공한 두 번째 사단이었고, 첫 번째 비행사단은 1950년 3월 상하이-난징-쑤저우 지역에 창설되었다. 1950년 8월, 중국 공군사령부는 1953년까지 중국군 공군력을 증강하는 계획을 수립했다. 이 계획은 전체적으로 2640대의 전투기가 포함된 4507대의 항공기로 편제된 97개 비행연대를 창설하는 내용을 담고 있었다.[102]

8월 26일, 저우언라이는 국가 방위에 관한 내부 회의에서, "중국은 무엇보다 대규모 항공기, 전차, 포병 무기를 소련으로부터 수입해야 한다. 이 중에서 중국군 10개 군에 필요한 중포병 장비를 비롯해 최소한 4개 비행연대, 3개 전차여단, 18개 방공연대 등을 무장시킬 장비가 포함되어야 한다"고 말했다.[103]

이와 같이 소련은 공군 부대의 조직과 교육 훈련을 지도했을뿐만 아니라, 대규모 지상군 부대의 편제 장비와 물자를 중국에 제공했다. 지도부가 인민해방군의 조속한 증강을 위해 소련 지도부를 설득한 결과였다. 소련은 자주포, 방사포 같은 다양한 포병 장비를 4,000문 제공하기로 약속했다. 이 포병 장비들은 대부분 소련군이 1930년대 사용했던 구형 장비로서, 미국군의 포병 장비에 비해 성능이 떨어졌지만, 중국 인민해방군이 1950년대 말까지 보유했던 장비들보다는 현저히 우월했다. 이 밖에도 중국 지도부는 2개 방공사단과 18개 방공연대를 소련 장비로 무장하기로 소련 지도부와 합의했다. 중국 중앙군사위원회의 결정에 따라 중앙 기갑사령부의 쉬광다許光達는 1950년 9월 초부터 톈진에서 첫 번째 전차여단을 창설했고, 이어서 4개 전차여단을 조직했다. 1950년 10월, T-34 전차로 편제된 10개 소련 기갑연대가 중국 북부 지역에 배치되었고, 1950년 11월, 소련 전차들이 추가로 제공되었다.[104]

3. 북한군의 공황, 유엔 · 한국군의 인천 상륙 작전

맥아더는 이미 1950년 7월 초부터 인천 상륙 작전을 구상했다. 이와 비슷한 시점인 1950년 7월 2일 마오쩌둥은 미국군의 인천 상륙 작전 가능성을 경고했다.[105] 이러한 상륙 작전 구상은 '합동 전략 기획 및 작전 그룹'

이 구체화했다.[106] 그러나 최초 구상된('블루 하트Blue Hearts' 작전으로 명명된) 상륙 작전 계획은 7월 10일 포기될 수밖에 없었다. 왜냐하면 북한군의 진출을 적시에 정지시킬 수 없었기 때문이다.[107] 그럼에도 불구하고 맥아더는 이 작전 계획을 계속 발전시키도록 지도했고, 마침내 7월 23일 미국 국방성의 육군성에 '크로마이트Chromite' 작전 계획을 보고했다. 이 계획은 적의 후방 지역에서 9월 중순에 수행할 상륙 작전에 관한 것이었다.[108] 8월 26일, 인천 상륙 작전에 참여할 미국 제10군단 사령부가 맥아더의 건의로 재창설되었다. 이 10군단은 미국 제1·5·7해병사단과 제7보병사단으로 구성되었다. 미국 군사 지도부 내부에서는 상륙 장소와 더불어 상륙 작전의 필요성에 대한 찬반 논쟁이 있었다.[109] 인천 상륙 작전을 반대하는 입장이었던 미국 육군 참모총장 콜린스J. Lawton Collins 장군을 비롯해 해군 지휘부와 해병 지휘부는 상륙 지역의 밀물과 썰물의 수위 차이가 매우 크기 때문에 상륙 작전에 심각한 장애가 된다고 주장했다.[110] 이에 반해 인천 상륙 작전을 찬성했던 맥아더 장군의 논리는 다음과 같다. "적은 후방 지역을 소홀히 해왔으며 가느다란 병참선에 매달려 있다. 이 선은 서울 지역에서 신속히 절단될 수 있다……인천에 상륙해 신속히 한국의 수도 서울을 수복하는 데에는 전략적, 정치적, 심리적 이유가 있다……아시아에 대한 심상을 지키고 유엔에 대한 지원을 확보하게 될 것이다……인천이라는 모루 위로 남쪽에서 공격하는 워커의 미국 제8군은 북한군을 망치로 압박하여 분쇄하게 될 것이다."[111]

'크로마이트' 작전은 성공적이었다. 한국군과 유엔군은 1950년 9월 15일 인천에 상륙한 후 9월 28일 서울을 수복했다. 미국 제10군단의 인천 상륙 이튿날 1950년 9월 16일 9시 낙동강 방어선의 미국 육군 제8군은 적의 포위망을 돌파하기 시작했다. 제8군과 한국군의 주공 부대는 대구-김천-대전-수원 축선을 따라 공격해 제10군단 예하 부대와 적시 연결을 통해 북한군 역량을 양분해 각개 격파하려는 계획을 세웠다.[112] 그러나 낙동강 전선에서 북한군이 예상보다 오래 저항했다.[113] 유엔군의 인천 상륙에 관한 정보가 북한군 사이에 유포되기까지는 며칠 더 시간이 걸렸을 것이고, 북한군 지휘부도 대응 조치를 준비하는 데 일정 시간이 필요했을 것이다. 9월 19일부터 낙동강 전선에서 북쪽으로 후퇴하는 북한군의 징후가 뚜렷이 나타나기 시작했다.[114]

스탈린과 소련 지도부는 유엔군의 인천 상륙에 대해 기민하게 반응했다. 스탈린은 유엔군이 인천 상륙 작전에 성공한 사실을 중대한 전략적 변화로 간주했다. 이 변화는 전장에서는 물론 외교 활동 영역에서도 주도권이 미국 측으로 넘어갔다는 것을 의미했다. 따라서 스탈린은 9월 18일 소련군 군사고문단장 바실리예프 장군을 통해 북한군 4개 사단을 낙동강 전선에서 전환해 서울을 방어하는 데 운용하라는 지시를 북한 지도부에 전달했다. 같은 날, 스탈린은 소련 국방장관 바실렙스키에게 블라디보스토크가 포함된 소련의 극동관구에 주둔 중인 공군력을 투입해 평양 이북 영공을 방어하는 계획을 수립토록 지시했다. 이와 동시에 스탈린은 유엔군의 인천 상륙이 갖는 의미를 적시에 올바로 인식하지 못했다는 이유로 시티코프와 바실리예프를 질책했다. 시티코프와 바실리예프는 최초 인천 상륙 작전을 낙동강 전선에서 북한군의 압박을 완화하기 위한 유엔군의 양공 작전으로 판단했다. 이러한 판단에 따라 서울 지역으로 4개 사단을 전환 배치해야 할 필요성을 의심했기 때문에, 낙동강 전선에서 공세를 강화하면서 소중한 시간을 허비했다.[115]

이처럼 시티코프와 바실리예프는 서울 방어에 관한 스탈린의 지시를 적시에 이행하지 못했다. 그런데 이들 두 대리인의 판단은 지극히 현실적이었다고 평가된다. 지금도 후퇴 작전은 모든 군인들에게 명예롭거나 권장할 만한 작전 형태로 간주되지 않고 있다. 특히 제2차 세계대전을 경험한 소련 군인들의 인식은 더욱더 그러했을 것이다. 소련군에서는 후퇴 명령이 거의 하달되지 않았으며, 불가피한 경우에만 뒤늦게 하달되는 것이 관례였다. 이러한 성향이 한반도 전장에서도 그대로 나타난 것이다. 그리고 당시 북한군이 낙동강 전선에서 직면한 상황을 고려해보면, 북한군의 4개 사단을 서울 방어를 위해 전환 배치하는 것은 불가능했다는 결론에 도달한다. 북한군 부대의 전투력은 유엔군 방어 부대와의 치열한 전투 중에 조직적으로 이탈하기에는 턱없이 부족한 수준이었다. 더욱이 미국 공군이 위협하는 상황에서 장거리 전술 행군으로 이를 극복하며 새로운 장소로 이동하는 것이나 새 전장에서 또다시 전투력을 발휘하는 것은 결코 쉬운 일이 아니었다.[116]

이러한 절망적 상황에서 시티코프와 바실리예프는 부산을 탈취하기 위해 공세를 계속 강행하는 것이 오히려 전세를 역전시키는 데 더 유리하리라고 판단했다. 이들 두 대리인은 북한군의 공세가 실패할 경우 자신들이 희생양이 될 것이라는 두려움을 안고 있었다. 소련군의 모든 볼셰비키 간부들은 이와 같은 불안감을 가지고 있었다. 실제로 소련군에서는 제2차 세계대전 동안 작전 실패에 대한 보복 조처로서 고위직 사령관이 희생양으로 처벌되는 사례가 많았다.[117] 더군다나 북한 정권도 최종 승리를 쟁취하느냐 패배를 감수하느냐의 기로에 맞닥뜨려, 서울 방어에 관한 스탈린의 지시를 이행하는 데 지체할 수밖에 없었을 것이다. 이러한 추론은 자하로프 대장이 9월 26일 스탈린에게 보낸 보고 내용이 뒷받침하고 있다.[118] 김일성은 자하로프와 시티코프와의 회의를 계기로 비로소 유엔군을 한반도에서 신속히 격퇴한다는 환상을 포기했다.[119]

소련 지도부가 북한군의 군사작전에 얼마나 관여했는지는, 1950년 9월 27일 스탈린이 서명한 지시 전문을 보면 알 수 있다. 스탈린은 낙동강 전선에서 북한군 4개 사단을 뒤늦게 후퇴시킨 것과 전차부대의 전술적 기동의 문제를 들어 소련 군사 고문관들의 활동을 비판했다. 이어서, 유엔군의 인천 상륙이 서울의 상황에 미칠 영향을 염려한 그는 8개 항의 작전·전술 원칙의 준수를 긴급히 요구했다. 북한군 부대들은 이 원칙에 따라 서울의 남부, 동부, 북부 지역에 방어선을 구축하기 위해 후퇴해야 했다.[120]

소련 군사 고문관들에게 유엔군의 인천 상륙 작전에 관한 정보가 적시에 제공되었는지 추론할 필요가 있다. 러시아 국방부의 조국역사연구소 연구원 코르트코프Gavril Kortkov는 《스탈린과 김일성》에서, 소련은 일찍이 미국군의 인천 상륙 작전을 걱정했다고 주장했다. 당시 소련 극동관구 사령관 말리노프스키 원수는 한반도 전쟁 상황을 논의하던 1950년 8월 모스크바 회의에서 미국군의 상륙 작전 가능성을 제기하면서, 서울 인근의 인천을 가장 확률이 높은 장소로 예상했다는 것이다. 이러한 그의 예상은 무엇보다 미국군의 공군 전력과 해군 전력이 한반도 전장에 집중되고 있다는 사실에서 비롯되었다.[121] 이러한 상황 평가와 함께 소련 군사 고문관들도 유엔군의 상륙 작전이 북한군의 후방 지역에서 전개될 가능성에 유의하고 있었을 것으로 추정된다.

1950년 8월 말, 마오쩌둥도 이상조[122]를 접견한 자리에서 모스크바 지도부와 같은 걱정을 표했다. 당시 중국의 군사 지원을 요청하기 위해 베이징을 방문했던 이상조의 증언에 따르면, 마오쩌둥은 낙동강 전선에서 북한군을 적시에 후퇴시킬 것을 조언했다.[123] 이러한 이상조의 증언은, 중국 지도부가 낙동강 전선의 상황을 회의적으로 인식하고 있었음을 보여준다. 이처럼 중국 지도부는 이미 8월 초 미국이 강력한 반격을 개시할 것이고, 이에 따라 북한은 복잡하고 악화된 상황에 직면하게 되리라고 예상했다.[124] 따라서 마오쩌둥은 그러한 사태를 피하려면 북한군의 일부 부대 또는 전체 부대를 후퇴시켜야 한다고 권고한 것이다.[125] 그러나 김일성은 이 조언을 무시했던 것으로 보인다.[126]

실제로 김일성이 고조되는 위험을 무시했는지 아니면 우선 대응해야 할 다른 위험이 있었는지는 좀 더 규명해야 할 것이다. 하스팅스Max Hastings 는 유엔군의 인천 상륙 작전을 미국 전쟁술의 '걸작품'으로 평가하면서, 북한 정권의 특별한 대응 조치가 없었다고 주장했다. 인천 상륙 작전의 위험이 결코 비밀이 아니었음에도 불구하고 "그 위험에 대한 어떤 경고도 평양에 파고들지 못했으며, 북한군 방어를 증원하기 위해 단 한 명도 보충되지 않았다"고 서술했다.[127] 그러나 김일성은 그 위험을 완전히 무시하지는 않았다. 이것은 《중앙일보》 기자가 발굴한 김일성의 방어 명령 문서들에 의해 증명된다. 실제로, 유엔군의 인천 상륙 작전 가능성에 대비해 김일성은 일련의 방어 명령을 하달했다. 북한 정권은 자체 상황 판단에 따라 여러 경고에 반응했다. 1950년 8월 26일 하달된 명령에 따르면, 인천 지역, 즉 부평, 영종, 강화, 남양 등지의 방어 태세가 8월 28일까지 완비되어야 했다. 김일성은 1950년 8월 28일 신임 박훈일 사령관[128]에게 방어 명령의 실행을 하달했다.[129] 행정 관료인 박훈일의 임명은 그의 적합성 여부를 충분히 고려하지 못한 결과이거나 궁여지책이었을 것이다. 북한군은 유엔군의 인천 상륙 작전을 방어할 충분한 능력이 없었다. 북한 정권은 낙동강 전선에서 거의 모든 역량을 소진했기 때문에 작전에 투입할 예비 전투력이 충분히 남아 있지 않았다.

북한군의 초기 작전 단계를 정리해보면, 북한군의 전투 역량은 거의 소진되고 유엔군의 반격이 시작되었음을 알 수 있다. 그러나 손턴의 주장처럼, 이러한 결과는 스탈린의 교묘한 방해가 낳은 것이 결코 아니었다. 북한 정권은 절망적인 상황이지만 부산까지 진출하기 위해 가용한 모든 예비사단들을 투입했다. 이러한 시도는 군사적으로 무의미하지 않았지만 헛된 것이었다. 결국 낙동강 전선의 북한군 부대들은 후퇴할 수밖에 없었다. 이 후퇴 작전은 작전으로 볼 수 없는 명백한 '도주'였고 그 양상은 지리멸

렬 자체였다. 북한군은 거의 모든 전차와 포병 장비를 잃는 심대한 손실을 입었다.[130] 북한군은 공격 기세를 더 이상 유지할 수 없었을 뿐만 아니라, 유엔군의 반격을 저지할 수 있는 예비 전투력과 후방 조직의 역량도 모자 랐다.[131] 이러한 북한군의 행동은 "특히 측방과 측방 지경선에 대한 예기치 않은 적의 공격을 방어하려면 충분한 예비 전투력을 구성해야 한다"라는 1944년 발간된 소련군《야전 근무 규정》의 명제와는 거리가 있었다. 그 결과 유엔군의 첫 번째 결정적 반격, 즉 북한군의 측후방에 대한 상륙 공 격을 방어할 수 없었다.[132]

그럼에도 불구하고 북한 지도부는 예비 전투력을 구성하기 위해 진력했 다. 우선 인천 지역에 방어사령부를 설치하고 그 아래에 북한군 1개 육전 연대와 제107경찰연대를 편성해 방어 임무를 부여했다. 서울 지역에도 방 어사령부를 설치하고 예하에 북한군 제18보병사단, 제45보병사단 76연 대, 서울 경찰연대, 제25교도여단 등을 편성해 방어 임무를 부여했다. 서 울과 의정부를 연결하는 도로 축선에는 제31서울사단과 제17기계화보 병사단 33기보연대를 배치했다.[133] 그러나 이들 부대의 전투력 수준과 저 항 능력은 극히 열악했다. 북한군은 전체적으로 작전적 예비 전투력이 부 족해 수적으로 현저히 열세한 상태였다. 또 인천 상륙에 대비하는 방어 부 대는 필수 교육 훈련이 부재하고 전투 경험이 없었다. 낙동강 전선의 군수 지원 상황과 마찬가지로, 인천과 서울 지역에서도 급양, 탄약, 통신 장비 등이 보급되지 않아 효과적 작전 수행은 거의 불가능했다.[134]

이와 같이 북한 지도부는 예비 전투력의 중요성과 운용에 관한 소련군 의 사상에 부응하기 위해 노력했지만 그 결과는 실패였다. 근본 원인은 북한군의 침공 개시 전에 소련 군사고문단이 예비 전투력의 충분성 문제 를 제기했음에도, 북한 지도부가 속전속결을 과신해 조기 침공을 선택한 데 있었다. 또한 소련 군사 교리에서 중요한 의미를 지닌 후방 지역 조직도 부실했다. 북한군의 침공 초기부터 후방 지역은 전쟁 지원을 위한 준비가 제대로 되어 있지 않았다. 북한 정권은 주민들에게 침공 작전이 가져올 위험성을 제때 알려주지 않았다. 이것은 6·25전쟁에 대한 김일성과 북한 정권의 책임을 은폐하고 침공 작전의 기습 효과를 중시한 결과였다. 따라서 북한 주민들은 미국의 군사개입에 따른 미국 공군의 위협과 지상군의 반격 등에 직면해 북한 지역을 방어할 수 있는 정신적, 물리적 태세를 제대로 갖추고 있지 못했다.

결국 김일성은 스탈린의 구원에 기댈 수밖에 없었다. 김일성과 박헌영은 9월 29일 서한에서 소련의 직접 군사개입 또는 중국 인민해방군과 다른 공산주의 국가들의 군사개입을 스탈린에게 간청했다. 김일성과 박헌영은 외부 군사 지원이 이루어지지 않는다면, 미국 '침략자들'이 북한을 점령하게 될 것이라고 강조했다.[135] 물론 스탈린은 소련군의 직접 개입 요청은 거절했다. 북한 지도부는 소련의 직접 군사개입이 6·25전쟁을 제3차 세계대전으로 비화시킬 수 있다는 위험성을 전혀 고려하지 않았던 것으로 보인다.

이처럼 소련 지도부는 김일성의 모험적인 제안에 동의하지 않았다. 스탈린은 북한의 침공 전에 공언한 대로, 미국이 개입해도 소련은 전쟁에 직접 개입하지 않는다는 입장을 일관되게 유지했다. 당시 소련 지도부는 새로운 상황 평가를 기초로 다음과 같은 결론에 도달했다. 모스크바는 전쟁에 연루될 위험을 피하기 위해 북한에서 활동 중이던 소련 군사 고문관들을 한반도에서 중국 영토로 철수하도록 결정했다. 그리고 계속해서 북한군의 전술 문제에 관해 지도하고, 북한 정권과 북한군을 중국으로 대피시킬 계획을 준비하며, 추후 전장에 투입할 부대들을 중국에서 훈련하고, 특히 중국이 전쟁에 개입하도록 촉구했다.[136] 소련 지도부는 유엔군의 포위망으로부터, 중무기들은 포기하더라도 북한군 잔존 병력들, 특히 군관들을 최대한 구출하는 것을 가장 시급한 과제로 인식했다. 따라서 9월 30일 모스크바로부터 급파된 자하로프의 최우선 과제는 간부들을 구출하는 것이었다.[137] 이러한 모스크바의 결정 사항은 구체화되었고, 완전히 또는 부분적으로 실행되었다. 예컨대 소련 군사 고문관을 비롯한 군사 관계자들, 북한 지도부와 북한군 잔존 부대들은 압록강을 넘어 대피했고,[138] 중국을 한반도 전장으로 끌어들이기 위해 간교하게 압박하기 시작했다.[139]

한편 미국 측에서는 어떤 문제에 직면해 어떤 논쟁이 진행되었는지, 어떤 생각들이 우위를 점했는지 조명할 필요가 있다. 유엔군의 반격 작전이 순조롭게 진행되면서 미국 지도부는 유엔군이 38도선을 넘어 북진하는 문제를 고심했다. 이 문제에 관한 다양한 구상이 이미 1950년 7월 초부터 제기되었다. 유엔군이 38도선을 넘어 북진하는 것에 찬성하는 대표적 인물은 미국 국무부 동북아시아국장 앨리슨John Allison, 극동 지역 담당 차관보 러스크David Dean Rusk, 일본 주재 특별대사 덜레스John Foster Dulles 등이었다.[140] 이들은 정치적 분단선인 38도선은 근거를 상실했으며, 북한군을 섬멸해야 한다는 견해를 피력했다.[141] 맥아더는 7월 7일 유엔 안보리 결의안을 접수했을 때 확고한 입장을 표명했다.[142] 그는 육군 참모총장 콜린스와 공군 참모총장 반덴버그Hoyt Vandenberg 대장에게, "나는 북한군을 격퇴하는 것이 아니라, 격멸하고자 한다. 나는 북한 전역을 점령하겠다"라고 발언했다.[143] 이러한 맥아더의 결연한 태도는 후일 그의 해임에 영향을 미쳤을 것이다. 이에 반대했던 대표적 인물이 미국 국무부 내 소련 전문가 케넌George Kennan이다. 그는, 유엔군이 38도선을 넘어 공세를 전개하는 것은 소련 또는 중국이 개입하지 않을 경우에 가능하지만, 그처럼 한국과 서방세계에 긍정적인 경우는 결코 기대할 수 없다고 주장했다.[144] 마침내 미국 국무부는 7월 28일 '추이를 관망하는' 정책을 선택했다. 만일 소련이 북한을 다시 점령하려고 시도한다면 유엔군의 38도선을 초월하는 공세는 오히려 소련과의 직접 대결로 이어질 것이었다. 따라서 미국 지도부는 상황 변화, 특히 소련의 전략에 관해 정보를 수집하고 분석하는 데 주력했다.[145]

미국 국방부도 국무부와 마찬가지로 소련 또는 중국의 군사개입을 우려했다. 그러나 원칙적으로 유엔군이 38도선 이북으로 공세를 전개함으로써 공산권 국가들에 서방세계의 힘을 보여줘야 한다는 입장을 견지했다. 이러한 결연한 행동을 통해 한반도 전체를 자신들의 영향권에 두려는 소련의 의도를 완전히 분쇄할 수 있다는 이유를 들었다. 나아가 유엔의 지원으로 한국이 통일을 이룩하면, 중국 지도부는 '한쪽에 기대는' 정책을 재검토하게 될 것으로 예상했다. 그러나 유엔군이 38도선을 넘어 공세를 계속하는 것은 소련 또는 중국이 개입하지 않을 거라는 전제가 있어야만 가능하다는 의견을 피력했다.[146]

이러한 찬반 논쟁은 1950년 9월까지 계속되었다. 마침내 9월 9일, 미국 국가안전보장회의NSC는 의사 결정을 했고, 이틀 후 트루먼 대통령이 승인했다. 9월 27일, 미국 지도부는 맥아더에게, 소련군 또는 중국군 부대가 한반도에 없거나 그들의 개입이 임박하지 않은 조건이라면, 38도선을 넘어 북진할 수 있다고 승인했다. "여러분의 군사적 목표는 북한군 격멸이다. 만일 여러분의 작전 수행 중 소련 또는 중국의 공산군이 북한으로 진입하지 않았거나 진입을 공표하지 않았고 북한 지역에서의 우리 작전에 대응할 위협이 없다면, 군사 목표를 달성하기 위해 38도선 이북 지역에서 상륙, 공수, 지상 작전을 포함한 군사작전을 수행할 수 있다."[147] 따라서 미국 정치 지도부가 새롭게 제시한 군사작전의 목표는 단순히 현상의 복구가 아니라, 북한 군사력의 격멸이었다. 유엔군의 38도선 초월은 북한 지역에서 진행되는 북한군의 재편성 방해에 목적이 있다고 정당화되었다.[148]

이러한 미국 지도부의 결정은 소련과 대립 관계에 있던 미국과 서방세계의 이익에 도움이 되는 것이었다. 왜냐하면, 소련이 한반도에서 미국군과의 직접 대결을 감행할지, 아니면 중국을 미국군과 대결하도록 사주할지 여부가 모호했기 때문이다.[149] 만일 유엔군이 북한을 완전히 점령했더라면, 소련은 북한의 침공을 승인했던 핵심 요인인 극동 지역에서의 지리적·전략적 이점을 상실했을 것이다.[150]

이와 같이 북한 정권의 운명은 워싱턴, 모스크바, 베이징의 의사 결정에 달려 있었다. 북한 지도부는 1950년 10월 1일 북한군에 38도선까지 후퇴하도록 명령을 하달했다. 이 명령은 유엔군이 서울을 수복하던 9월 27일 소련공산당 정치국의 강력한 요구와 평양 주재 소련 군사 고문관들의 세부 지시에 따라 하달된 것이었다.[151] 그러나 낙동강 전선에서 공격작전을 수행했던 부대들은 지정된 방어진지를 제대로 점령할 수 없었다. 북한군 제1군단과 제2군단의 패잔병들은 작은 무리를 형성해 야간에 산악 경로를 따라 겨우 북쪽으로 도피할 수 있었을 따름이다. 그들은 10월 8일, 38도선 남쪽 50~100킬로미터 선에 도달할 수 있었다. 그리하여 북한군은 인천과 서울 지역 방어 작전에 참여했던 부대들을 후퇴시켜 북한군 제26·27교도여단과 함께 예성강-오음리를 연하여 제1방어선을 형성했다.[152]

10월 17일, 북한군은 삭령-토산-신계 선에서 제2방어선을 구축하기 시작했고, 이어서 중화-상원-율리 선에서 제3방어선을 형성했다. 평양지역에도 제4방어선이 구축되어 외곽선과 내곽선에서 10월 20일까지 저항할 수 있었다. 그동안 영동 지역에서는 북한군 부대의 저항이 단 한 차례밖에 없었다. 9월 29일, 38도선을 넘어 원산을 향해 공격하던 한국군 제3보병사단과 북한군 제42보병사단 사이에 비교적 치열한 교전이 벌어졌다.[153] 북한군 제24기보여단과 제945육전연대가 원산을 방어했지만, 한국군 제3보병사단과 수도보병사단의 진격을 방해할 수는 없었다.[154] 유엔군의 공세가 시작된 9월 16일부터 11월 2일까지 북한군 잔류 역량의 조직적인 저항은 거의 없었다.

 북한군의 다중 방어선은 소련 군사 교리의 원칙과 소련군이 제2차 세계대전 중 독일군과의 전투에서 얻은 혹독한 교훈이 기초가 되었을 것이다. 소련군《야전 근무 규정(PU 36)》은 이러한 유형의 방어 작전을 '기동방어'로 정의했다. 기동방어는 "작전적 판단하에 지역의 일정 부분을 희생해 시간을 획득하고 전투력을 보존하기 위한 작전"이었다. 이러한 방어 작전은 '끝장을 내지 않는 일련의 방어 전투'로 이루어지며, 후퇴 기동은 "구간에서 구간으로 연속적으로 또는 후위 부대가 엄호를 제공하는 가운데 실시"될 수 있다.[155] 소련군 주코프 장군은 1941년 6월 22일 하달된 전략 지시 제3호는 타당하지 않으며 잘못되었다고 지적한 바 있다. 이 전략 지시는 적의 공세를 국경 지대에서 저지한 후 반격으로 전환한다는 공세적 전략 개념을 기초로 한 것이었다.[156] 소련군은 제2차 세계대전이 종료된 후 프룬제 군사대학의 교육용 영화를 통해 소련군이 독일군의 공격을 성공적으로 저지한 다중 방어선을 선전했지만, 이는 사실 전혀 존재하지 않았다.[157] 소련 지도부는 한편으로 자신들의 과오를 은폐하고, 다른 한편으로는 미래전에서 우세한 적과의 전투에서 일련의 방어선 구축이 중요하다는 점을 강조하려 했다. 이러한 방어 전략이 소련에 가장 적합하다고 주장했던 대표적 인물이 스베친이었다. 이러한 배경에서 소련 군사고문단은 북한군이 종심 깊게 다중 방어선을 구축해 기동방어를 수행하도록 지도했을 것으로 추정된다.

4. 항미원조抗米援助를 내세운 중국군의 개입

 이 무렵 한국에는 북한의 남침 초기 상황과 유사하게 승리를 낙관하는 분위기가 확산되었다. 1950년 10월 2일, 38도선을 넘어 북진하라는 명령이 하달되었다. 그러나 미국 제1군단 예하의 한국군 제1보병사단을 제외한 모든 한국군 사단들은 북진 공격 명령이 하달되기 전에 이미 38도선을 넘었다. 이러한 독단적 행동의 연원은 이승만 대통령이 1950년 9월 19일 부산에서 실시한 연설에서 찾을 수 있다. 그는 단 한 명의 적도 남아 있지 않도록 멈춤 없이 한중 국경선까지 진격해야 한다고 역설했다.[158]

맥아더는 1950년 10월 15일 트루먼 대통령과의 웨이크 섬 회의에서 북한의 저항은 추수감사절 전에 무력화할 수 있으며 미국 제8군 예하 부대들은 성탄절 전까지 일본으로 복귀할 수 있다고 확언했다. 이어서 미국 제2보병사단과 제3보병사단으로 편성된 제10군단이 안정화 작전 임무를 수행하고, 대한민국의 재건 사업과 통일을 위해 파견된 유엔위원회를 지원하게 될 것이라고 언급했다.[159] 트루먼 대통령이 중국군의 개입 가능성을 묻자 맥아더는 그 가능성은 '매우 낮다'고 답변했다. 맥아더는 중국군의 전투력을 다음과 같이 평가했다. 만주에 주둔하고 있는 중국 지상군 병력은 총 30만 명으로, 10~12만 5,000명은 압록강 일대에 배치되어 있으며, 이 중에서도 5~6만 명 규모의 부대만이 북한 지역으로 투입될 수 있을 것으로 예상했다. 만일 중국군이 평양을 목표로 공격한다면 '대형 유혈참사'에 직면할 것이라고 자신감을 보였다.[160]

이러한 맥아더의 기대는 중국군의 참전으로 무산되었다. 맥아더는 중국 인민지원군의 전투력과 전투 효과를 과소평가했다.[161] 맥아더는 태평양 전쟁에서 일본군과의 전투 경험을 통해 "동양인들은 치욕을 당하기보다 죽기를 원한다"는 것을 인식하고 있었다.[162] 그러나 맥아더는 중국군의 위협을 분석하면서 고려해야 할 중요한 요소들을 간과한 것으로 보인다. 그것은 중국과 북한의 역사적 유대 관계, 공산주의 이념의 집단적 도취, 민족성, 전투원들의 의식, 공산화된 중국에서 새롭게 형성된 군과 사회의 관계, 그리고 장수광이 슈람Stuart Schram을 인용해 표현한 마오쩌둥의 '전쟁에 관한 낭만적 관념' 등이다. 마오쩌둥의 '낭만적 관념'이란 중국 내전을 통해 형성된 것으로서, 전투원(사람)들이 자신들의 목표를 확신한다면 무기를 능가할 수 있으며, 그 결과 약한 군대가 강한 군대를 이길 수 있다는 것이다.[163]

중국 지도부는 미국이 한반도와 타이완에 군사개입을 감행함에 따라 불안감을 감추지 못했고, 머잖아 미국과의 군사적 충돌에 직면하게 되리라고 예상했다.[164] 따라서 중국은 일찍이 전쟁 초기부터 군사개입을 위한 준비에 착수했다. 1950년 7월 5일자 중국《인민일보》는 속전속결을 예상한 소련이나 북한과는 달리 미국의 개입에 관해, "조선 인민들의 승리는 좀 더 늦어질 것이다. 조선 인민들은 장기적이고 더 힘든 전쟁을 준비해야 한다"라고 예견했다.[165]

7월 7일, 마오쩌둥은 한중 국경 지대의 '동북 변방군'을 운용하기로 결심했다.[166] 이 동북 변방군의 임무는 동북 지역을 방어하고, 필요시 북한군의 작전을 지원할 수 있도록 준비하는 것이었다. 중국군 제13병단은 제38·39·40·42군과, 3개 포병사단, 4개 방공포병연대, 3개 수송연대, 1개 전차연대, 1개 공병연대, 1개 기병연대로 구성되었고, 7월 말까지 동북 지역으로 전환 배치되어야 했다. 제13병단의 전체 병력은 25만 5000명 이상이었다.[167] 이 시점부터 중국군은 군수 지원 체계의 구축뿐 아니라 '항미원조', 즉 미국에 저항하고 북한을 지원한다는 사상적 교화 활동 등을 본격 전개했다.[168]

중국이 참전 준비를 조기에 착수했음에도 불구하고, 양국의 군사 지도부 사이의 구체적 협력을 위한 활동은 매우 늦게 이루어졌다. 중국 지도부가 접수하는 전선 상황에 대한 보고 내용은 충분하지 못했을 것이다. 마오쩌둥이 김일성에게 제공했던 미국의 개입에 관한 조언은 결실을 보지 못했다. 무엇보다 침공 초기 단계에서는 김일성과 북한군이 주로 소련 군사 고문단과 스탈린의 직접 지도에 따라 작전을 수행했기 때문에, 중국 지도부의 조언에는 적극 반응하지 않았을 가능성이 크다. 더욱이 군사 이론의 관념과 원칙의 적용 면에서 모스크바와 베이징은 견해 차이를 드러냈을 것이다.

7월 10일, 총 일곱 명으로 구성된 중국 군사 대표단이 평양에 도착했다. 이들은 공식적으로 평양 주재 중국대사관 요원으로 활동했지만, 실제로는 중국 인민해방군 총참모부 소속으로 군사 상황의 변화를 보고하는 임무를 수행했다. 이 중에서 참사관 차이청원과 국방무관 주광이 중심 역할을 담당했다.[169] 중국 지도부는 유엔군의 인천 상륙 직후 9월 20일, 다섯 명의 고위 군관들을[170] 평양에 추가 파견해 최신 군사 상황을 평가하고 중국군의 개입을 준비했다.[171] 한국군이 38도선을 넘고 맥아더가 북한의 무조건 항복을 촉구한 후인 10월 5일, 마오쩌둥은 중국 지도부의 동지들에게 중국 개입의 필요성을 설득했다.[172] 10월 8일, 마오쩌둥은 중국 인민혁명 군사위원회 주석으로서 중국군의 한반도 진입을 명령했다.[173] 그러나 이 명령의 실행은 10월 18일 마오쩌둥의 최종 명령이 하달되기까지 보류되었다.

중국 지도부가 내부적으로 북한의 침공 개시 시점부터 최신 장비로 편제된 미국군과의 무력 충돌 가능성에 대비하는 동안, 소련 지도부는 군사 개입을 감행하도록 중국을 압박했다.[174] 그러면서 북한 정권의 9월 29일 간청에도 불구하고 스탈린은 직접 군사개입은 하지 않는다는 입장을 견지했다.[175] 1950년 10월 1일, 스탈린은 북한군이 절망적인 상황에서 중국군의 5~6개 사단을 정규군이 아닌 의용군 형식으로 북한에 파병함으로써, 북한군이 중국 인민지원군의 방호 아래 38도선 이북 지역에서 재편성할 수 있는 환경을 조성해줄 것을 마오쩌둥과 저우언라이에게 종용했다.

이어서 스탈린은, 유엔군 상륙 작전 부대에 의한 포위를 경고하고 후퇴를 조언했지만 북한 지도부는 유의하지 않았고, 38도선 방어에 필요한 역량을 보유하지 않고 있다고 강조했다. 북한군이 처한 상황이 마치 북한과 중국에만 관계되는 문제인 것처럼 소련의 공동 책임과 군사 지원 제공에 관해서는 전혀 언급하지 않았다. 그러면서 스탈린은, 자신은 휴가 중 모스크바에서 멀리 떨어진 곳에 머물고 있으며, 한반도의 전쟁 경과를 잘 알지 못한다고 자신의 책임을 회피하는 발언을 했다. 이어서 '북조선 동지들'에게는 자신의 조치를 알리지 않았지만 그들은 중국의 지원에 무척 기뻐할 것이라고 덧붙였다. 이처럼 스탈린의 발언과 태도는 간교한 허위와 위선으로 가득 차 있었다.[176] 한편 김일성도 10월 1일 마오쩌둥에게 중국군의 신속한 파병을 간청했다. 외무상 박헌영은 베이징을 직접 방문했다. 평양 주재 중국 대사도 북한 지도부의 파병 요청을 베이징에 전달했다. 이에 대해 마오쩌둥은 북한에 대한 지원을 엄숙히 약속했다.[177]

박헌영이 베이징에서 평양으로 복귀하던 중에 가오강高崗으로부터 전해 들은 것처럼, 이러한 마오쩌둥의 파병 약속은 다소 성급한 답변이었다. 왜냐하면 중국공산당 지도부에서는 중국군의 개입에 반대하는 목소리가 나왔기 때문이다.[178] 우선 쳰젠이 서술했듯이 마오쩌둥은 처음부터 중국군 부대를 파병해야 한다고 확신했던 것으로 보인다.[179] 이러한 마오쩌둥의 입장을 만주 지역의 권력자 가오강이 지지했다. 중국에서 만주 지역은 다른 지역에 비해 특별한 위상을 가지고 있었다. 무엇보다 중국공산당 정치국 위원인 가오강은 만주 주재 소련 대표와 특별한 신뢰 관계를 맺고 있었다.[180] 가오강은 중국군의 개입을 요구하면서, 북한을 상실하면 중국의 국경이 위험에 처하게 될 것이라고 경고했다. 따라서 미국과의 전쟁은 불가피하다는 것이었다. 그리고 전쟁에 임하여 전선을 한중 국경에서 가급적 멀리 형성하는 것이 관건이라고 주장했다. 중국군 전투력은 미국군보다 3

~4배 우위의 포병과 전차를 보유해야 한다고 강조했다. 중국군이 이러한 조건을 구비한다면 비로소 미국군의 우세한 공군력에도 불구하고 승산이 있다고 전망했다.[181] 이러한 가오강의 견해는 인간이 무기보다 우월하다는 마오쩌둥의 '낭만적 관념'과는 일치하지 않았지만, 저우언라이와 린뱌오를 비롯한 반대론자들의 저항에 직면한 마오쩌둥의 파병 입장에 강력한 힘을 보태주었다.[182]

10월 2일, 마오쩌둥은 자신의 최초 의도와는 달리 북한에 중국군을 보내지 않기로 결정했다고 스탈린에게 통보했다. 중국은 평화로운 재건 사업을 긴급히 추진해야 하고 중국군의 무장은 극히 열악하며, 만일 패배할 경우 소련이 무력 분쟁에 휘말릴 위험이 있다는 것이었다. 따라서 적과 싸우려면 무장 능력이 나아질 때까지 기다려야 하며, 그때까지 한반도 전장에서는 빨치산 투쟁을 전개해야 한다고 주장했다. 그러면서도 마오쩌둥은 최종 결심은 아직 내리지 않았으며 스탈린과의 협의를 위해 대표단을 보낼 준비가 되어 있다고 통보했다.[183] 실제로, 베이징의 찬반 논쟁은 매우 격렬하게 진행되었으며,[184] 중국군 파병에 대해 회의적 답변을 스탈린에게 보낸 데는 다른 이유가 있었다. 마오쩌둥은 스탈린으로부터 필요한 군사 지원을 확보하고, 전쟁 수행에 대한 소련 지도부의 공동 책임을 분명히 일깨워주고자 했던 것이다.

주중 소련 대사 로신은 중국의 이러한 태도 변화는 무기 및 장비가 필요하기 때문이라고 설명했다. 그러나 중국의 파병 의사를 명백하게 인식하고 있었던 스탈린은 소련의 군사 지원에 대한 암시도 없이, 중국에 대한 미국의 위협에 대응하려면 중국군을 파병해야 한다고 계속해서 마오쩌둥을 설득했다.[185] 중국 지도부는 이러한 스탈린의 종용을 수용하지 않았다. 따라서 마오쩌둥은 스탈린에게 중국 대표단을 영접하도록 요청했고, 흥미롭게도 파병 관련 논쟁에서 대표적 반대론자인 외교부장 저우언라이와 린뱌오를 10월 8일 모스크바로 파견했다.[186] 저우언라이와 린뱌오는 10월 8~9일 흑해 연안 소치의 스탈린의 여름 별장에서 중국 대사와 여섯 명의 소련공산당 정치국 위원이 배석한 가운데 스탈린과 한반도 문제를 협의했다. 이 회담의 경과와 결과는 흐루쇼프의 간단한 증언을 제외하면, 주로 중국 측 사료, 특히 당시 저우언라이를 수행했던 통역관 스저와 저우언라이의 비서였던 캉위민江—民의 보고서를 근거로 제시되어 있다. 그런데 이들의 설명에 일치하지 않는 부분이 있다.[187] 최근 공개된 러시아 측 사료들이 회담의 진행에 관해 중국 측 사료와 부분적으로 일치된 근거를 제시하고 있지만, 다른 관점에서 강조하고 해석할 수 있는 여지가 있다.[188] 더욱 이 통역에서 파생된 문제를 완전히 배제할 수 없을 것이다.

중국군의 개입에 대해 마오쩌둥이 개전 초부터 견지했던 결연한 의지, 10월 5일 중국공산당 정치국 확대회의에서 내려진 파병 결정, 10월 8일 중국군의 구체적 작전 준비와 수행에 대한 마오쩌둥의 명령[189] 등의 측면에서 보면, 저우언라이는 이미 결정되어 있는 중국군의 한반도 진입을 위해 소련의 군사 지원을 최대한 신속하게 획득해야 하는 명확한 임무를 띠고 스탈린을 만났다고 추론할 수 있다.[190] 중국 측 사료에 기초한 연구들은 이러한 추론을 뒷받침하고 있다.[191]

양측 사료에 기초한 연구들의 주된 차이점이 몇 가지 있다. 첫째, 저우언라이가 과연 중국이 한반도 전장에 군사적으로 개입하지 않기로 결정했다고 주장했는가? 그렇지 않다면 스탈린으로부터 더 큰 양보를 얻어내기 위해 중국이 군사적으로 개입하지 않는 것이 중국에 더 나은 결정이라고만 발언했는가를 가려내야 한다. 둘째, 중국이 파병할 경우 스탈린이 과연 소련군의 공중 지원을 어느 정도 범위에서 제공하겠다고 언급했는가를 규명해야 한다. 만주 지역인가, 아니면 북한과 남한 지역까지도 소련의 공중 지원 범위로 설정했는가에 초점을 맞춰야 할 것이다. 첸젠과 《흔들리는 동맹—스탈린과 마오쩌둥 그리고 한국전쟁》의 저자들은, 저우언라이가 마오쩌둥이 부여한 임무를 띠고 스탈린으로부터 더 많은 군사 지원 약속을 받아내기 위해 중국군의 개입 시 예상되는 위험만을 역설했다고 추론했다.[192]

미국 존스홉킨스대학 국제관계대학원의 러시아 출신 한반도 전문가인 만수로프Alexandre Mansourov는 러시아 자료를 분석해 또 다른 주장을 제기했다. 그는 저우언라이의 역할이 중국 지도부의 개입 결정을 재논의하거나 미결된 상태로 되돌려놓음으로써, 소련의 군사개입을 종용하는 것이었다고 해석했다. 이 관점에서 보면, 베이징과 모스크바 양측 모두 회담에서 상대의 태도 변화와 반응에 따라 임기응변했다. 양측 모두 한반도 전장 상황은 자국의 직접 이익이 적어 군사개입의 가능성이 낮다는 주장을 펼치면서, 상대방을 군사적으로 개입시키는 데 초점을 두었다. 따라서 당시 소련 측 통역관의 회고에 따르면, 저우언라이는 중국공산당 정치국에서 중국군을 한반도로 파병하지 않기로 결정했다고 발언했다. 그 이유에 대해 저우언라이는 반대론자들의 견해를 인용해 제시했다. 즉 중국군 부대의 열악한 무장 상태, 중국 내전 직후 적 잔존 세력의 활동으로 인해 불안정한 내부 상황, 미국이 중국에 대해 직접 전쟁을 선포할 위험 등이었다.[193]

이 회담의 논의 경과에 관해 소련 측과 중국 측의 서술은 상당히 일치한다. 스탈린은 소련이 제2차 세계대전 종료 후 산적한 문제들 때문에 군사적으로 개입할 수 없다는 점과, 미국이 중국을 향해 직접 선전포고할 거라는 중국의 우려가 기우임을 여러 논거를 들어 설득하려 했다. 이어서 만일 중국이 파병하지 않을 경우, 미국군이 압록강에 주둔하게 되어 만주 지역은 물론 중국 전체에 심각한 위협이 될 것임을 부각시켰다.[194] 스탈린은 린뱌오가 제기한 한반도에서의 빨치산 투쟁 방안도 배제했고, 소련과 중국이 북한군의 패잔 부대들을 향후 작전에 투입할 수 있도록 수용 대책을 강구해야 한다고 주장했다. 그리고 미국군이 압록강에 주둔하게 되면 사실상 한중 국경에 이르는 경로를 허용하는 것이며, 중국과 미국의 직접적인 무력 충돌의 위험을 야기할 수 있다고 지적했다. 이 대목에서 저우언라이는 비로소 중국의 군사개입 가능성을 암시했으며, 중국군이 개입할 경우 소련의 공군력과 군수물자를 제공받을 수 있는지 물어보았다. 스탈린은 주저 없이 이를 수락하면서, 다만 중국군이 추진하는 현대화는 지원하지 않고, 한반도 전쟁에 대한 즉각 군사개입의 경우에만 지원한다는 점을 못 박았다. 흐루쇼프가 최초 서술한 것과는 반대로, 소련 측의 공개 자료에 따르면 이틀 동안 진행된 회담의 종료 단계에서 중국군의 개입에 대한 공동 결의 또는 어떤 내용의 결의도 없었다.[195] 단지 저우언라이는 스탈린에게 중국 지도부와 의논해야 한다고 말했고, 이에 대해 스탈린은 기다릴 수 있지만 시간이 촉박하다고 답변했다. 이 두 협상 대표들은 상대방이 무엇을 의도하고 계획하고 있는지 서로 정확히 알지 못했다.[196] 이 밖에 어떤 대화가 오갔는지 명확한 증거를 댈 수 없고 관련 자료에 관해서도 논란이 분분하다. 그러나 저우언라이가 스탈린과의 회담을 자신의 의지대로 주도하고 전개하면서 중국군의 개입에 관한 중국 지도부의 결정을 재논의하려고 시도했다는 설명은 만수로프의 해석과 일치한다. 10월 11일, 저우언라이는 베이징 지도부에 "필리포프 동지(스탈린)는 북한에 파병하지 않는다는 중국공산당 중앙위원회 정치국의 결정에 대해 어떤 이의도 제기하지 않았다"고 보고했다.[197] 이것은 10월 12일자 스탈린의 전문을 통해 확인되었다. 이 전문을 통해 스탈린은 김일성에게 "중국은 부대를 파병하는 것을 재차 거부했다. 따라서 당신(김일성)은 북한에서 대피해야 하며, 북한군 부대를 북쪽으로 이동시켜야 한다"고 간결하게 통보했다.[198] 이때 스탈린은 북한의 망명정부 구성을 염두에 두고 있었다.[199]

공식 문서로 증명되지 않은 회담 경과와 결과에 대한 중국 측 연구 보고에 따르면, 세 가지 상이한 해석이 존재한다. 첫 번째 해석은, 스탈린과 저우언라이가 10월 11일 베이징으로 보낼 전문을 공동 작성했고, 이 전문에는 중국군의 파병에 대한 스탈린의 동의와 함께 소련의 전쟁 물자 지원 의사가 담겨 있다는 것이다. 그러나 10월 12일, 이 전문이 모스크바 주재 중국대사관을 통해 발송된 직후, 저우언라이는 마오쩌둥에게 반대 내용을 보고했다. 몰로토프가 저우언라이에게 전화해 소련은 중국군의 개입에 동의하지 않으며, 따라서 소련의 공군력도 제공하지 않을 것이라고 통보했기 때문이다.[200] 두 번째 해석은, 스탈린이 회담에서 중국이 파병할 경우 군사 지원과 공군력 지원을 약속했다는 것이다. 그러나 회담 종료 몇 시간 후 몰로토프가 저우언라이에게 다음과 같이 통보했다. "소련은 전쟁 물자를 차관 형식으로만 제공할 것이며, 소련의 공군력은 2개월 보름 정도 되어야 비로소 중국의 군사행동을 지원할 수 있다. 이어서 중국군이 대규모 군사행동을 할 경우 미국과 소련의 군사적 충돌을 불러올 수 있기 때문에, 소련은 그것에 반대하는 입장이다." 스탈린과 저우언라이가 이 내용을 공동 전문으로 작성해 마오쩌둥에게 전달했다는 것이다.[201] 세 번째 해석은, 앞서 제시한 두 가지 해석과는 달리 스탈린의 심경 변화가 주된 원인이 아니었다. 즉 스탈린이 처음부터 중국군을 파병할 경우 충분한 전쟁 물자를 제공하기로 약속했지만, 공군력 지원은 최소 2개월 또는 2개월 보름 정도 지나야 비로소 가능하다고 분명히 전달했다고 본다. 그리고 10월 12일, 스탈린과 저우언라이가 이러한 내용을 공동 전문으로 작성해 마오쩌둥에게 통보했다는 것이다.[202]

소련 측 자료에 기초한 해석에 따르면, 중국 지도부 내 파병 반대론자였던 저우언라이와 린뱌오가 중국군 개입에 관한 10월 5일의 결정을 스탈린의 도움으로 무산시키거나, 아니면 중국군 파병에 대한 대가로 소련의 군사적 참여의 강도를 높여 중국의 부담을 경감하고자 했다.[203] 이 두 가지 해석은 모두 중국군의 파병이 가져올 불이익에 대한 견해와 일치한다. 그러나 공식 회의 기록과 중국과 소련 사이에 오간 전문 원본이 공개되지 않는 한, 무엇이 진실인지, 무엇이 진실에 가장 가까운지 판별할 수 없다.

그렇지만 이상에서 살펴본 모든 해석은, 중국군이 북한에 개입할 경우 중국이 요망하는 규모의 지원을 소련이 거부했다는 것으로 귀결된다. 소련의 거부 이유는, 미국과의 직접 대결 위협을 너무 크게 간주했고, 중국군 부대의 한반도 작전에 대해 중국이 요망하는 수준으로 공중 지원을 수행할 만큼 소련 공군의 준비가 충분치 않은 상태였기 때문이다. 어떤 해석이든 상관없이, 모스크바에서 전송된 저우언라이의 보고는 중국 지도부 내 중국군의 개입 문제에 대한 논쟁을 재점화했다. 10월 12일, 마오쩌둥은 한반도 진입을 위한 준비 활동을 중지시켰다.[204]

그러나 10월 13일, 중국공산당 정치국의 긴급 소집 회의에서, 중국군이 한중 국경의 전방 지역에서 싸울 수 있도록 한반도 전장에 대한 군사 개입을 만장일치로 결정했다.[205] 마오쩌둥은 모스크바에 체류 중인 저우언라이에게 중국군의 파병 결정 사실을 즉각 통보했고,[206] 스탈린에게 보고하도록 베이징 주재 소련 대사에게도 통보했다. 스탈린은 김일성에게 이를 즉시 전달하면서, 북한 정권의 대피에 관한 자신의 권고는 더 이상 유효하지 않다고 덧붙였다.[207] 10월 14일, 저우언라이와 스탈린은 소련의 무기 제공과 공군력 지원의 유형, 규모, 시점 등에 관해 합의를 도출했다. 스탈린은 중국군의 한반도 투입을 위해 소련군 16개 비행연대의 파견을 약속했지만, 공군 지원의 범위는 전선의 후방 지역에 국한한다는 조건을 고수했다. 따라서 중국 측이 요청한 폭격기는 협의의 대상조차 되지 않았다.[208] 이처럼 스탈린의 지원 약속은 미국과 소련의 직접 무력 충돌을 야기할 수 있는 모든 요인을 피하려는 의도에 기반해 이루어졌다. 이러한 스탈린의 입장은 10월 9일과 10일 저우언라이와의 회담에서 발언한 내용과 일치했다. 여기에는 소련이 장차 위험에 노출되기 전에 중국이 먼저 군사개입을 하게 하려는 의도도 내포되어 있었다. 이렇듯 스탈린의 일관된 행동에 비춰볼 때, 스탈린이 4일의 회담 동안 두 번이나 중국의 군사개입에 대한 자신의 의견을 변경했다는 해석보다는, 저우언라이가 10월 11일 스탈린과의 회담 내용과 결과를 일부 왜곡했다는 해석이 더 설득력이 있는 것으로 보인다. 그러나 단정할 수는 없다.

이와 마찬가지로 불명확한 사항이 또 하나 있다. 북한 지도부에 희망의 메시지를 준 베이징의 중국군 개입 결정 과정과, 저우언라이와의 모스크바 회담에서 구사된 소련의 외교술이 어떤 목적을 추구했는지 명확히 규명되지 않은 상태이다.[209] 그래도 이 과정에서 소련이 북한 정권의 미래에 대해 문제를 제기했던 정황은 논의할 수 있다. 유엔 주재 소련 대사 카사니예프Vasily Kasaniev는 1950년 10월 5일부터 9일까지 열린 유엔 총회에서 노르웨이 대표 엥겐Hans Engen과 비공식 회동했다. 이 회담은 당시 뉴욕에서 체류 중이던 소련 외교장관 비신스키가 카사니예프에게 권한을 위임한 가운데 진행되었을 것이다. 이 회담을 통해 엥겐은, 유엔군이 38도선에서 정지할 경우 북한을 포기하는 방안을 소련이 심각하게 고려하고 있음을 확신하게 되었다고 증언했다. 또한 그는 소련이 아시아 국가의 부대들로 구성된 군사력이 북한을 점령하는 방안을 원칙적으로 부정하지 않았고, 유엔의 감독 아래 선거를 치르는 방안에도 동의할 거라는 확신을 얻었다고 회고했다. 그러나 유엔군이 38도선을 넘은 후 카사니예프는 회담을 중단했다.[210]

스툭의 해석대로, 비록 군사행동이 외교 행동을 추월했지만, 이러한 소련의 주도적 제안이 어떤 목적을 내포하고 있었는지 의문이 남는다. 북한 정권을 포기할 준비가 되어 있음을 내포한 소련의 발의는, 거의 같은 시기에 모스크바에서 스탈린이 중국군이 개입하지 않을 경우를 전제로 저우언라이에게 언급했던 바와 동일하다. 스탈린의 본래 의도는 소련은 드러나게 개입하지 않고 중국의 개입을 유도하는 데 있었다. 그런데 이러한 뉴욕에서의 소련의 발의는 미국을 불안하게 만들어서 북한 문제의 해결책을 마련하는 데 필요한 시간을 며칠이라도 벌려는 술책이었을 가능성도 배제할 수 없다. 그러나 소련은 중국의 참전 결정을 통보받은 후 자신들의 제안에 관한 협의의 진행을 중단했다.[211]

북한 정권은 한반도 상황 전개에 관한 결정에서 이제 소련 지도부에만 의존할 수 없게 되었다. 이러한 사실을 저우언라이와 스탈린의 회담에서 표출된 이견을 통해 소련 지도부만 확실히 인식한 것이 아니었다. 김일성도 오래전부터 북한의 운명을 결정하는 무게중심이 점점 더 중국 쪽으로 옮겨 가고 있다는 것을 알아채고 있었다. 이러한 상황 변화는 스탈린이 10월 12일 북한 지도부의 대피를 권유한 후, 10월 13일 중국의 군사개입이 최종 결정되자 자신의 대피 권유를 번복한 사례를 통해 완전한 현실이 되었다. 이러한 인식에 따라 김일성은 평양이 함락된 직후 북한군 부총참모장 이상조와 내무상 박일우를 베이징으로 파견했다. 이들은 중국공산당과 긴밀한 관계를 맺고 있던 연안파로서, 1945년 해방 후 북한으로 들어오기 전 중국에서 활동했다. 박일우는 중국 인민해방군 내 조선 의용군 정치위원이었고, 이상조는 중국 인민해방군의 군관으로 복무했다. 박일우와 이상조는 마오쩌둥과 저우언라이 사이에 이견이 있다는 점을 인지하고 있었고, 중국군의 개입 결정과 더불어 김일성과 중국 지도부의 관계 개선에 기여하는 역할을 담당했을 것이다.[212] 왜냐하면, 소련 정책의 보증인 김일성은 오래전부터 중국의 영향력 행사와 개입을 거부해왔고, 중국에 의지하는 연안파의 영향력을 최소화하는 노력을 기울였기 때문이다.[213]

중국의 개입 결정은 북한을 도와주거나 연안파를 통해 북한에 대한 영향력을 강화하는 데 주안점을 둔 것은 아니었다. 북한을 지원한다는 명분은 선전을 위해 전면에 내세운 것에 불과했다. 장수광은 미국과의 무력 대결에 대한 마오쩌둥의 '낙관적 준비 자세'가 중국군의 개입 결정에 반영되었다고 분석했다. 왜냐하면 마오쩌둥은 군 지휘관들과 함께 중국군의 강점에 대한 환상에 빠져 있었기 때문이다.[214] 이러한 환상이 계속 유지되면서 비상 상황에서는 독자적으로 전쟁을 수행할 태세를 다졌을 것이다. 그러나 중국군의 개입 결정에 작용한 결정적 요인은, 미국군의 북진을 만주는 물론 신생 중화인민공화국 전체에 대한 위협으로 인식했다는 점이다.[215] 10월 13일, 중국 지도부 내부의 논쟁이 보여주듯이, 심지어 소련의 공식 지원 약속이 없어도 한국에 파병할 준비가 되어 있을 정도로 중국은 자국 안보를 크게 걱정하고 있었다.[216] 이처럼 중국의 파병은 소련의 이해관계와 정확히 일치했기 때문에 스탈린은 마오쩌둥과의 카드놀이 과정에서 분명한 우위를 점할 수 있었다.[217] 스탈린은 이러한 소련 측의 우위를 비장의 카드로 예비해두었다. 중국은 소련의 군사 지원에 의존할 수밖에 없었다. 소련은 지원할 장비와 물자를 자국 영토에 보유하고 있었지만, 중국 영토에서 중국군의 개입을 준비하는 군사 활동에 적극 참여하고 있었다.[218]

한반도 투입을 오래전부터 준비한 중국 인민해방군 부대들, 즉 동북 변방군은 10월 8일부로 '중국 인민지원군'으로 개칭되었다.[219] 소련과의 조율 문제가 남아 있었음에도 불구하고 모든 과정은 지연 없이 준비되었다. 중국 측 증인들의 진술에 따르면, 중국 인민지원군의 선두 부대가 최초로 북한에 진입한 시점, 즉 중국군의 참전 개시 시점은 10월 14일이었다.[220] 그런데 미네소타대학교의 위동샤오岳東曉가 공개한 자료[221]에 따르면, 중국군 제13병단 제42군[222]이 1950년 10월 16일 최초로 북한 영토에 진입했고, 이 시점은 마오쩌둥의 최종 실행 명령이 하달되기 전이었다. 중국군 제42군은 제13병단 작전 지역 중 동부 지역에서 선두 공격 부대로 기동하기 위해 다른 부대들보다 더 먼 접근로를 이용했다. 중국군의 주력은 10월 19일 저녁 무렵에 압록강을 건너기 시작했다.[223] 그리하여 1950년 10월 25일, 압록강으로 진군하던 한국군 제6보병사단 2연대 3대대는 온정에서 중국군과 처음 조우했다.[224] 같은 날 청천강 선에서 운산으로 진격하던 한국군 제1보병사단 15연대와 미국군 제6전차대대 D중대도 중국군과 조우했다.[225] 미국 지도부가 염려했던 대로 중국 인민지원군은 한반도에서 이미 전투를 수행하고 있었다.

지금까지의 논의 주제는 중국 인민지원군의 참전에 이르는 과정이었다. 그럼에도 불구하고 중국군 부대들이 언제부터 한반도 전장에서 활동을 시작했는지 명확히 밝혀지지 않았다. 동샤오위연구소가 공개한 자료에 따르면, 중국군 부대들은 최종 명령이 하달되기 전에 이미 북한 지역으로 들어온 상태였으며, 중국 지도부는 한국인과 중국인을 쉽게 구별하지 못하는 미국군의 약점을 이용했다. 이러한 중국군의 기만책은 1950년 11월 말부터 12월까지 한국군 부대와 유엔군의 후퇴 과정에서 북한인으로 행세한 중국인의 침투 활동 사례에서 확인할 수 있다.[226] 그러나 그 후에도 중국군 제180보병사단이 완전히 격멸될 위험에 직면해 이를 벗어나기 위해 유사한 기만술을 시도한 사례가 있지만 실패했다.[227] 나아가, 중국 지도부는 점점 더 현실이 되어가는 군사개입을 준비하기 위해, 7월에 일곱 명의 군사 참관단 군관들을 파견하고, 9월에 다섯 명의 고위직 군관들을 파견하는 등의 조치를 취했다. 전장 상황의 가시화는 작전 성공의 필수 조건이다. 그런데 중국군이 한반도 전장에 투입되기 전에 중국 군관 열두 명 정도의 규모로 한국군과 유엔군의 작전 경과, 북한군의 실상, 주민들의 동향 등을 충분히 파악하고, 북한군 지도부와 협조하는 것은 매우 어려웠을 것이다. 따라서 이 밖에도 중국군이 어떤 조치들을 취했는지 구체적으로 밝혀야 할 것이다.

　이러한 관점에서, 중국군의 일부가 북한군의 침공 초기에 전장에서 함께 활동하고 있었다는 주장을 쉽게 부정할 수 없을 것이다. 다수의 신문訊聞 자료에 따르면, 중국군은 이미 1950년 여름에 참전했다. 한 중국군 전쟁 포로는 1950년 9월 16일 중국군 2개 사단이 한반도에 도착했다고 진술했다.[228] 또 다른 중국군 전쟁 포로는 약 2만 명의 중국군 병력이 1950년 9월 신의주에 주둔했다고 확신했다.[229] 이와 같은 맥락에서, 소련에서 발간된 서적《중국의 2개 군》은 1950년 여름 "조선 인민군과 어깨를 나란히 하여" 전투를 수행했다고 서술했다. 이 내용이 사실이라면, '중국 인민지원군' 부대들이 투입되지 않은 상태에서 1950년 여름에 다른 중국군 부대들이 이미 한반도 전장에서 전투 중이었던 것이다.[230] 아쉽게도, 북한군 포로 신문 기록과 중국 전문가 사포즈니코프Boris Sapozhnikov의 서술에 대한 공식 증거는 현재까지 발굴되지 않았다. 그러나 참전자들의 증언 자료가 이러한 분석을 뒷받침해준다.

　중국 인민지원군의 선두 부대들이 기만 술책으로 조선 인민군의 복장으로 압록강을 건넌 후 주로 야간에 기동했지만, 시간이 지날수록 중국인으로 식별되었다.[231] 당시 중국군 부대들은 공격작전을 수행하지 않았고, 방어 태세로 한국군과 유엔군의 진격을 저지하는 데 주력했다. 중국군은 자체 전투력을 증강하고 소련 공군력의 지원이 준비될 때까지 시간을 벌어야 했다. 비록 중국군이 인간이 무기를 능가한다는 '낭만적 관념'으로 교화되어 있었지만, 미국군의 전투기와 전폭기에 대한 두려움은 떨쳐버릴 수 없었던 것이다.[232] 중국 인민지원군은 개별 전투를 벌인 후 즉각 후퇴하는 등 조심스러운 작전행동을 보였기 때문에 미국군 지도부는 더욱더 중국의 의도를 판단하기 어려웠다. 1950년 11월 14일, 미국 국가안전보장회의NSC는 중앙정보국과 합참의 상황 평가를 토대로 다음과 같은 잠정 결론에 도달했다.

1) 국가안전보장회의는 중국군의 한반도 개입이 야기한 상황을 검토했다.
2) 중국 공산주의자들의 진정한 의도를 가능한 한 빨리 파악하는 것이 가장 중요하다. 이러한 목적에 따라 국가안전보장회의는 대통령에게 다음의 방책을 건의한다.
   a. 현행 지시에 따라 계속 군사작전을 수행.
   b. 중국 공산주의자들의 의도를 파악하기 위해 은밀한 활동 강화.
   c. 한반도에 불법 개입하고 있는 중국군의 즉각 철수를 보장하기 위해 공고하고 압도적인 다수 회원국의 유엔에서의 정치 활동은 계속되어야 한다.
   d. 중국 공산주의자들의 의도를 파악하고, 특히 한중 국경 문제를 만족할 만한 수준으로 안정시킬 수 있는 대책 기반을 결정하기 위해 다른 유용한 정치적 채널을 가동해야 한다.
   e. 유엔군 사령관에게 부여된 임무는 검토 중이지만 현재 상황에서 변경하지 않는다.
3) 미국은 세계대전의 위험이 증대되고 있다는 전제 아래 대비 계획을 발전시키고 준비해야 한다.[233]

6·25전쟁은 새로운 전환점을 맞이했다. 그러나 '완전히 새로운 전쟁'이라는 사실을 인식하기까지에는 좀 더 시간이 걸렸다. 미국 지도부는 맥아더에게 부여된 임무의 조정 필요성을 검토하기 위해, 군사·외교적 조치를 통해 새로운 전쟁의 성격을 규명하고자 노력했다. 미국 지도부는 중국을 상대로 정치적 해법을 구하는 방안도 고려했다. 11월 24일, 미국 중앙정보국은 중국은 결연한 의지를 갖고 있지 않으며, 대규모 군사작전에 대

한 준비가 되어 있지 않다고 평가했다. 11월 24일, 전쟁을 종결할 공격 명령을 하달하면서, 맥아더 역시 중국의 개입이 효과를 거두기에는 시기가 너무 늦었다고 판단했다.[234] 그로부터 4일 후 맥아더는 '완전히 새로운 전쟁'이 시작되었다는 사실을 워싱턴에 보고했다.[235]

5. 공산군과 유엔·한국군의 공방전에서 정전협정까지

중국군이 한반도 전장에 개입한 후, 스탈린, 마오쩌둥, 김일성 사이에 지속적인 의사소통이 이루어졌다. 모든 중요한 군사 상황은 스탈린에게 즉각 보고되었다. 마오쩌둥은 중요한 결심 전에는 반드시 스탈린의 자문을 구했으며, 이때 간헐적으로 펑더화이의 보고서와 김일성의 전문을 첨부해 보고했다. 스탈린은 자신의 의견을 마오쩌둥에게 전달했으며, 필요시 김일성이 스탈린에게 보낸 전문을 첨부했다. 그러나 김일성은 스탈린이나 마오쩌둥으로부터 전문을 접수할 때, 전문 교환 당사자가 아닌 스탈린 또는 마오쩌둥의 전문을 첨부해 통보받은 경우는 단 한 건도 없었다.

이러한 사실은 특히 북한군이 붕괴된 후 김일성이 스탈린과 마오쩌둥에게 종속된 하위의 수준에서 자신의 역할을 피동적으로 수행해야 했다는 것을 방증하고 있다. 물론, 침공을 준비하고 초기 작전을 수행하는 과정에서도 김일성은 스탈린과 소련 군사고문단의 지도와 도움 없이는 자기 역할을 수행할 수 없었다. 마오쩌둥은 상당한 정도의 독자적 역할을 수행했다. 마오쩌둥은 자신의 독자성을 유지하기 위해 스탈린의 동의를 확인하는 과정을 거쳤다. 이러한 마오쩌둥의 노력은 어느 정도 성공했다. 왜냐하면 소련은 공군 활동과 무기 공급을 통해 중국군의 작전을 결정적으로 지원했기 때문이다. 지금부터 '소련-중국-북한'의 삼각관계에서 내려진, 전쟁에 관한 정치적 의사 결정과 이에 기초한 군사작전의 전개 과정을 논의하고자 한다.

'모스크바-베이징-평양'의 상호작용의 기반을 구축하기 위해, 우선 중국군에 소련 군사고문단을 파견하는 조치가 필요했다. 6·25전쟁이 진행되는 동안 코토프Gennody P. Kotov 중장이 중국군 지도부를 돕기 위해 베이징에서 소련 군사고문단장의 역할을 수행했고, 샬린Michael A. Shalin 중장은 한반도 전장에서 중국 인민지원군을 지도하는 소련 군사고문단장으로 활동했다.[236] 9월 18일, 자하로프Matvey V. Zakharov가 평양으로 파견되었고, 이어서 1950년 10월 군단 정치위원이었던 자하로프Semen E. Zakharov가 스탈린의 개인 권한을 위임받은 군사 특사 자격으로 베이징에 파견되어 1953년 정전이 성립될 때까지 체류했다.[237] 이들은 중국 인민지원군의 모든 중요한 작전 계획에 매우 적극적으로 관여했다.[238] 그리고 적 상황 평가, 적지에서의 종심 깊은 신속한 기동, 적 상륙에 대한 구체적 조치, 중국 공군의 작전 등을 지도했다.[239] 이러한 관점에서, 중국 지도부는 소련군의 작전 원칙들을 최소한으로 수용해 실용화했을 것이다. 이 평가는 중국 인민지원군이 전개한 다섯 차례의 전역을 분석하면 명확히 드러난다.

1950년 11월부터 소련군의 일부는 지도 활동과 중국 영공의 엄호 임무를 넘어 제한적이지만 직접 전쟁에 참여했다. 마오쩌둥과 스탈린의 2차 회담에서 원칙적으로 공군 파병을 합의한 후, 1950년 11월 1일 단둥-신의주 지역에서 소련 공군 조종사가 최초로 임무를 수행했다. 이 작전에서 11월 15일까지 23대의 미국 공군 전투기가 격추되었다. 이 공중 작전에는 소련 군사 고문관 페트라체프Semen M. Petrachev 대령의 지휘로 양성된 북한 조종사들도 참여했다.[240]

1950년 11월 초까지 소련군 벨로프Pabel A. Belov 장군의 지휘로 단둥에 소련 공군기지가 설치되었다. 이곳에 32대의 MiG기가 배치되었고,

1951년 4월까지 총 150여 대의 전투기로 편제된 소련 공군 2개 비행사단이 북한 지역에 투입되었다. 이 시점까지 북한 공군의 능력은 거의 상실되었기 때문에, 소련은 중국에 전투기와 폭격기를 제공했다. 소련 공군의 방공부대는 만주에 속한 압록강 주변에서 운용되었다. 그러나 소련 공군 조종사들은 평양 선까지 작전 임무를 수행했고, 그들의 비행 경로는 엄격히 통제되었다. 공중 작전이 진행되면서, 최초 투입되었던 소련 2개 비행사단은 각각 비행연대에 의해 교대되었다. 이러한 방식으로 소련군의 병력약 7만 2,000명이 6·25전쟁 전 기간 동안 한반도 전장에 직접 참전했다. 1951년 미국 공군의 운용 수준이 최고조에 도달했을 때, 소련 공군 병력약 2만 6,000명이 활동 중이었다. 스탈린은 소련 군인들이 직접 참전한 흔적을 남기지 않도록 유의할 것을 일관되게 강조했다. 그러나 소련 공군의 참전 사실은 미국군도 알고 있었던 것으로 보인다.[241]

소련 공군 항공기는 북한 지역과 중국 영토를 공격하는 미국 공군의 전투기와 폭격기에 대한 방어 임무만 수행했다. 스탈린은 소련 전투기와 장착 장비를 기만하기 위해 북한이나 중국의 국장國章을 표식하고, 소련 군인들이 포로가 될 경우 허위로 진술하며, 무전기 통화 시 한국어 또는 중국어를 사용하도록 지시했다. 그러나 한국어와 중국어 사용 지시는 외국어 구사 능력이 제한되어 이행될 수 없었다.[242] 중국 지상군의 작전이 순조롭게 진행되면서, 소련 공군의 전투기와 방공부대의 작전 수행은 평양-원산 선까지만 허용되었다.[243] 스탈린이 소련 공군의 작전을 엄격히 제한했기 때문에, 미국 공군은 커다란 이점을 가질 수 있었다. 왜냐하면 소련 공군 전투기가 미국 공군 전투기를 적지 종심까지 추격하지 못했을 뿐만 아니라, 중국군과 북한군의 지상군 작전을 근접 지원할 수 없었기 때문이다.[244]

중국 인민지원군의 지상 작전은 이러한 비대칭적 조건에서 개시되었다.

중국군의 작전은 시기를 기준으로 크게 5개 전역 또는 5차 공세로 나눌 수 있다.[245] 중국군은 최초 평양-원산 선 이북에서 완강한 방어 전투를 수행하면서, 이중 삼중의 방어선을 구축하는 방어 계획을 수립했다. 만일 적 부대가 공격하면 방어진지 전방에서 적을 분리 격멸하는 방식으로 싸우고자 했다. 그리고 미국군과 한국군이 동시에 평양-원산 선으로부터 공격할 경우, 준비된 방어선에서 격퇴하는 계획이었다. 우선은 한국군 부대 또는 고립된 유엔군 부대만을 상대로 전투를 수행하고자 했다.[246] 이러한 계획에 따라, 중국군은 작전적·전술적으로 매우 능숙하게 작전을 전개했다. 특히 야간에 산악 지형의 조건을 이용해 공격했다. 상대적으로 전투력이 약한 한국군 사단의 방어지대를 침투기동으로 돌파해 우리 전투력을 분산시키고 퇴로를 차단하는 전술을 빈번히 구사했다.

중국 지도부는 작전 계획 수립 과정에서, 종심 깊은 다중 방어선의 필요성을 중시했던 것으로 보인다. 소련군이 독일군과의 전투에서 얻은 교훈을 준용한 것이었다.[247] 아울러 소련군 《야전 근무 규정(PU36)》에 명시된 산악 지형에서의 공격작전 원칙들을 적용했다. 하나의 원칙은, "야간의 어두운 상태는 기습 활동을 최대한 보장한다"[248]이며, 다른 하나의 원칙은, "산악 공격 시 적을 포위 격멸하기 위해 적의 측방과 후방에 도달한다는 목표를 추구해야 한다. 공격 임무는 우회기동을 통해 달성해야 한다"[249]였다. 이 밖에도 마오쩌둥의 작전 원칙 중 하나인 "우선 적의 분산되고 고립된 부대를 타격하고, 이어서 적의 집중되고 강력한 부대를 타격해야 한다"라는 것도 작전 계획과 실시 과정에 충실하게 반영했다.[250] 그러므로 중국인민지원군의 작전은 소련과 중국의 군사 이론이 배합된 성격을 띠었다.

중국 지도부는 최초 중국군 부대들이 청천강 지역의 '구성-태천-구장-영원' 선을 점령한 상태에서, 한국군과 유엔군이 이 방어선에 도달할 때까지 기다리면서 제1차 전역을 수세적으로 치르고자 했다. 그러나 이러한 예상과 달리, 한국군과 유엔군의 진격 속도가 빨랐다. 한국군과 유엔군은 중국군 부대가 북한 지역에 들어와 작전을 수행하고 있다는 사실을 몰랐고 북한군의 저항도 미약했기 때문에 경계를 소홀히 했다. 이렇듯 적에 대한 허술한 접근 행동의 문제는 산악 지형에서 더욱 가중되어 여러 곳에서 한국군과 유엔군 부대 사이에 간격이 발생했다. 따라서 중국군 부대들의 작전 준비가 충분치 못했던 취약점이 상쇄되었다고 볼 수 있다.[251] 그리하여 중국군은 최초 계획을 변경하여 공세적인 작전을 수행하게 되었다. 그러나 제1차 전역을 시간과 공간 측면에서 제한적으로 수행할 수밖에 없었다. 왜냐하면 청천강을 넘어 공격작전을 수행할 만큼 원활한 군수 지원이 보장되지 않았기 때문이다.[252] 더욱이 한국군과 유엔군의 주력이 격멸되지 않은 상태이기 때문에 이들의 반격 가능성에도 대비해야 했다.

중국군 제13병단의 제1차 전역은 10월 25일부터 11월 5일까지 진행되었다. 제13병단의 주 타격 방향은 제39군이 담당한 서부 지역이었다. 제39군은 11월 2일 운산을 확보했다. 동부 지역에서는 제42군이 북한군 패잔 부대와 함께 13일간 한국군 제1군단과 미국 제1해병사단을 고착 견제했다.[253] 그러나 보조 타격 방향의 제38군과 제66군[254]은 한국군 제8보병사단과 미국 제24보병사단의 퇴로를 차단하는 데 실패했다.

마오쩌둥이 1950년 10월 24일 지시한 제1차 공세의 작전 목표는 평안북도까지 진출한 한국군 제1·6·8보병사단, 미국군 제24보병사단, 영국군 제27보병여단을 청천강 선 이북 지역으로 유인한 후, 이들의 퇴로를 차단해 격멸하는 데 있었다.[255] 유엔군의 후방 지역에서는 북한군 패잔 부대들과 빨치산 부대들이 통신 연락망, 군수 지원 기지, 군사시설들을 파괴하는 활동을 전개했다. 이들은 중국 인민지원군의 작전 수행을 직접 지원하기 위해, 양덕, 곡산, 평강같이 전선 이남에 위치한 도시들을 점령하는 데 주력했다. 결국 중국군 제13병단은 유엔군과 한국군 부대들을 청천강 선

이남으로 축출하는 데 성공했다.[256] 소련군이 제2차 세계대전 시기에 중시했던 정규전과 비정규전(빨치산 투쟁)의 배합 전략은 마오쩌둥이 중국 내전에서 적용했던 원칙들 중 하나였다.[257] 교량 폭파, 지뢰 매설 같은 빨치산 활동을 강화하기 위해 북한군 공병부대들이 빨치산 부대에 파견되었다. 1950년 12월부터 1951년 1월까지 약 300명이 증원되었고, 이들은 개인화기뿐만 아니라 폭약과 지뢰를 휴대했다.[258]

한편, 미국 제8군은 중국군 부대와 접촉을 회복하려고 시도했다. 중국군이 의도적으로 미국군과의 접촉을 단절했기 때문이다. 미국 제8군은 대규모 공중 지원을 받으면서 압록강까지 진격하고자 했다.[259] 맥아더는 유엔군의 승리와 함께 6·25전쟁을 종결할 수 있을 것으로 낙관했다.[260] 이러한 희망은 적 상황에 대한 착각과 그릇된 판단에서 비롯되었다.

중국군이 제1차 전역에서 베이징과 모스크바의 예상을 뛰어넘는 큰 성공을 거둔 후, 1950년 11월 8일 마오쩌둥은 스탈린에게 개인화기와 탄약을 공급해줄 것을 긴급히 요청했다. 이 수량은 중국군 36개 사단의 작전 수행을 위해 이듬해인 1951년 전반기 동안 필요한 것이었다.[261] 11월 16일, 중국 지도부는 12월 15일까지 보급 수송 차량 약 3000대, 약 1만 7000톤의 연료와 유류 등을 지원해줄 것을 요청했다. 이 물량의 절반은 1950년 12월 말까지, 나머지 절반은 1951년 1월 20일까지 공급되기를 희망했다. 이에 대해 스탈린은 1950년 11월 17일 보급 수송 차량 약 1500대를 지원하겠다고 전문을 보냈다. 이러한 과정을 보면, 소련은 중국군의 전쟁 물자 소요를 제때 보충하기 위해 노력했다는 사실을 알 수 있다.[262] 제1차 전역 동안 모스크바와 베이징의 상호 협력이 전반적으로 순조롭게 이루어졌다. 여기에는 공산 측이 거둔 성공에 대해 축하 메시지를 서로 주고받는 의기양양한 분위기가 한몫을 했다.[263]

중국군의 제2차 공세는, 중국군 제9병단[264]이 1950년 11월 4일에서 11

월 20일 사이 증파된 직후, 11월 25일부터 12월 24일까지 전개되었다. 중국군은 이 공세에서 고유의 전술을 구사하기 시작했다. 그 원칙은 방어태세를 유지하는 가운데 적에게 산발적인 기습 타격을 가하면서 적을 방어 지역 종심으로 깊게 유인해 결정적으로 격멸하는 것이었다. 이것은 마오쩌둥이 1938년 '지구전持久戰' 수행을 위해 발전시킨 원칙들 중 하나였다.[265] 중국 인민지원군 사령관 펑더화이는 이러한 전통적 원칙에 따라 작전을 지휘했다. 그는 우선 전 전선에서 한시적으로 방어 작전을 수행하면서 적을 방어 지역 종심 깊숙이 유인하고자 했다. 이어서 적 부대의 우측방과 후방이 노출되는 순간 공세로 전환하고자 했다. 이러한 전법으로 평양-원산 선을 확보하는 것이 중국군의 작전 목표였다.[266]

　중국군 제13병단의 주력은 제2차 공세가 개시되기 전에 서부전선 지역의 신의주-구성-태천-운산-소민동 선에서 한시적 방어 작전을 수행하기 위해 진지를 점령했다. 중국군 제9병단의 주력도 동일한 방식으로 동부전선 지역의 구진-장진 선에서 방어진지를 점령했고, 11월 27일 공세 이전해 미국 제10군단을 공격했으며, 같은 날 흥남 방향으로 후퇴하는 미국 제1해병사단의 퇴로를 다중으로 차단했다. 11월 28일, 서부전선 지역의 중국군 제13병단은 한국군과 유엔군의 퇴로를 청천강 선에서 차단하는 데 성공했다.[267] 이처럼 제2차 전역을 분수령으로, 한국군과 유엔군은 수세 작전으로 전환해 남쪽으로 후퇴했다.

　이러한 상황 변화에 따라, 유엔군과 한국군 지도부는 전략 개념을 변화시켜야 했다. 중국군의 전법은 소련 군사 교리의 원칙에 충실했던 북한군의 작전 수행 방식과는 차이가 있었다. 중국군은 한마디로 노동집약적 전투로 '지구전'을 지향했다. 북한군의 침공 초기의 작전처럼 속전속결의 기술 집약적 전투 수행 방식은 실패할 경우 상대적으로 더 큰 피해의 위험이 따르기 때문이다. 따라서 한국군과 유엔군의 작전 수행 방식은, 전투력 보존과 증강의 문제를 우선 해결하면서 본질적으로 다른 전술을 구사하는 중국군에 대응하기 위해 달라져야 했다.[268] 결국, 유엔군 지도부는 평양-원산 선에서 방어하려던 본래 의도를 포기할 수밖에 없었다. 12월 24일, 중국군은 흥남을 점령했고, 유엔군과 한국군을 38도선까지 후퇴하도록 강요하는 데 성공했다.[269]

1950년 12월 7일, 중국군의 제2차 공세가 진행되는 동안 중국과 소련 지도부는 인도, 영국, 스웨덴의 유엔 대사들과 사무총장 리Trygve Lie가 질의했던 정전停戰 조건에 관해 서로 의견을 교환했다. 중국 측은 다음과 같은 입장을 제시했다.

한반도에서의 군사작전은 다음과 같은 조건으로 종결되어야 한다.
1) 한반도에서 모든 외국군 부대의 철수.
2) 타이완 해협과 타이완 영토에서 미국군 부대의 철수.
3) 한반도의 문제는 한국인 자신들에 의해 해결되어야 한다.[270]

소련 측은 이러한 중국의 제안에 원칙적으로 동의했다. 그러나 소련 지도부는 중국이 제시한 조건이 유엔과 미국에 공식 전달되기 전에는 이를 공개하지 않도록 당부했다.[271] 당시 소련 지도부는 모든 군사 활동의 중지에 반대하는 입장이었다. 왜냐하면 스탈린과 소련공산당 정치국의 상황 평가에 따르면, 미국군은 패퇴 중이고 서울이 다시 '해방'되지 않은 상태에서 정전협상을 시작한다면 적에게 시간을 벌도록 허용하고 전장 주도권을 빼앗길 수 있기 때문이다.[272] 따라서 소련과 중국 지도부는 전략적 중심인 서울을 재차 점령할 때까지 군사작전을 계속 전개하기로 합의했다.

마오쩌둥은 정전협상에 관한 스탈린의 견해를 확인한 후, 1950년 12월 13일과 21일에 제3차 공세의 필요성을 제기했다. 그는 적 주력을 격멸하려면, 중국군은 북한군과 함께 38도선 이남으로 공격해야 한다고 보아 이를 구상했다. 나아가 미국군을 고립시키기 위해 먼저 한국군을 분리 격멸하고, 이어서 미국군 사단들을 격멸한다면 '조선 문제'는 해결될 것이라고 덧붙였다.[273] 마오쩌둥의 이러한 결심과 구상에는 김일성의 재촉도 영향을 미친 것으로 보인다. 김일성은 1950년 12월 3일 베이징을 방문해 마오쩌둥, 저우언라이, 가오강 등에게 중국군과 북한군은 적에게 숨 쉴 틈을 허용하지 않은 채 평양과 서울을 점령해 유엔군을 한반도에서 몰아내야 한다고 주장했다.[274] 김일성은 이를 위해 군수 지원을 조직할 것이며, 재편성이 완료된 북한군이 중국 인민지원군 사령관에 의해 지휘 통솔되는 것에 동의했다. 다음 날, 마오쩌둥은 펑더화이에게 38도선 이남으로 작전을 확대할 것을 지시했다.[275]

1950년 12월 7일, 김일성은 베이징 회담을 마치고 북한으로 복귀한 직후, 펑더화이와 만나 중국군과 북한군 부대의 운용을 논의했다. 여기서 김일성과 펑더화이는 중조中朝 연합 지휘 참모부 조직을 편성해 중국군과 북한군을 지휘 통제하는 데 합의했다. 최고사령부의 사령관 직책은 펑더화이가 맡았다. 이 조직 내에서 유일한 북한군 대표로 연안파에 속한 김웅이 활동했으며, 3~4명의 북한군 연락장교단이 운용되었다. 이러한 일종의 연합 지휘 체계는 전쟁이 끝날 때까지 유지되었다. 따라서 김일성이 아닌 펑더화이가 전장 상황을 판단하고 최종 결정해 명령을 내리는 권한을 행사하게 되었다.[276]

1950년 12월 31일부터 1951년 1월 22일까지 중국군과 북한군의 제3차 공세가 전개되었다.[277] 이 제3차 전역은 펑더화이의 건의보다 훨씬 일찍 개시되었다. 펑더화이는 제1, 2차 전역을 치른 후 충분한 휴식과 인적·물적 자원의 보충이 필요하다고 판단했다. 무엇보다 미국군의 공중 우세로 말미암아 병참선을 유지하는 데 어려움이 있었기 때문이다. 그러나 마오쩌둥은 생각을 달리했다. 그는 소련 지도부와 구상한 대로 '조선 문제'를 해결할 호기를 맞이했는데, 지금의 공세를 이어가지 않으면, 적은 중국군의 휴식 기간을 이용해 38도선을 효과적으로 방어하면서, 정전을 위해 정치적 술책을 쓸 수 있다는 점을 우려했다. 따라서 그는 중국군이 37도선에 진출해 서울을 재점령하면 1~2개월 휴식을 취할 수 있다고 설득했다.[278]

펑더화이는 마오쩌둥의 지시에 복종했다. 그동안 북한군의 주력은 구성-강계 선과 영원-맹산 선 이북에서 재편성 활동을 했다.[279] 북한군의 전투력 복원은 중국군의 개입 이후 가속화되었다. 1950년 10월 30일 모스크바로 전송된 전문에 따르면, 북한군 9개 사단이 만주에서 재편성과 훈련을 하는 중이었다.[280] 시티코프는 이를 지원하기 위해 소련 군사 고문관 약 아흔 명을 증원해달라고 모스크바에 여러 차례 건의했다.[281] 11월 중순부터 소련 군사고문단은 만주와 극동 지역의 소련 영토에서 북한 공군 조종사를 양성하고 북한 공군 비행연대를 창설했다.[282]

1950년 11월 중순, 북한 정권은 잔존 조직과 병력을 기반으로 5개 상비군단과 3개 예비군단을 보유하게 되었다. 북한군 제1군단은 구성 일대에서 방어진지를 점령했다. 제1군단은 3개 보병사단과 1개 기계화보병사단으로 편성되었다. 보병 사단별 병력은 약 2,000~5,000명에 달했고, 기계화보병사단은 16대의 전차와 4문의 자주포로 편제되었다. 제3군단은 강계 일대에서 집결지를 편성해 병력과 장비를 보충했다. 제3군단도 3개 보병사단과 1개 기계화보병사단으로 편성되었다. 제4군단은 동해안 지역의 방어 작전에 투입되었다. 제4군단은 1개 보병사단, 육전여단, 독립보병연대로 편성되었다. 제5군단은 초산-위원-만포진 일대에서 집결지를 점령해 병력과 장비를 보충했다. 제5군단은 3개 보병사단으로 편성되었다. 북한군 제2군단은 3개 보병사단과 2개 보병여단으로 편성되었다. 제2군단은 한국군과 유엔군이 반격작전을 펼칠 때 북한군 총참모부 명령에 따라 한국군과 유엔군의 후방 지역에 잔류해 빨치산 전투를 수행했다. 다른 3개 예비군단은 각각 3개 보병사단으로 편성되어 만주 지역에 주둔하면서 교육 훈련 중이었다.[283]

1951년 1월 4일, 마오쩌둥은 서울을 다시 '해방'시킨 후 펑더화이, 김웅, 박일우가 공동 명의로 김일성에게 보낸 전문과 동일한 전문을 스탈린에게 발송했다. 이에 대해 스탈린은 서울 점령을 진심으로 축하한다고 응답했다. 그리고 공산군의 공세가 지체 없이 재개되어야 한다는 펑더화이의 작전 개념이 정당하다고 강조했다. 공산군의 제3차 전역이 종료되었을 때 유엔군과 한국군은 수원-이천-제천-삼척의 37도선까지 물러나게 되었다.[284] 1951년 1월 22일, 동부전선 지역에 투입된 북한군 제10보병사단의 일부 부대가 심지어 낙동강 상류의 안동까지 진출하기도 했다.[285]

1951년 1월 14일, 중국군 제3차 공세가 성공적으로 종료될 무렵, 마오쩌둥은 2~3개월 후에는 최종 승리를 달성할 수 있다고 김일성에게 장담했다. 그는 이를 위해 병참선 방호, 부대 재편성 등을 준비해야 한다고 강조했다.[286] 그런데 중국군과 북한군은 제3차 전역 후 더욱더 탄약, 식량, 유류 등 전쟁 물자 부족 문제에 시달려야 했다. 병참선이 너무 신장되었고 미국 공군의 공격으로 군수 지원을 방해받았기 때문이다. 그럼에도 불구하고 중국 지도부는 미국군을 한반도에서 축출한다는 목표를 포기하지 않았다. 당시 미국 지도부는 최악의 상황에 대비해 유엔군은 일본으로, 한국 정부와 국군은 제주도로 이전하는 대피 계획을 수립해놓은 상태였다. 그러나 이 계획은 보안이 유지되었고 공산군의 진출이 저지되면서 실행에 옮겨지지는 않았다.[287]

북한 정권과 소련 군사고문단은 공산군의 제4차 전역으로 전체 전쟁의 승패를 결정지어야 하므로 더욱 신중한 준비가 필요하다고 판단했다. 펑더화이는 공산군이 전투력을 복원해 공세 작전을 재개하려면 최소한 2개월이 필요하다고 예상했다. 그리고 공산군 내부에서는 유엔군이 공산군의 병참선이 신장된 약점을 이용하여 상륙 작전을 감행할 수 있다는 우려가 대두되었다. 따라서 진남포와 인천 등 상륙 예상 지역을 방어하기 위해 북한군 제23·26·63·69보병여단을 배치하는 계획을 수립했고, 추가 창설을 준비 중이던 제6·7·8군단에는 후방 지역 방어 임무를 부여했다.[288] 이후에도 유엔군의 상륙 작전 위협은 공산군의 작전적 사고 과정에서 핵심 고려 요소였다.[289]

그러나 유엔군과 한국군의 상륙 작전 대신에 전면 공세가 시작되었다. 이 반격 작전은 중국 지도부가 예상하지 못했던 것이었다.[290] 공산군은 미국 제8군사령관 리지웨이Matthew B. Ridgway 중장의 1월 14일 명령에 따라 개시된 유엔군의 공세 작전 '울프하운드'에 직면해 수세로 전환했다.[291] 중국 지도부는 서부 지역에서는 38도선까지 지연작전을 수행하고, 중부 지역에서는 반격을 시도하며, 동부 지역에서는 한국군 부대를 유인하는 작전을 구상했다. 이를 위해 서부 지역에서는 중국군 제38·50군과 북한군 제1군단, 중부 지역에서는 중국군 제39·40·42·66군, 동부 지역에서는 북한군 제2·3·5군단을 운용했다.[292] 스탈린은 중국 지도부의 이러한 작전 의도를 1951년 1월 30일 마오쩌둥에게 보낸 전문을 통해 지지했다.[293] 스탈린은 동일한 시점에 라주바예프를 경유해 김일성에게 전달된 전문에서, 김일성이 북한군의 재편성 과정에서 최대한 많은 수의 사단을 보유하려고 집착하는 것을 강하게 비판했다. 스탈린은 북한군이 전투부대 규모로 총 20개 사단, 5개 군단을 보유하는 것이 적당하다고 생각했다.[294] 라주바예프가 1951년 2월 4일 스탈린에게 보고한 바와 같이, '북조선 동지들'은 이러한 스탈린의 지도에 동의했다.[295]

유엔군과 한국군의 주도적 작전에 의해 강요된 공산군의 제4차 전역은

1951년 1월 25일부터 4월 21일까지 전개되었다.[296] 서부 지역에서는 중국군이 한강 이북의 방어진지를 점령했으며, 중국군 제38군만 추후 자신들의 반격에 대비한 '교두보' 확보 부대로서 한강 이남에 배치되었다. 중부 지역의 횡성-원주 선에서는 서부전선 지역에서 작전 중인 미국군 주력의 우측방을 위협하기 위해 반격을 시작했다. 동부 지역에서는 중국군의 작전이 계획대로 진행되어 한국군이 심대한 손실을 입었다.[297]

한국군과 유엔군은 '선더볼트' 작전, '킬러' 작전, '리퍼' 작전, '러기드' 작전 등 일련의 공세 작전을 집요하게 전개했다. 그 결과, 공산군은 1951년 4월 21일까지 38도선 일대까지 지연작전을 수행하면서 후퇴했다. 한국군과 유엔군은 3월 14일 서울을 수복했다.[298] 공산군은 공간을 양보하면서 시간을 획득하는 작전 목적을 지향했다. 공산군의 전술 측면에서, 병력은 방어 지역 전단보다 종심에 더 강력하게 배치했고, 화력은 방어 지역 종심보다 전단에 더 강하게 집중 운용했다.[299] 이러한 공산군의 전법은 관측과 사계가 제한되는 산악 지형에서 무기 체계 면에서 우세한 적과 전투하는 데 매우 효과적이었다.

공산군의 제4차 전역이 진행되는 동안, 중국 지도부는 공산군이 더 이상 공세에 나서기 어렵다는 판단에 이르렀고, 미국군의 한반도 철수를 강요하려면 최소한 2년가량의 장기전이 필요하다고 예상했다. 1951년 3월 1일, 마오쩌둥은 소련의 공군력 지원이 증강되어야 한다고 문제를 제기했다. 이에 대해 스탈린은 1951년 3월 15일, 소련 공군 2개 전투비행사단을 만주 지역의 단둥에서 북한 내 평양, 신의주, 미림, 풍천, 온정리 등의 공군기지로 전환 배치하고,[300] 소련 공군 1개 전투비행사단을 단둥 기지로 추가 배치하겠다고 통보했다. 그리고 만주 지역 방어를 위해 스탈린이 단둥에 배치할 계획이었던 중국군 2개 비행사단도 북한 내 공군기지로 전환 배치되어야 했다.[301] 이처럼 중국 공군은 제4차 전역에서 본격적인 역할을 수행하기 시작했고, 공산군의 제5차 전역 후에는 총 10개 비행사단이 한반도 전장에서 운용되었다.[302] 중국군은 참전 초부터 작전을 수행한 제13병단을 제3병단과 제19병단으로 교대하는 계획을 준비했다.[303] 중국군 제3병단과 19병단이 도착한 후 제13병단 예하 제38군과 제42군을 각각 후방 지역의 숙천과 원산으로 전환 배치했다. 이후 제39군과 제40군은 공산군의 제5차 전역에 계속해서 참가했다.

공산군 제5차 전역은 2단계로 구분되어 1951년 4월 22일부터 6월 10일까지 진행되었다.[304] 공산군의 작전 목표는 전장의 주도권을 회복하기 위해 유엔군 주력을 격멸하고 서울을 점령하는 것이었다.[305] 서부 지역에서 중국군 제19병단이 공격했다. 제19병단은 중국군 제63·64·65군, 북한군 제1군단으로 편성되었다. 중부 지역에서는 중국군 제3병단이 공격했다. 제3병단은 제12·15·60군으로 편성되었다. 제3병단의 동쪽 지역에서는 제39·40군으로 증강된 중국군 제9병단이 춘천-가평-서울 축선을 따라 주 타격 부대 임무를 수행했다. 동부 지역에서는 북한군 제3·5군단이 공격했다. 4월 28일, 중국 지도부는 공격작전의 중심을 동부 지역으로 전환할 것을 결정했다. 그 동기 요인은 세 가지였다. 첫째, 서부 지역에서는 중국군 선두 부대의 공격이 김포-북한강 선에서 좌절되었다. 둘째, 중부 지역에서는 중국군 제9병단의 좌측방이 유엔군과 한국군의 공격에 노출되었다. 셋째, 한국군 부대 위주로 배치된 동부 지역에서 돌파구를 형성해 한국군과 유엔군을 분리해 순차 격멸하는 작전 수행이 유리하다고 판단했다.[306]

5월 16일, 중동부 지역에서는 제9병단이 주 타격 부대로서 인제-현리 축선을 따라 공격하는 가운데, 다른 중국군 부대들과 북한군 제2·3·5군단은 보조 타격 임무를 수행했다.[307] 중동부 지역의 공격작전을 지원하기 위해 제19병단은 북한군 제1군단과 함께 서부 지역에서 양공을 실시했다.[308] 5월 20일, 제9병단은 평창-강릉 선까지 진출했지만 한국군과 유엔군의 반격으로 말미암아 공격은 4일 만에 중단되었다.[309] 그 결과, 한국군과 유엔군은 5월 말까지 38도선 일대의 '캔자스와 와이오밍' 선에 도달했다.[310] 이후 전 전선이 교착되어 양측 모두 더 이상 대규모 공세 작전을 전개하지 않았다.

'모스크바-베이징-평양'의 삼각관계에서 발생한 불협화음은 처음부터 예견된 것이다. 이들은 전쟁 승리에 대한 과욕으로 서슴없이 과도한 조치를 취해왔다. 공산군 제5차 전역이 종료될 즈음, 1951년 5월 말부터 6월 초까지 마오쩌둥과 스탈린 사이에 중요한 의견 대립이 있었다. 마오쩌둥은 1951년 5월 27일 펑더화이에게 지시한 내용에서 보듯이, 앞선 전역에서보다 신중한 작전 수행 방식을 선택했다. 그 기본 작전 개념은 유엔군 부대를 작은 단위로 분리한 후 포위 격멸하는 것이었다. 이에 따라 공산군은 한국군과의 전투에서와 달리, 미국군과 영국군과의 전투에서는 일련의 소규모 작전을 통해 공간을 양보하면서 적의 전투력의 소모를 강요해 여건을 조성한 후, 자신들의 방어 지역 종심으로 깊숙이 유인해 포위 격멸하고자 했다.[311] 이러한 전법은 마오쩌둥의 전쟁 이론과 중국 내전의 경험에서 유래한 것이었다.[312] 이에 반해 스탈린은 마오쩌둥의 개념이 적합하지 않다고 평가했다. 1951년 5월 29일, 스탈린은 적을 방어 지역 종심으로 유인하는 작전 수행 방식이 평양을 다시 점령당하는 결과를 낳을 뿐만 아니라, 적의 사기를 높여주는 반면에 공산군과 인민들의 사기는 떨어뜨린다는 점을 강조했다. 이어서 스탈린은, 마오쩌둥의 구상에 따른 작전이 성공하려면, 무엇보다 견고한 방어진지가 준비되어야 하는데, 공산군 측의 상황은 그렇지 않다고 지적했다. 따라서 공산군은 미국군과 영국군을 상대로 '국지적 기동'에 초점을 둔 전투가 아니라 '심각한 타격'을 가하는 데 역점을 두고 준비해야 했다.[313] 그러나 펑더화이는 마오쩌둥에게 소규모 작전의 효과와 3중 방어선을 최대한 이용해 방어 지역의 종심에서 적을 포위하자고 제의했다. 마오쩌둥은 이러한 펑더화이의 건의를 다시 스탈린에게 보고했다. 이에 대해 스탈린은 북한 영토가 상실되고 공산군의 사기가 저하될 위험이 너무 크다는 이유로 자신의 견해를 재차 고집했다. 스탈린은 중국군과 북한군의 사기 진작을 위해, 강력하고 신속한 타격으로 적의 3~4개 사단을 격멸해야 하며, 이어서 다시금 일련의 국지적 기동을 성공적으로 실시할 수 있다고 주장했다.[314] 스탈린은 강력한 적에 대한 무모한 공격이 가져올 인명 손실보다 공산군의 사기 진작을 더욱 중시했던 것으로 보인다. 이러한 스탈린의 작전적 사고법은 '위대한 조국전쟁' 중 소련 노농 적군敵軍의 작전 양상이 어떠했는가를 쉽게 연상하게 해준다.

이처럼 모스크바와 베이징 사이의 논쟁과 불일치 현상은 점점 더 심화되었다. 이러한 문제는 중국군의 참전 후 네 번째와 다섯 번째 전역이 최초 세 차례의 전역과는 달리 그들의 의도대로 진행되지 않았다는 사실을 증명해준다. 펑더화이는 제3차 전역의 개시 전부터 38도선을 넘어 공세적으로 전투력을 운용하라는 중국 지도부의 지시에 대해 회의적이었다. 펑더화이는 1950년 12월 19일자 전문에서, 조선노동당, 정부, 인민군, 인민 모두와 중국 인민지원군이 최초 승리에 도취해 최종 승리를 과신하고 있다고 불만을 표출했다.[315] 그러나 마오쩌둥과 중국 지도부는 서울 재점령의 전략적 의미와 긍정적 심리 효과를 매우 중시했다. 중국군의 공격 역량과 전술·작전적 역동성도 과대평가했다. 펑더화이는 계속되는 공세 작전의 위험성을 중국 지도부에게 경고하는 데 그쳤고, 마오쩌둥의 지시에 따라 중국군은 북한군과 함께 충분한 준비 없이 지시된 공격작전을 38도선 이남으로 성급하게 확대했다.[316] 그리고 제3차 공세 작전이 순조롭게 진행 중일 때, 펑더화이는 김일성과 북한 지도부의 항의에도 불구하고 작전을 종료했다. 펑더화이는 군사적으로 가능할지라도 적을 부산 '교두보'로 몰아넣는 것은 적절치 않다면서, 미국군은 정치적 이유에서 한반도를 절대 떠날 수 없을 것이라고 주장했다.[317] 공산군의 제4, 5차 전역은 실패했다고 볼 수 있다. 중국군은 스탈린의 비판에 직면해 마오쩌둥이 주장했던 '국지적 기동' 방식을 너무 쉽게 포기했다. 스탈린의 태도도 제5차 전역의 진행 과정에서 현저하게 겸손해졌다.[318]

중국 인민지원군과 조선 인민군이 수행한 5차례 전역에서 나타난 작전 술과 전술의 특징을 다음과 같이 요약할 수 있을 것이다.

1) 중국 인민지원군은 소련군의 군사 교리와 중국군 고유의 작전 원칙에 따라 작전을 수행했다. 한편으로, 중국군은 한국군과 유엔군의 '유생 역량'을 최대한 신속히 포위해 격멸하고자 했다. 소련군의 전투 행동도 이러한 원칙에 근거를 두고 있었다.[319] 다른 한편으로, 중국군은 고유의 전술적 기동 방식을 적용했다. 무기 및 장비 체계와 군수 지원 면에서 우월한 적과 싸우기 위해 주력부대의 야간 침투기동과 조우전투를 선호했다. 소련 군사고문단은 1950년 11월부터 1951년 6월까지 중국군이 수행한 작전에 비판적 입장이었다. 이들의 평가에 따르면, 중국군의 작전 수행에는 강력한 추동력과 결정적 타격이 결여되어 있었다. 중국군의 작전 일수는 5~6일을 넘기지 못했고, 포병, 전차 등과의 제병 협동 전투도 제대로 구현되지 못했다. 중국군의 이러한 작전 수행 방식은 지구전 성격을 띠었던 중국 내전에서 체득된 것으로 평가했다.[320]

2) 중국 인민지원군은 처음부터 유엔군의 공중 우세와 무기 및 장비의 우월성을 극복해야 하는 과제를 안고 있었다. 따라서 중국군은 공격 역량의 운용에 있어서, 맥아더가 범한 중대한 과오를 적극 이용했다. 중국군은 서부 지역의 미국군 제8군과 동부 지역의 제10군단이 상호 연락을 유지할 수 없도록 적유령-마천령-태백산맥을 이용해 철저히 분리시킬

수 있었다. 맥아더는 이러한 지형 조건과 취약성을 통찰해 미국군 제8군의 우측방과 제10군단의 좌측방에 대한 적의 위협에 대처할 수 있도록 충분한 예비 전력을 준비했어야 했다.[321]

3) 중국 인민지원군은 적 방어 전단 지역의 노출된 약점에 전투 역량을 집중해 동시다발적으로 돌파구를 형성한 후, 적 후방 지역으로 깊숙이 침투한 부대와 함께 적 주력을 포위 격멸하는 작전을 선호했다. 중국군과 북한군의 연합작전에서는 주로 북한군이 침투기동 임무를 수행했다. 이른바 '전술적 배합'의 양상이었다. 라주바예프의 보고서에 따르면, 1950년 11월 빨치산 부대와 북한군 패잔 또는 잔류한 부대의 병력 규모는 약 5만 명이었다. 특히 이들은 중국군의 제1, 2차 전역 기간 중 서울–평양 축선의 교통 요충지와 중부전선의 38도선 이남 지역에서 매우 적극적으로 활동했다.[322] 공산군의 정규전 역량이 전선 지역에서 전투를 수행하는 동안, 비정규전 역량은 전선 후방 지역에서 습격, 교란 등의 활동을 전개했다. 이른바 '작전적 배합'의 양상을 보인 것이다.

소련 지도부의 대응과 영향에 관해서는 다음과 같이 요약할 수 있을 것이다.

1) 스탈린은 마오쩌둥으로부터 접수한 모든 중요한 상황에 관한 보고와 북한 주재 외교관과 군사고문단이 제공한 정보를 토대로 마오쩌둥에게 조언했다. 이 과정에서 중국과 소련 작전술의 차이가 나타났다. 군사 상황의 평가 면에서, 최초 마오쩌둥과 스탈린의 이견보다 마오쩌둥과 펑더화이 사이의 이견이 더 두드러졌다. 펑더화이와 예하 지휘관들은 일반적으로 베이징과 모스크바의 정치 지도자들보다 상황을 덜 낙관적으로 평가했기 때문에, 군사작전 계획을 수립하고 준비하는 과정에서는

마오쩌둥보다 더 '중국적'으로 사고했다. 이러한 현상은 1951년 5월경에 비로소 변화되었다. 마오쩌둥은 현저히 신중해졌고 스탈린과의 이견은 더욱 커지게 되었다.

2) 스탈린은 공산군의 무기 체계와 전쟁 물자 지원 요청에 매우 적극적으로 대응했다. 이를 통해 전쟁을 원격 조종하면서 전장의 작전 진행에 영향력을 행사할 수 있었다. 스탈린은 소련 공군 장비의 지원에는 적극적이었지만, 소련 공군의 직접 참전 사실은 철저히 숨기려 했다. 따라서 중국과 북한 공군의 조종사를 최대한 투입할 수 있도록 지원했다.

3) 1950년 9월 북한군의 재앙에 가까운 패퇴 후, 김일성과 북한 지도부의 역할은 극히 제한되었다. 북한 정권의 사고와 행동은 스탈린과 마오쩌둥의 정치적·군사적 결정에 더욱더 종속되었다. 김일성의 독자적 의지는 공산군의 공격작전을 최대한 남쪽으로 확대하도록 재촉하는 것과 북한군의 전투력을 재편성하고 보충하는 데서만 발현되었을 뿐이다.

4) 6·25전쟁 전 기간 스탈린의 생각과 행동은 '조선 문제'와 '중국 문제'에 결정적 영향을 미쳤다. 스탈린과 소련 지도부가 관여하지 않은 중요한 결정은 없었다. 스탈린도 한반도 전장에서의 중국 인민지원군의 전투는 중국 군사력의 현대화 과정과 직결된다는 것을 알고 있었다. 물론 스탈린은 중국군이 증강되는 것을 바라지 않았고, 마오쩌둥도 이러한 스탈린의 생각을 인지했을 것이다. 왜냐하면 6·25전쟁은 중국군에 '완전히 새로운 전쟁'이었고, 중국군은 참전을 통해 기술 집약적 전쟁 수행의 관점에서 중국 내전 경험의 한계를 인식할 수 있었기 때문이다.

5) 소련은 북한에 군사적·정치적 지원뿐만 아니라, 북한이 세계 공산주의 국가 여론의 지지를 얻도록 정신적 지원도 제공했다. 1950년 여름, 북한의 침공 초기에 소련 주재 북한의 유학생과 기술자들이 가족과 친지들에게 보낸 서신의 내용에는 당시 소련 사회의 상황이 사실적으로 묘

사되어 있다. 대표적 사례를 열거하면 다음과 같다. 소련 인민들은 대중 집회에서 "조선에서 손을 떼라!"를 외쳤다. "조선이여, 우리는 당신과 함께 한다!"라는 노래를 불렀다. "필수 의약품과 의사들을 북한으로 보냈다"라고 소리쳤다. 레닌그라드의 한 극장에서 개최된 6·25전쟁 상황에 관한 공개 설명회에서는 "현대식 무기로 편성되고 5년간 잘 훈련된 조선 인민군이 조만간 미국군을 격멸할 것이다" 등의 열렬한 선전 선동 활동을 벌였다.[323]

    모스크바–베이징–평양 지도자들은 6·25전쟁이 장기화되면서 군사전략적·정치적 사고를 전환할 수밖에 없었다. 그들이 최초 구상했던 대담한 공세 작전을 통해 신속한 승리를 달성한다는 목표는 요원해졌다. 이러한 상황 인식에 따라 마오쩌둥은 정전에 관한 논의를 위해 가오강과 김일성을 모스크바로 파견했다. 가오강과 김일성은 1951년 6월 13일부터 진행된 스탈린과의 회담에서 정전, 중국군에 대한 소련 군사고문단 증원, 무기 및 장비의 추가 지원 등에 관해 협의했다. 스탈린은 정전이 공산 측에 유리하다는 의견에 공감했고, 중국군에 군사 고문관을 증원하고 60개 사단을 편성하기 위한 무기 및 장비를 제공하겠다고 약속했다.[324] 그리고 중국 공군 16개 비행사단 중에서 조종사 양성 교육을 마친 8개 비행사단의 긴급 투입을 결정했다. 당시 소련군 크라소프스키Stepan A. Krasovsky 장군 휘하의 소련 군사고문단이 중국군 공군 조종사 양성 교육을 실시하고 있었다.[325] 1951년 6월 중순, 중국 지도부는 군사적으로는 지구전을 수행하면서 정치적으로는 평화 협상을 통해 전쟁을 종결한다는 노선을 확정했다.[326] 마오쩌둥은 소련 지도부도 동의해달라고 설득했다. 이러한 중국의 결정에는 만주 지역으로 전장을 확대하려던 맥아더의 교체와, 1951년 5월 3일부터 6월 25일까지 개최된 미국 의회 청문회가 영향을 미쳤던 것으

로 보인다.[327]

  마오쩌둥은 1950년 10월에 참전 반대론자였던 저우언라이와 린뱌오를 모스크바로 보내 스탈린과 협상을 진행한 바 있었다. 그로부터 8개월이 지난 시점에서 마오쩌둥은 참전 찬성론자였던 가오강을 모스크바로 보내 전쟁 종결의 전망과 방식에 관해 스탈린과 협의하도록 했다. 마오쩌둥의 영리한 협상 전략과 중국 지도부 내에 공감대를 형성하려는 의도를 엿볼 수 있다. 마오쩌둥 자신은 케넌과 말리크의 대화에 기초해 소련 정부가 미국 정부에 정전을 제의해야 한다고 생각했다.[328] 1951년 6월 23일, 유엔 안보리 소련 대표 말리크는 유엔 라디오 방송을 통해 소련 정부는 정전협상을 지지한다고 발표했다.[329] 미국은 북한의 기습 남침을 승인했던 소련 정부의 성명은 공산 측이 정전협정에 임할 준비가 되어 있다는 것을 의미한다고 평가했다. 6월 30일, 트루먼은 유엔군 사령관 리지웨이를 통해 중국 인민지원군 총사령관 펑더화이에게, 유엔군 측 대표를 임명해 원산항에 정박 중인 덴마크 병원선에서 공산 측 대표를 만나도록 하겠다고 통보했다.[330]

  이에 대해 중국 지도부는 긍정적으로 반응했다. 6월 30일, 마오쩌둥은 리지웨이가 협상을 시작하자고 요구할 경우 어떻게 대응해야 할지 스탈린에게 문의하면서, 스탈린이 협상을 직접 지도하고 김일성과 직접 접촉을 유지할 것을 요청했다. 같은 날 스탈린은 이러한 마오쩌둥의 요청을 거절했고, 마오쩌둥이 김일성과 직접 접촉을 유지하면서 협상을 진행할 것을 요구했다. 모스크바는 단지 조언을 제공할 수 있다고 덧붙였다. 스탈린은 이런 의미를 담아 펑더화이와 김일성의 명의로 리지웨이에게 보낼 서신의 초안을 작성해 마오쩌둥에게 제공했다.[331]

  1951년 7월 10일부터 전장에서뿐만 아니라 협상 테이블에서도 지루하고 고된 싸움이 진행되었다. 클라우제비츠는《전쟁론》에서 "전쟁은 다른 수단에 의한 정치의 연속에 불과하다"라는 유명한 명제를 남겼다.[332] 이 명제는 6·25전쟁에서도 명백히 증명되었다. 시간이 갈수록 양측의 군사작전은 내재된 정치적 본성을 점점 더 드러내게 되었다.

미래 전쟁에 대하여

6·25전쟁은 북한 김일성에 의해 발의되어 스탈린의 승인과 지원, 마오쩌둥의 동의와 지원을 받아 대한민국을 침략한 전쟁으로서, '냉전'이 '열전'으로 표출될 수 있음을 국제사회에 알려준 최초의 역사적 사건이었다. 햄스Thomas X. Hammes의 분류법에 따르면,[1] 제2차 세계대전은 제3세대 전쟁이었고 6·25전쟁은 제4세대 전쟁의 시작이었다. 제2차 세계대전에서는 적의 전쟁 의지를 조기에 분쇄하기 위해 지휘·통신·군수 시설을 파괴하는 데 초점을 두었던 반면, 6·25전쟁에서는 공산군 측이 우리의 정치적 전쟁 수행 의지를 직접 파괴하는 데 초점을 맞춰 전투력을 우리 후방 지역 깊숙이 투입 운용했다. 북한 정권은 6·25전쟁 전부터 소련의 지원 아래 대한민국 사회를 전복시키기 위해 이른바 분란전紛亂戰을 전개했다. 북한의 소비에트화 과정에서 핵심 역할을 담당했던 레베데프도 시티코프가 개입하지 않은 한국 내 중요한 사건은 없었다고 증언한 바 있다. 1946년 대구 10·1사건, 1948년 2·7총파업, 1948년 제주 4·3사건, 그

리고 1948년 여수 순천 10·19사건 등이 대표적 사례이다. 또한 북한 정권은 소련의 빨치산 조직 편성과 군사 교리를 모방해 조선노동당 중앙위원회의 지휘 통제 아래 평양의 강동정치학원에서 양성한 빨치산 핵심 대원을 남파하는 방식으로 오대산, 지리산, 태백산 등지에서 빨치산 무장투쟁을 전개했다. 6·25전쟁 중에는 중국 인민지원군이 마오쩌둥의 "사람이 무기를 능가한다"는 사상을 바탕으로, 전쟁에서는 의지, 신념, 창의, 유연성 같은 인간의 본성이 무장과 기술력보다 더 결정적 요소로 작용한다는 신념하에 우세한 전투력을 보유한 유엔군과 한국군을 상대로 싸웠다. 중국 인민지원군은 이른바 16자 전법, 즉 "적이 진격해오면 물러나라(敵進我退), 적이 휴식하면 괴롭혀라(敵駐我擾), 적이 지쳐 있으면 공격하라(敵疲我打), 적이 물러나면 추격하라(敵退我進)"라는 원칙으로 군사작전을 전개했다. 6·25전쟁은 제4세대 전쟁으로서 제3세대 전쟁과 제2세대 전쟁의 성격도 내포하고 있었다. 전쟁 발발 후 1951년 여름까지 기동전 양상을 띤 제3세대 전쟁이었다면, 이후 정전협정이 체결되는 1953년 여름까지는 진지전과 화력전 양상을 띤 제2세대 전쟁이었다고 규정할 수 있을 것이다.

다시는 이 땅에서 6·25전쟁과 같은 비극이 일어나지 않도록 우리 모두의 지혜와 용기를 발휘해야 한다. 지난 남북 관계의 역사를 되돌아볼 때, 추후 북한의 김정은과 추종 세력은 무엇보다 자신들의 생존을 위해서라면 어떤 무모한 선택도 주저하지 않을 것이다. 1945년 남북이 분단된 후 6·25전쟁을 거쳐 지금에 이르기까지 북한 정권이 대남 적화 전략을 포기했다는 증거는 어디에서도 찾아볼 수 없다. 북한은 다양한 요인과 형태로 한반도와 동북아 지역의 평화를 위협할 것으로 예상된다. 예컨대 백령도 기습 점령, 서울에 대한 장사정포 또는 미사일 공격, 동해·서해·남해상에서의 잠수함·잠수정을 이용한 침투 및 타격, 원자력발전 시설 등 국가 기간시설과 쇼핑몰을 비롯한 민간 다중 이용 시설에 대한 테러, 그리고 핵탄두의 소형화에 성공했을 경우 핵 및 생화학 무기 사용 위협 또는 실제 사용, 북한 내 급변 사태 발생에 따른 내부 폭발implosion 형태의 대내 불안 정성 확산과 외부 폭발explosion 형태의 대남 전면 도발, 이 밖에도 간첩단 을 조직하고 종북 세력을 조종해 우리 사회를 전복시키려는 활동 등의 위 협을 상정해볼 수 있을 것이다. 이러한 위협 양상이 개별 형태로 발생하기 보다 동시다발적으로 발생하거나 시차를 두고 복합된 형태로 발생할 경 우 우리는 매우 심각한 상황에 직면하게 될 것이다.

북한 정권은 한미韓美 연합 전력을 상대하려면 대칭 전력으로는 승산이 없다고 판단해 이미 오래전부터 비대칭 전력을 건설하는 데 진력해왔다. 북한의 비대칭 전력은 대량살상무기, 특수부대, 장사정포, 잠수함·잠수정 등의 수중 전력, 사이버전 능력으로 구성되어 있다.

지금도 한반도에서는 제4세대 전쟁이 진화하면서 진행되고 있다. 최근 북한의 도발 사례들만 살펴보아도 명확히 알 수 있다. 예컨대, 2006년 10 월과 2009년 5월 그리고 2013년 2월의 핵 실험, 1998년 이후 네 차례의 장거리 탄도 미사일 발사 실험, 우리 정부와 언론 기관들에 대한 수사적修 辭的 협박, DDOS 및 GPS 교란 공격, 2010년 3월의 천안함 폭침과 같은 해 11월의 연평도 포격 같은 도발 행동들은 평화를 사랑하는 우리 국민과 정 부를 협박해 자신들의 의도대로 남북 관계를 끌고 가려는 데 목적이 있었 다. 또한 북한 정권은 우리 해군 장병들을 희생시키고 연평도 주민들에게 피해를 입히는 방식으로 국민의 공분을 일으키고 정치권의 갈등을 격화 시키려 한다. 그리하여 우리 정부와 군을 궁지에 몰아넣고 우리 사회의 분 열을 조장하려는 것이다. 이와 함께 북한이 지령을 보내 조종했던 1999년 민혁당(민족민주혁명당) 간첩단 사건과 2011년 왕재산 간첩단 사건, 진보 세력으로 가장한 종북 세력의 활동 등은 대한민국의 자유민주주의 체제 를 부정하고 전복시키는 데 목적을 두고 있었다. 이러한 일련의 기도와 행동은 전형적인 제4세대 전쟁 수행 방식으로 봐야 할 것이다.

이와 같이, 한반도의 미래의 안보 위협은 복합적 성격을 띠고 있기 때문에 우리도 복합적 대처 능력과 태세를 갖춰야 한다.[2] 장차 제4세대 위협뿐만 아니라 제2, 3세대 위협과도 맞서 싸울 수 있어야 한다. 그리고 전쟁을 수행하지 않으려면 전쟁을 수행할 수 있어야 한다는 역설을 잊지 말아야 할 것이다.

클라우제비츠가《전쟁론》에서 주장한 '삼위일체론'에 따르면, 전쟁에서 타올라야 할 열정은 국민들 속에 내재되어 있다. 또 전쟁의 정치적 목적은 정부의 독자적 몫이고, 용기와 재능을 겨루는 게임이 확률과 우연의 영역에서 작용하는 범위는 야전사령관과 군의 고유 특성에 따라 결정된다.[3]

그러므로 북한이 시도할 수 있는 제4세대 위협을 고려해 북한을 효과적으로 관리하고, 북한의 국지 도발과 전면 도발을 억제하려면 삼위三位, 즉 국민과 정부와 군의 역할이 하나가 되어야 할 것이다.

첫째, 우리 국민은 북한 정권과 북한군이 대한민국 안전보장에 심각한 위협을 가하고 있는 적敵이며, 한 국가의 안전보장 문제는 정치의 대상이 될 수 없다는 공감대를 형성해야 한다. 그리고 우리 정부와 군의 안전보장 노력을 신뢰하고 지지해야 할 것이다.

둘째, 우리 정부는 우리 안보의 기본 축인 한미동맹을 포괄적·전략적 관계로 발전시키는 가운데, 남북 교류협력을 증진하면서 주변의 일본, 중국, 러시아와의 협력 관계를 심화시켜나가야 할 것이다. 우리 정부가 최적화된 국가 위기관리 체제와 한미연합 방위체제로 각종 유형의 북한의 도발 행동을 억제하고 이에 대처하면서, 북한 내 급변 사태가 발생할 경우 '남북한은 민족 내부의 특수 관계'라는 기본 논리를 바탕으로 주도적으로 상황을 관리할 수 있도록 한국과 미국의 양자 협의 체제, 한·미·일과 한·미·중의 삼자 협의 체제, 6자회담의 경험을 토대로 한 한·미·일·

중·러의 다자 협의 체제, 국제연합과의 협력을 강화해야 할 것이다. 또한 우리 내부에서 대한민국의 체제를 부정하는 종북 세력의 확산을 근본적으로 억제하려면 사회 모순을 최소화하는 노력을 기울여야 한다.

셋째, 우리 군은 평시 '적극적 억제 전략'으로 북한의 도발을 억제해야 하고, 만일 북한이 도발한다면 도발 원점과 지원 세력을 강력히 응징해 추가 도발을 차단해야 한다. 또한 전시에는 '공세적 방위 전략'으로 초전에 서울을 방어하면서 북한 지역으로 전장을 확대해 북한의 전략적 중심들을 파괴해야 할 것이다. 이러한 전략 개념을 구현할 수 있도록 군사적 분야와 비非군사적 분야에서 적합한 방법과 수단을 준비해야 할 것이다. 유사시 우리의 군사작전은 북한의 위협 요인과 형태에 따라 공격offense 작전, 방어defense 작전, 안정stability 작전의 비중을 달리하면서 전개될 것이다. 특히 북한 내 급변 사태가 발생하면 안정 작전과 도시 지역 작전의 소요가 증대될 것으로 예상된다.

이를 위해 우리 군은 군사 개념 및 교리, 조직, 교육 훈련, 무기 및 장비, 리더십, 인적 자원, 시설 분야에서 통일 시대까지 겨냥해 군의 현재를 최적화하고 미래를 설계해야 한다.

첫째, 군사 개념과 교리 분야이다. 육·해·공군과 해병 차원 그리고 합동군 차원에서 어떻게 싸울 것인가에 대한 개념과 교리를 논리의 연쇄가 유지되도록 작성해 우리 군의 군사력 운용과 건설에 규범을 제시해야 한다.

둘째, 조직 분야이다. 2015년 12월 1일의 전시 작전 통제권 전환을 앞두고 미래 한미연합 지휘 구조는 지휘의 통일이 보장되어야 한다. 또 대부대에서 소부대까지 공격, 방어, 안정 작전을 수행하기에 적합한 인적 요소와 물적 요소로 편제되어야 한다.

셋째, 교육 훈련 분야이다. 우리의 사고와 실행의 프레임은, 현재 진행 중인 학교 교육과 부대 훈련의 목표 또는 효과가 적정한지, 그리고 이를 달성하기 위한 교육 훈련의 경로, 즉 교육 훈련의 내용과 방법이 최적화되어 있는지를 평가하고 변혁을 달성하도록 작동되어야 한다.

넷째, 무기 및 장비 분야이다. 특히 제4세대 위협과 능력에 기반을 두고 무기 및 장비 체계를 발전시켜야 한다. 무인 전투 체계와 개인 전투 체계의 연구 개발도 서둘러야 할 과제이다.

다섯째, 리더십 분야이다. 조직 구성원들의 위와 아래로의 적응, 수평적·수직적 소통과 협동을 바탕으로, 상관은 명확한 임무를 부여하고 부하를 동반자로 인식해 개인차와 성숙도를 고려해 지도하며, 부하는 창의적 방법으로 임무를 완수하는 '임무형 지휘 원리'를 구현해야 한다.

여섯째, 인적 자원 분야이다. 적재적소適材適所의 원칙에 따라 우리 군과 국가를 이끌 인재들을 널리 등용하고 관리해야 한다.

일곱째, 시설 분야이다. 영구 시설과 임시 시설을 구별해 설치하고, 산재되어 있는 군사기지들을 권역별로 통합해 전투력을 효과적·경제적으로 유지해야 한다.

우리가 제4세대 전쟁 수행 방식을 논하는 사이에 이미 제5세대 전법이 잉태되어 진화하고 있을지도 모른다. 우리가 알고 있는 것은 모르는 것에 닿아 있고, 보고 있는 것은 보이지 않는 것에 닿아 있기 때문이다. 우리는 한편으로는 2013년으로 60주년을 맞은 한미동맹의 굳건한 연합 방위 체제로 한반도의 미래 전쟁에 대비하고 다른 한편으로는 남북한 평화 체제를 구축하면서 민족의 통일을 준비해야 한다. 북한 주민들이 같은 민족이 살고 있는 자유롭고 풍요로운 대한민국을 더욱 동경하고 북한 당국의 공포정치를 용기 있게 극복하게 된다면, 우리도 머지않아 독일처럼 북한 주민의 자발적 의사 표시에 따라 자유민주주의 체제를 기반으로 한 통일을 이룩할 수 있을 것으로 기대한다.

1장

1) S. L. A. Marshall, *Der Koreakrieg*(Frauenfeld, 1965), 9·24쪽. 영문본 원전은 *The Military History of the Korean War*(New York, 1963).

2) William Stueck, "Why the Korean War, Not the Korean Civil War?", *Rethinking the Korean War : A New Diplomatic and Strategic History*(Princeton·Oxford, 2002).

3) Henri Antoine Jomini, *Abriß der Kriegskunst*, A. v. Boguslawski (trans.)(Berlin, 1881), 22쪽.

4) Albert A. Stahl, "Antoine Jominis Beitrag zur operativen Führung", Thomas Will, *Operative Führung : Versuch einer begrifflichen Bestimmung im Rahmen von Clausewitz' Theorie Vom Kriege*(Hamburg, 1997), 10쪽.

5) *Sowjetische Militärenzyklopädie*, Auswahl Heft 25(Ost Berlin, 1983), 34~35쪽.

6) *Sowjetische Militärenzyklopädie*, Auswahl Heft 18, 114쪽.

7) Bernd Bonwetsch·Peter M. Kuhfus, "Die Sowjetunion, China und der Koreakrieg", *Vierteljahreshefte für Zeitgeschichte*, NR. 33(München, 1985), 31~38쪽 ; Bernd Bonwetsch, "Die Sowjetunion und der Beginn des Koreakrieges, Juni~Oktober 1950", Arbeitskreis für Wehrforschung (Hg.), *Unruhige Welt : Konflikt- und Kriegsursachen seit 1945*(Koblenz, 1989), 9~11쪽 ; Peter M. Kuhfus, "Widerstand und Hilfe, Hintergründe der chinesischen Intervention in Korea (September 1950~Januar 1951)", Arbeitskreis für Wehrforschung (Hg.), *Unruhige Welt : Konflikt- und Kriegsursachen seit 1945*(Koblenz, 1989), 25~58쪽.

8) Arbeitskreis für Wehrforschung (Hg.), *Unruhige Welt : Konflikt- und Kriegsursachen seit 1945*(Koblenz, 1989), 31쪽.

9) Allen Whiting, *China Crosses the Yalu : The Decision to Enter the Korean War*(New York, 1960) ; D. F. Fleming, *The Cold War and Its Origins 1917~*

1960 (Garden City, N.Y., 1961).

10) Joyce & Gabriel Kolko, *The Limits of Power : The World and United States Foreign Policy, 1945~1954* (New York, 1972).

11) Robert Simmons, *The Strained Alliance : Peking, Pyongyang, Moscow and Politics of the Korean Civil War* (New York, 1975).

12) John Merrill, *Korea : The Peninsular Origins of the War* (New York, 1989).

13) *Foreign Relations of the United States* (이하 *FRUS*로 약칭)-*1949*, Vol. VIII : The Far East : China (Washington D.C., 1978) ; *FRUS-1949*, Vol. IX : The Far East : China (1974) ; *FRUS-1950*, Vol. IV : Central and Eastern Europe : The Soviet Union (1980) ; *FRUS-1950*, Vol. VI : East Asia and Pacific. The China (1976), 256 ~689쪽 ; *FRUS-1950*, Vol. VII : Korea (1976) ; *FRUS-1951*, Vol. VII : Korea and China (1983).

14) Bruce Cumings, *The Origins of the Korean War : Liberation and the Emergence of Separate Regimes, 1945~1947*, Vol. I (Princeton, 1981).

15) Bruce Cumings, *The Origins of the Korean War : Roaring of the Cataract. 1947~1950*, Vol. II (Princeton, 1990).

16) Bernd Bonwetsch, "Die Sowjetunion und der Beginn des Koreakrieges, Juni~ Oktober 1950", 9~24쪽.

17) Woodrow Wilson International Center for Scholars, *Cold War International History Project* (이하 *CWIHP*로 약칭) *Bulletin*, No. 3(1993), 1 · 14~17쪽 ; *CWIHP Bulletin*, No. 5(1995), 1~9쪽 ; *CWIHP Bulletin*, No. 6/7(1995/1996), 30~119 쪽. CWIHP 연구팀은 1991년 말 우드로 윌슨 국제학술센터에서 소련을 포함한 공산주의 국가들의 보유 문서를 수집하고 이를 토대로 냉전 시대를 역사적으로 조명하기 위해 구성되었다.

18) http://www.wilsoncenter.org/publications

19) 《조선일보》(1994년 7월 21~27일) ; 《서울신문》(1995년 5월 15일~8월 11일).

20) Sergei N. Goncharov · John W. Lewis · Xue Litai, *Uncertain Partners : Stalin, Mao and Korean War* (Stanford, 1993). 이 책의 부록 229~291쪽에 주로 중국 측 문서들이 인용되어 있다. 성균관대학교 한국현대사 연구반에서 번역해 《흔들리는

동맹—스탈린과 마오쩌둥 그리고 한국전쟁》(일조각, 2011)으로 출간됐다.

21) 대부분의 내용은 본베치Bernd Bonwetsch와 쿠푸스Peter M. Kuhfus의 논문인 〈소련과 중국 그리고 한국전쟁Die Sowjetunion, China und der Koreakrieg〉의 주장과 상응한다.

22) William Stueck, *The Korean War : An International History*(Princeton, 1995), 31쪽.

23) William Stueck, *Rethinking the Korean War : A New Diplomatic and Strategic History*(Princeton · Oxford, 2002), 83쪽.

24) Vladislav Zubok · Constantine Pleshakov, *Inside the Kremlin's Cold War : From Stalin to Khrushchev*(Cambridge, 1996) ; John Gaddis, *We Now Know : Rethinking Cold War History*(Oxford, 1997) ; Vojtech Mastny, *The Cold War and Soviet Insecurity : The Stalin Years*(Oxford, 1996).

25) Richard C. Thornton, *Odd Man Out : Truman, Stalin, Mao and the Origins of the Korean War*(Washington D.C., 2000).

26) Eva-Maria Stolberg, *Stalin und die Chinesischen Kommunisten 1945~1953*(Stuttgart, 1997) ; Dieter Heinzig, *Die Sowjetunion und das kommunistische China 1945~1950 : Der Beschwerliche Weg zum Bündnis*(Baden-Baden, 1998).

27) Chen Jian, *China's Road to the Korean War : The Making of the Sino-American Confrontation*(New York, 1994) ; Zhang Shu Guang, *Mao's Military Romanticism, China and the Korean War 1950~1953*(Kansas, 1995).

28) Soh Jin-Chull, *Some Causes of the Korean War of 1950 : A Case Study of Soviet Foreign Policy in Korea(1945~1950), with Emphasis on Sino-Soviet Collaboration*(Oklahoma, 1963).

29) Yoe In-Kon, *Die sowjetische Koreapolitik vom Zweiten Weltkrieg bis zum Koreakrieg*(Frankfurt am Main, 1990).

30) 김점곤, 〈한국에 있어서의 공산주의 투쟁 형태 연구〉(경희대학교 박사학위 논문, 1972).

31) 김학준, 《한국전쟁—원인, 과정, 휴전, 영향》(박영사, 1989) ; 김철범, 《한국전쟁—

강대국 정치와 남북한 갈등》(평민사, 1989).

32) 최장집, 〈한국전쟁에 대한 하나의 이해〉 ; 류상영, 〈북한의 한국전쟁 인식과 성격 규정〉, 최장집 엮음,《한국전쟁 연구》(태암, 1990) 참조.

33) 박명림,《한국전쟁의 발발과 기원》 전2권(나남출판, 1997).

34) 和田春樹,《朝鮮戰爭》(東京, 1995). 번역본은 와다 하루키,《한국전쟁》, 서동만 옮김 (창작과비평사, 1999) ; 김영호,《한국전쟁의 기원과 전개 과정》(두레, 1998).

35) 스탈린은 처음부터 전략적으로 미국군 전투력을 후방 종심 지역으로 유인해 격파 하기 위해 만주 지역을 작전 지역으로 계획했다는 가설이다.

36) Korea Institute of Military History, *The Korean War* I~III(국방부 군사편찬연구 소, 1997~1999).

37) 이완범,《한국전쟁—국제전적 조망》(백산서당, 2000).

38) 한국전쟁연구회,《탈냉전시대 한국전쟁의 재조명》(백산서당, 2000).

39) A. V. Torkunov, *Zagadochnaia voina : Koreiskii konflikt 1950~1953 godov* (Moskva, 2000). 번역본은 A. V. 토르쿠노프,《한국전쟁의 진실과 수수께끼》, 구정 서 옮김(에디터, 2003).

40) 김영호 외,《6·25전쟁의 재인식》(기파랑, 2010).

41) 데이비드 추이,《중국의 6·25전쟁 참전》, 한국전략문제연구소 옮김(한국전략문제 연구소, 2011).

42) Roy E. Appleman, *South to the Nakdong, North to the Yalu*(*June~November 1950, United States Army in the Korean War*)(Washington D.C., 1961) ; James Schnabel, *Policy and Direction : The First Year*(*United States Army in the Korean War*)(Washington D.C., 1972) ; Billy C. Mossman, *Ebb and Flow November 1950~July 1951*(Washington D.C., 1990).

43) 국방부 전사편찬위원회,《한국전쟁사》 전11권(국방부 전사편찬위원회, 1967~ 1980).

44) 국방부 군사편찬연구소,《6·25전쟁사》(국방부 군사편찬연구소, 2003~2013). 2012년 현재 아홉 권이 발간되었고, 2013년까지 총 열한 권이 발간될 계획이다.

45) 육군사관학교,《한국전쟁사 부도》(신학사, 1978).

46) 장준익,《북한인민군대사》(서문당, 1991).

47) 이재훈, 〈6·25전쟁과 소련의 군사적 역할〉, 김영호 외, 《6·25전쟁의 재인식》, 제1
부 3장.

48) Charles R. Shrader, *Communist Logistics in the Korean War* (Westport, 1995).

49) Daniel S. Stelmach, *The Influence of Russian Armored Tactics on the North
Korean Invasion of 1950*, Ph. D. dissertation (St. Louis, 1973).

50) 국사편찬위원회, 《북한관계 사료집》 전32권 (국사편찬위원회, 1982~1999) ; 국
방부 군사편찬연구소, 《북한 군사관계 사료집》 전2권 (국방부 군사편찬연구소,
2001).

51) 영어로 작성되어 있으며 650여 쪽 분량이다.

52) Robert K. Sawyer, *Military Advisors in Korea : KMAG in Peace and War*
(Washington D.C., 2000), 3~45·178~179쪽.

53) Raymond L. Garthoff, *Die Sowjetarmee : Wesen und Lehre* (Köln, 1955) ; 영문
원본은 *Soviet Military Doctrine* (Illinois, 1953).

54) David M. Glantz, *The Evolution of Soviet Operational Art, 1927~1991* (London,
1995) ; Andrei A. Kokoshin, *Soviet Strategic Thought, 1917~1991* (London, 1998)
; M. A. Gareev, "Die Ansichten M. V. Frunzes und die moderne Militärtheorie",
Dokumentations-und Fachinformationszentrum der Bundeswehr (Bonn, 1995).
원전은 *M. V. Frunze : voennyj teoretik* (Moskva, 1985).

55) Bundesministerium der Verteidigung·Generalinspekteur der Bundeswehr,
Operative Leitlinie für Einsätze der Streitkräfte (Bonn, 1999).

56) 萩原遼, 《北朝鮮の極秘文書》, 上·中·下 (夏の書房, 1996).

57) 김일성, 《김일성 선집》, 제1권 (조선로동당출판사, 1963) ; 제2권 (조선로동당출판
사, 1964) ; 《김일성 저작집》, 제5권 (1949년 1월~1950년 6월) (조선로동당출판사,
1980) ; 《김일성 전집》, 제11권 (1950년 1월~6월) (조선로동당출판사, 1995).

58) Andrei Lankov, *From Stalin to Kim Il Sung : The Formation of North Korea
1945~1960* (London, 2002).

59) Dimitri Wolkogonow, *Stalin. Triumph und Tragödie : Ein politisches Porträt*
(Düsseldorf, 1989).

60) Lim Un, *The Founding of a Dynasty in North Korea : An Authentic Biography*

of *Kim Il Sung*(自由社, 1982) ; 중앙일보 특별취재반,《조선민주주의인민공화국—비록》, 상권(중앙일보사, 1992), 75·86쪽. 란코프Andrei Lankov는《스탈린에서 김일성까지*From Stalin to Kim Il Sung*》에서 임은Lim Un이 실명 허은배의 가명이라고 주장했으나, 이러한 이견은 좀 더 신뢰성 있는 근거 자료를 찾아 규명할 필요가 있다.

61) 주영복,《내가 겪은 조선전쟁》, 제1·2권(고려원, 1990).

62) 중앙일보 특별취재반,《조선민주주의인민공화국》, 상·하권.

63) John Toland, *In Mortal Combat : Korea, 1950~1953*(New York, 1991).

64) *The US Imperialists Started The Korean War*(Foreign Languages Publishing House, 1977) ; 사회과학원 력사연구소,《조선전사》, 제25권 : 조국해방전쟁사(과학백과사전출판사, 1981) ; 국제문제연구소,《력사가 본 조선전쟁》(사회과학출판사, 1993).

2장

1) Andrei Lankov, *From Stalin to Kim Il Sung*, 7쪽.

2) Kathryn Weathersby, "Soviet Aims in Korea and the Origins of the Korean War, 1945~1950 : New Evidence from Russian Archives", *CWIHP Working Paper*, No. 8(1993) 10쪽.

3) Erik Van Ree, *Socialism in One Zone : Stalin's Policy in Korea 1945~1947*(Amsterdam, 1988), 15~19쪽.

4) Erik Van Ree, *Socialism in One Zone*, 4쪽 ; Karl-Volker Neugebauer (Hg.), *Grundzüge der deutschen Militärgeschichte*(Freiburg, 1993), 416쪽. 1945년 소련 내부의 상황에 관해서는 Bernd Bonwetsch, "Sowjetunion-Triumph im Elend", U. Herbert·A. Schildt (Hg.), *Kriegsende in Europa : Vom Beginn des deutschen Machtzerfalls bis zur Stabilisierung der Nachkriegsordnung 1944~1948*(Essen, 1998), 52~88쪽 참조.

5) Bernd Bonwetsch, "Sowjetunion-Triumph im Elend", 75쪽.

6) Erik Van Ree, *Socialism in One Zone*, 10쪽과 비교.

7) Andrei Lankov, *From Stalin to Kim Il Sung*, 7쪽.

8) Isaac Deutscher, *Stalin : A Political Biography*(New York, 1968), 552~554쪽.

9) Kathryn Weathersby, "Soviet Aims in Korea and the Origins of the Korean War, 1945~1950", 10쪽.

10) 군사 지도는 이 작전에 참가했던 시테멘코S. M. Shtemenko와 브노첸코L. N. Vnotchngi장군의 비망록에서 복사한 것이다.

11) Erik Van Ree, *Socialism in One Zone*, 41쪽.

12) Korea Institute of Military History, *The Korean War* I, 13쪽.

13) Erik Van Ree, *Socialism in One Zone*, 41쪽.

14) Andrei Lankov, *From Stalin to Kim Il Sung*, 1쪽.

15) Korea Institute of Military History, *The Korean War* I, 12~13쪽. 제25군 작전의 세부 내용은 치스차코프의 제25군의 전투 행로 참조. 국토통일원,《조선의 해방》(국토통일원 조사연구실, 1987), 13~81쪽.

16) Erik Van Ree, *Socialism in One Zone*, 37 · 42 · 47쪽.

17) James Schnabel, *Policy and Direction*, 11쪽. 미 국방성의 전략 및 정책처장이었던 링컨George A. Lincoln 준장은 실제로 이에 상응하는 상황이 일어날 경우 이러한 제의를 하려고 했다.

18) Korea Institute of Military History, *The Korean War* I, 13~14쪽 ; Andrei Lankov, *From Stalin to Kim Il Sung*, 2쪽.

19) 란코프는, 평양 주재 소련군 대표자들이 처음에는 '한국의 간디'로 알려진 민족주의자 조만식을 북한의 미래 지도자로 고려했다고 논술했다. 이와 관련된 내용은 Andrei Lankov, *From Stalin to Kim Il Sung*, 10~23쪽 참조. 이 주장은 사실이지만 새로운 것은 아니다. 공산주의자들의 통일전선 전술에 따르면, 소련 측의 이러한 선택은 처음부터 과도기적 해법이었다. 란코프도 같은 책 8쪽에서 이와 같은 맥락에서 논술했다.

20) Andrei Lankov, *From Stalin to Kim Il Sung*, 58쪽.

21) Robert Simmons, *The Strained Alliance*, 28쪽.

22) Robert A. Scalapino · Lee Chong-Sik, *Communism in Korea, Part 1 : The Movement*(Berkeley · Los Angeles · London, 1972), 229쪽. 상세한 내용은 An-

drei Lankov, *From Stalin to Kim Il Sung*, 1~48쪽 참조.

23) Robert A. Scalapino · Lee Chong-Sik, *Communism in Korea, Part 1*, 229쪽. 김 일성의 유격대 활동에 관해서는 Andrei Lankov, *From Stalin to Kim Il Sung*, 52 ~55쪽 참조. Lim Un, *The Founding of a Dynasty in North Korea*, 26~52쪽.

24) Baik Bong, *Kim Il Sung, Biography : From Birth to Triumphant Return to Homeland*, Vol. 1(Miraisha, 1969). 이 자료에는 일본 당국의 압박이 강해진 후 김일성이 축소된 규모의 유격대로 항일 투쟁을 계속했다고 기록되어 있다.

25) Andrei Lankov, *From Stalin to Kim Il Sung*, 53쪽.

26) Robert A. Scalapino · Lee Chong-Sik, *Communism in Korea, Part 1*, 227쪽.

27) Lim Un, *The Founding of a Dynasty in North Korea*, 110쪽.

28) Sydney A. Seiler, *Kim Il-song 1941~1948 : The Creation of a Legend, The Building of a Regime*(Lanham · New York · London, 1994), 31 · 39쪽 ; Sergei N. Goncharov et al., *Uncertain Partners*, 131쪽.

29) 신주백, 〈김일성의 만주 항일 유격운동에 대한 연구〉,《역사와 현실》제12권(한국 역사연구회, 1994), 183~186쪽.

30) Andrei Lankov, *From Stalin to Kim Il Sung*, 54쪽.

31) Andrei Lankov, *From Stalin to Kim Il Sung*, 56~57쪽.

32) 중앙일보 특별취재반,《조선민주주의인민공화국》, 상권, 376~380쪽 ; Sydney A. Seiler, *Kim Il-song 1941~1948*, 32~36쪽.

33) 오영진,《하나의 증언》(국민사상지도원, 1952), 172~173쪽 ; Daniel S. Stelmach, *The Influence of Russian Armored Tactics on the North Korean Invasion of 1950*, 143~144쪽. 란코프는 플로트니코프G. K. Plotnikov와 유성철의 증언을 토 대로 김일성이 제2차 세계대전 중 제88독립여단을 떠나지 않았다고 주장했다. An-drei Lankov, *From Stalin to Kim Il Sung*, 57쪽 참조.

34) Sergei N. Goncharov et al., *Uncertain Partners*, 131쪽 ; Andrei Lankov, *From Stalin to Kim Il Sung*, 58쪽 참조.

35) Robert A. Scalapino · Lee Chong-Sik, *Communism in Korea, Part 1*, 229쪽 ; An-drei Lankov, *From Stalin to Kim Il Sung*, 17~18쪽 ; William Stueck, *Rethinking the Korean War*, 67쪽.

36) 메클레르Grigori K. Mekler는 소련 제25군 소속 정치장교였다. 그는 1945년 8월 말에 김일성, 강건, 김책 등과 면담했으며, 김일성이 원산에 등장하는 1945년 9월 19일 직전인 1945년 9월 초에 북한에 도착했다. 그의 직속 상관은 시티코프T. F. Shtykov였으며, 메클레르는 1946년 9월까지 김일성을 그림자처럼 동행했다.

37) 중앙일보 특별취재반, 《조선민주주의인민공화국》, 상권, 301쪽.

38) 레베데프는 90번째 생일 한 달 전인 1991년 11월 초에 모스크바의 자택에서 한국의 중앙일보 프로젝트팀과 인터뷰했다. 그는 평양으로 돌아온 로마넨코 소장으로부터 모스크바에서 열린 회의의 결과를 전해 들었다.

39) 중앙일보 특별취재반, 《조선민주주의인민공화국》, 상권, 295~296쪽.

40) 샤브신Shabshin은 가명이며 본명은 쿨리코프Anatoly Ivanovich Kulikov이다. 그는 소련이 1945년 8월 8일 일본을 상대로 전쟁을 선포하기 전부터 서울 주재 부영사로 활동했다. 모스크바로 복귀한 후에는 당 중앙위원회의 한반도 문제 전문가로 활동했다.

41) 중앙일보 특별취재반, 《조선민주주의인민공화국》, 상권, 326~327쪽.

42) 1949년 3월 김일성이 모스크바를 다시 방문했을 때, 스탈린은 이 방문을 기억했다.

43) 중앙일보 특별취재반, 《조선민주주의인민공화국》, 상권, 326~330쪽.

44) Kathryn Weathersby, "To Attack or Not to Attack? Stalin, Kim Il Sung, and the Prelude to War", *CWIHP Bulletin*, No. 5(1995), 6쪽.

45) 김영수, 〈북한 지역의 정치적 동태와 소군정〉, 한국정신문화연구원현대사연구소, 《한국현대사의 재인식 1》(오름, 1998), 214쪽.

46) 이그나티예프는 로마넨코 소장이 이끄는 민정관리총국의 부지휘관이었다. 동시에 교육, 문화, 사법 및 경찰, 건강 및 언론 분야의 기능을 지휘했다. 그는 모든 정치 지도자급 인사들과 업무 관계를 맺고 있었다. 예컨대 김일성과 자주 만났고, 김일성의 부상에 결정적 역할을 수행했다. 그리고 북한 정권의 공식 수립 후 초대 소련 대사가 된 시티코프의 보좌 기능을 수행했다.

47) 신일철, 《북한 주체철학 연구》(나남, 1993), 441~442쪽.

48) Jeon Hyun-Su · Kahng Gyoo, "The Shtykov Diaries : New Evidence on Soviet Policy in Korea", *CWIHP Bulletin*, No. 6/7(1995/1996), 69 · 92~93쪽.

49) Andrei Lankov, *From Stalin to Kim Il Sung*, 2쪽.

50) 서대숙, 〈북한의 소비에트 정권 수립〉, 김철범 엮음, 《한국전쟁—강대국 정치와 남북한 갈등》(평민사, 1989), 322쪽.

51) Andrei Lankov, *From Stalin to Kim Il Sung*, 15쪽 ; Erik Van Ree, *Socialism in One Zone*, 96 · 102~103쪽. 시티코프는 모스크바 지도부에 북한 지역 소련 민정 관리총국의 수장으로 로마넨코를 추천했다.

52) 한재덕은 북조선 인민위원회 위원이었다. 1959년 한국으로 도피한 후, 1965년 서울에서 《김일성을 고발한다》를 발표했다.

53) '갑산파'는 북한 정권 수립 및 발전 과정에서 서로 경쟁 관계였던 4개 파벌 중 하나였다. 이 파벌은 김일성과 함께 항일운동을 하던 유격대원들로 구성되었다. '한국계 소련인파'는 소련에서 출생한 한국인 또는 1945년 이전에 소련에 거주했던 한국인들로 구성되었다. '연안파'는 중국 인민해방군에서 복무한 인물들로 구성되었고, 무정과 김두봉이 이끌었다. '국내파'는 소련이나 중국에 의존함 없이 국내에서 활동한 조선공산당원들로 구성되었고, 박헌영과 현준혁이 이끌었다. 이 파벌들의 상호 관계와 역학 관계에 관해서는 Robert A. Scalapino · Lee Chong-Sik, *Communism in Korea*, *Part 1*, Chap. V, 313~381쪽 참조.

54) Robert A. Scalapino · Lee Chong-Sik, *Communism in Korea*, *Part 1*, 318쪽.

55) 박명림, 《한국전쟁의 발발과 기원》, 제2권, 96~97쪽 ; Chang-soon Kim, "Formation of Kim Il Sung Regime", Chong-shik Chung (ed.), *North Korean Communism : A Comparative Analysis*(Research Center for Peace and Unification, 1980), 16~28쪽. 소련 민간 행정 기구의 구조에 관해서는 Erik Van Ree, *Socialism in One Zone*, 98쪽 ; Andrei Lankov, *From Stalin to Kim Il Sung*, 15쪽 참조.

56) Andrei Lankov, *From Stalin to Kim Il Sung*, 27쪽.

57) 북한과학원 력사연구소, 《조선통사(하)》(1958), 김제원 옮김(오월, 1988), 303~304쪽 ; 김일성, 《김일성 선집》, 제1권, 54~57쪽 ; Andrei Lankov, *From Stalin to Kim Il Sung*, 59쪽.

58) Chang-soon Kim, "Formation of Kim Il Sung Regime", 19쪽.

59) 이 책의 제2장 53번 주석 참조.

60) Robert A. Scalapino · Lee Chong-Sik, *Communism in Korea*, *Part 1*, 355쪽 ; 세부 사항은 Andrei Lankov, *From Stalin to Kim Il Sung*, 30~31쪽 참조.

61) 국토통일원, 《조선노동당 대회 자료집》, 제1집(국토통일원 조사연구실, 1988), 86쪽.

62) Korea Institute of Military History, *The Korean War* I, 35~36쪽 ; 장준익, 《북한 인민군대사》, 32~43쪽과 비교.

63) Korea Institute of Military History, *The Korean War* I, 36쪽.

64) 조선독립연맹은 사회주의 계열의 항일 투쟁 단체였다. 전신은 1941년 1월 10일에 중국공산당의 지원 아래 결성된 '화북조선청년연합'이었다.

65) 장준익, 《북한인민군대사》, 35~36쪽.

66) 국사편찬위원회, 《북한관계 사료집》, 제25권 18호, 182쪽.

67) 〈북한 정권 수립 비사, 레베데프 비망록〉, 《대구매일신문》(1995년 2월 28일). 이 비망록은 레베데프가 1947년 5월부터 1948년 12월까지 작성한 것이며, 《대구매 일신문》 기자가 1994년 모스크바에서 입수했다. 1995년 1월 1일부터 같은 해 2월 28일까지 24회에 걸쳐 연재했으며 한국정치연구회 연구위원 정해구가 해설했다.

68) 국사편찬위원회, 《북한관계 사료집》, 제25권 19호, 185~212쪽.

69) Robert A. Scalapino · Lee Chong-Sik, *Communism in Korea*, *Part 1*, 318쪽.

70) Kathryn Weathersby, "Soviet Aims in Korea and the Origins of the Korean War, 1945~1950", 27~28쪽.

71) Central Intelligence Agency(CIA), "Current Capabilities of the Northern Korean Regime, ORE 18-50"(1950년 6월 10일), 3쪽.

72) 웨더스비는 1950년 4월까지는 스탈린과 모스크바의 목표가 한반도 전체를 장악 하는 것이 아니었다고 주장했다. Kathryn Weathersby, "Soviet Aims in Korea and the Origins of the Korean War, 1945~1950", 9쪽.

73) Erik Van Ree, *Socialism in One Zone*, 6쪽.

74) William Stueck, *The Korean War*, 10~11쪽.

75) William Stueck, *Rethinking the Korean War*, 66쪽.

76) William Stueck, *Rethinking the Korean War*, 69~70쪽.

77) Bruce Cumings, *The Origins of the Korean War*, Vol. II, 472~278쪽 ; "Memorandum of Conversation by the Secretary of the Army, 8. Februar 1950", *FRUS-1949*, Vol. VII, 957쪽.

78) Allen Whiting, *China Crosses the Yalu*.

79) Robert Simmons, *The Strained Alliance*.

80) Bruce Cumings, *The Origins of the Korean War*, Vol. II, 439~465 · 568~621쪽.

81) Bruce Cumings, *The Origins of the Korean War*, Vol. II, 448쪽.

82) Bruce Cumings, *The Origins of the Korean War*, Vol. II, 621쪽.

83) John Merrill, *Korea*, 187쪽.

84) John Merrill, *Korea*, 184쪽.

85) Bernd Bonwetsch, "Die Sowjetunion und der Beginn des Koreakrieges, Juni~ Oktober 1950", 11쪽.

86) 이 책의 13~15쪽.

87) 임은Lim Un의 저서《북조선 왕조 성립 비사The Founding of a Dynasty in North Korea》, 168쪽에 언급된 김일성의 세 번째 모스크바 방문은 전쟁 준비와 연관이 없다. 박헌영의 딸이 1991년 증언한 바와 같이 김일성의 모스크바 방문은 1946년 7월에 있었다. 이에 관해서는 중앙일보 특별취재반, 《조선민주주의인민공화국》, 상 권, 358쪽 참조

88) 주한 미군은 1948년 9월 15일에 철수를 시작해 1949년 6월 30일에 완료했다.

89) Kathryn Weathersby, "To Attack or Not to Attack?", 4~6쪽.

90) Sergei N. Goncharov et al., *Uncertain Partners*, 135쪽.

91) A. V. Torkunov, *Zagadochnaia voina*, 8~12쪽.

92) Evgenii P. Bajanov, "Assessing the Politics of the Korean War, 1949~1951", *CWIHP Bulletin*, No. 6/7, 54쪽 ; William Stueck, *Rethinking the Korean War*, 70쪽.

93) Nikita S. Chruschtschow, *Chruschtschow erinnert sich* (Hamburg, 1971), 373쪽.

94) A. V. Torkunov, *Zagadochnaia voina*, 23쪽.

95) Kathryn Weathersby, "To Attack or Not to Attack?", 6쪽 ; Evgenii P. Bajanov, "Assessing the Politics of the Korean War, 1949~1951", 52쪽 ; A. V. Torkunov, *Zagadochnaia voina*, 30~32쪽 ; William Stueck, *Rethinking the Korean War*, 72쪽.

96) Kathryn Weathersby, "To Attack or Not to Attack?", 6쪽.

97) Kathryn Weathersby, "To Attack or Not to Attack?", 7쪽.

98) A. V. Torkunov, *Zagadochnaia voina*, 38∼46쪽.

99) Kathryn Weathersby, "To Attack or Not to Attack?", 7∼8쪽.

100) A. V. Torkunov, *Zagadochnaia voina*, 24∼26쪽.

101) 김일성은 "조선의 통일을 생각해야 하기 때문에, 최근 잠을 이룰 수 없었다"라고 언급했다.

102) Kathryn Weathersby, "To Attack or Not to Attack?", 8쪽 ; Evgenii P. Bajanov, "Assessing the Politics of the Korean War, 1949∼1951", 87쪽.

103) Kathryn Weathersby, "To Attack or Not to Attack?", 9쪽.

104) Kathryn Weathersby, "Soviet Aims in Korea and the Origins of the Korean War, 1945∼1950", 20 · 25쪽 ; "New Russian Documents on the Korean War", *CWIHP Bulletin*, No. 6/7, 37쪽.

105) A. V. Torkunov, *Zagadochnaia voina*, 55쪽.

106) Evgenii P. Bajanov, "Assessing the Politics of the Korean War, 1949∼1951", 87쪽.

107) A. V. Torkunov, *Zagadochnaia voina*, 56 · 72쪽 ; Kathryn Weathersby, "New Russian Documents on the Korean War", 36쪽 ; Evgenii P. Bajanov, "Assessing the Politics of the Korean War, 1949∼1951", 88쪽 ; Sergei N. Goncharov et al., *Uncertain Partners*, 147쪽.

108) Kathryn Weathersby, "New Russian Documents on the Korean War", 38쪽 ; A. V. Torkunov, *Zagadochnaia voina*, 57쪽.

109) 이기동, 〈김일성 · 스탈린 모스크바 비밀 회담(6 · 25내막 모스크바 새 증언 : 5)〉, 《서울신문》(1995년 5월 24일), 12면 참조. 이기동 기자가 1995년 5월 15일부터 11월 8일까지 게재한 내용의 일부이다. 여기에 기초가 된 자료는 소련 대통령실, 외무성, 국방성 문서고와 소련공산당에서 보관 중인 950여 건의 문서로서, 옐친 대통령이 김영삼 대통령에게 전달한 216건의 문서를 포함하고 있다. Evgenii P. Bajanov · Natalia Bajanova, *The Most Mysterious War of 20th Century— Korean Conflict 1950∼1953, Based on Soviet Archives*(Moskva, 1997). 번역본 예브게니 바자노프 · 나탈리아 바자노바, 《(소련의 자료로 본)한국전쟁의 전

말〉, 김광린 옮김(열림, 1998), 52～55쪽 참조 ; A. V. Torkunov, *Zagadochnaia voina*, 58쪽 이하에는 스탈린과 김일성의 대화에 대한 유사한 요약 내용이 담겨 있다. 여기에 기초가 된 것은 소련공산당 중앙위원회의 보고서와 당시 회담 참가자들과의 인터뷰 등이다. 북한 측 보고서에 기초한 유사한 논술은 Sergei N. Goncharov et al., *Uncertain Partners*, 141～144쪽 ; Lim Un, *The Founding of a Dynasty in North Korea*, 181쪽 참조.

110) Foreign Languages Publishing House, *The US Imperialists Started The Korean War* ; 사회과학원 력사연구소, 《조선전사》, 제25권 : 조국해방전쟁사 ; 국제문제연구소, 《력사가 본 조선전쟁》.

111) Lim Un, *The Founding of a Dynasty in North Korea*, 168쪽 ; Bernd Bonwetsch · Peter M. Kuhfus, "Die Sowjetunion, China und der Koreakrieg", 49쪽과 비교.

112) Kathryn Weathersby, "New Russian Documents on the Korean War", 38쪽 이하. 스탈린은 마오쩌둥에게 보낸 1950년 5월 3일자 전문에서, 북한의 남침에 대해 결정한 사실을 언급하지 않은 채 김일성의 모스크바 방문에 관해서만 짧게 통보했다. 이에 관해서는 《서울신문》(1995년 5월 28일) 참조.

113) 러시아 국립문서보관소에서 발굴한 추가 문서에 관해서는 Woodrow Wilson International Center for Scholars, *CWIHP Bulletin*, No. 4(1994), 61쪽 이하 참조 ; Evgenii P. Bajanov, "Assessing the Politics of the Korean War, 1949～1951", 87쪽 이하 비교.

114) 이기동, 〈김일성 · 스탈린 모스크바 비밀 회담(6 · 25내막/모스크바 새 증언 : 5)〉, 《서울신문》(1995년 5월 24), 12면 ; 이기동, 〈중국의 남침 지원(6 · 25내막/모스크바 새 증언 : 6)〉, 《서울신문》(1995년 5월 28일), 6면 ; 예브게니 바자노프 · 나탈리아 바자노바, 《(소련의 자료로 본)한국전쟁의 전말》, 58～59쪽 ; Evgenii P. Bajanov, "Assessing the Politics of the Korean War, 1949～1951", 87쪽. A. V. Torkunov, *Zagadochnaia voina*, 61～63쪽과 비교.

115) 이기동, 〈김일성 · 스탈린 모스크바 비밀 회담(6 · 25내막/모스크바 새 증언 : 5)〉, 《서울신문》(1995년 5월 24), 12면 ; 이기동, 〈중국의 남침 지원(6 · 25내막/모스크바 새 증언 : 6), 《서울신문》(1995년 5월 28일), 6면 ; 예브게니 바자노프 · 나탈

리아 바자노바, 《(소련의 자료로 본)한국전쟁의 전말》, 58~59쪽.

116) 예브게니 바자노프 · 나탈리아 바자노바, 《(소련의 자료로 본)한국전쟁의 전말》, 59~60쪽.

117) A. V. Torkunov, *Zagadochnaia voina*, 65쪽.

118) 중국 인민해방군 총참모장이었던 녜룽전聶榮臻의 증언에 근거했다. Chen Jian, *China's Road to the Korean War*, 88 · 164 · 166쪽. 중국 인민해방군 소속 조선의용군 제164 · 166사단은 1949년 5월 초에 있었던 김일과 마오쩌둥의 회담 후인 1949년 7월과 8월에 각각 북한군 제6사단과 제7사단으로 개편되었다.

119) 예브게니 바자노프 · 나탈리아 바자노바, 《(소련의 자료로 본)한국전쟁의 전말》, 64~68쪽.

120) Chen Jian, *China's Road to the Korean War*, 87~88쪽 참조.

121) Chen Jian, *China's Road to the Korean War*, 88쪽.

122) Dieter Heinzig, *Die Sowjetunion und das kommunistische China 1945~1950*, 636쪽.

123) Kathryn Weathersby, "New Russian Documents on the Korean War", 38쪽 ; A. V. Torkunov, *Zagadochnaia voina*, 65쪽.

124) Evgenii P. Bajanov, "Assessing the Politics of the Korean War, 1949~1951", 87쪽 ; A. V. Torkunov, *Zagadochnaia voina*, 66쪽.

125) Kathryn Weathersby, "New Russian Documents on the Korean War", 39쪽 ; A. V. Torkunov, *Zagadochnaia voina*, 67쪽.

126) Kathryn Weathersby, "New Russian Documents on the Korean War", 39쪽.

127) A. V. Torkunov, *Zagadochnaia voina*, 69쪽 ; 이기동, 〈모 · 김 북경 비밀 회담(모스크바 새 증언 : 7)〉, 《서울신문》(1995년 5월 29일).

128) A. V. Torkunov, *Zagadochnaia voina*, 69쪽.

129) A. V. Torkunov, *Zagadochnaia voina*, 69쪽.

130) A. V. Torkunov, *Zagadochnaia voina*, 70쪽.

131) Sergei N. Goncharov et al., *Uncertain Partners*, 146쪽 ; Chen Jian, *China's Road to the Korean War*, 88쪽.

132) Chen Jian, *China's Road to the Korean War*, 134쪽.

133) William Stueck, *Rethinking the Korean War*, 76쪽.

134) Nikita S. Chruschtschow, *Chruschtschow erinnert sich*, 373쪽 ; Nikita Khrushchev, *Khrushchev Remembers. The Glasnost Tapes*(Boston, 1990), 144쪽.

135) Bernd Bonwetsch · Peter M. Kuhfus, "Die Sowjetunion, China und der Koreakrieg", 39쪽 ; William Stueck, *Rethinking the Korean War*, 77쪽.

136) William Stueck, *Rethinking the Korean War*, 77쪽.

137) Sergei N. Goncharov et al., *Uncertain Partners*, 60~61 · 71~72쪽과 제4장.

138) Bernd Bonwetsch · Peter M. Kuhfus, "Die Sowjetunion, China und der Koreakrieg", 46쪽.

139) Bernd Bonwetsch · Peter M. Kuhfus, "Die Sowjetunion, China und der Koreakrieg", 38~46쪽 ; Sergei N. Goncharov et al., *Uncertain Partners*, Chap. 1~3 ; Dieter Heinzig, *Die Sowjetunion und das kommunistische China 1945~1950*, Kap. 2~3 ; Richard C. Thornton, *Odd Man Out*, Chap. 1~2.

140) Sergei N. Goncharov et al., *Uncertain Partners*, 32쪽.

141) Richard C. Thornton, *Odd Man Out*, 81~100쪽 ; Nakajima Mineo, "The Sino-Soviet Confrontation in Historical Perspective", Nagai Yonosuke · Iriye Akira, *The Origins of the Cold War in Asia*(Tokyo, 1977), 203~223쪽.

142) Richard C. Thornton, *Odd Man Out*, 91쪽.

143) Richard C. Thornton, *Odd Man Out*, 91쪽.

144) Kathryn Weathersby, "Soviet Aims in Korea and the Origins of the Korean War, 1945~1950", 28~33쪽.

145) Bernd Bonwetsch · Peter M. Kuhfus, "Die Sowjetunion, China und der Koreakrieg", 51쪽.

146) Bernd Bonwetsch · Peter M. Kuhfus, "Die Sowjetunion, China und der Koreakrieg".

147) John L. Gaddis, "Drawing Lines : The Defensive Perimeter Strategy in East Asia, 1947~1951", John L. Gaddis, *The Long Peace*(Oxford, 1987), 72~103쪽 ; James Schnabel, *Policy and Direction*, 51쪽.

148) John Gaddis, *We Now Know*, 72쪽.

149) Bernd Bonwetsch, "Die Sowjetunion und der Beginn des Koreakrieges, Juni ~Oktober 1950", 13쪽.

150) Bernd Bonwetsch · Peter M. Kuhfus, "Die Sowjetunion, China und der Koreakrieg", 50쪽 ; William Stueck, *The Road to Confrontation : United States Policy toward China and Korea, 1947~1950*(Chapel Hill, 1981), 137~143쪽.

151) Bernd Bonwetsch · Peter M. Kuhfus, "Die Sowjetunion, China und der Koreakrieg", 12 · 14쪽 참조. Kathryn Weathersby, "To Attack or Not to Attack?", 4 쪽이하 비교 ; William Stueck, *The Korean War*, 31쪽.

152) 기습 침공 준비에 관한 내용은 이 책의 제4장 참조.

153) Kathryn Weathersby, "Soviet Aims in Korea and the Origins of the Korean War, 1945~1950", 30쪽.

154) Lim Un, *The Founding of a Dynasty in North Korea*, 168쪽 ; 이기동, 〈김일성 · 스탈린 모스크바 비밀 회담(6 · 25내막/모스크바 새 증언 : 5)〉, 12면 ; 예브게니 바자노프 · 나탈리아 바자노바,《(소련의 자료로 본)한국전쟁의 전말》, 54쪽.

155) Sergei N. Goncharov et al., *Uncertain Partners*, 145쪽.

156) Bernd Bonwetsch · Peter M. Kuhfus, "Die Sowjetunion, China und der Koreakrieg", 52쪽. 본베치는 "주도면밀한 궤도 수정"이란 표현을 사용.

157) Bernd Bonwetsch · Peter M. Kuhfus, "Die Sowjetunion, China und der Koreakrieg", 15쪽.

158) Bernd Bonwetsch · Peter M. Kuhfus, "Die Sowjetunion, China und der Koreakrieg", 51쪽과 비교.

159) Sergei N. Goncharov et al., *Uncertain Partners*, 145쪽.

160) Richard C. Thornton, *Odd Man Out*, 91쪽.

161) 김영호,《한국전쟁의 기원과 전개 과정》, 162~163쪽.

3장

1) H. A. Weerd, "Vorwort", Raymond L. Garthoff, *Die Sowjetarmee : Wesen und Lehre*(Köln, 1955), XV쪽.

2) Raymond L. Garthoff, *Die Sowjetarmee*, 69쪽.

3) Oberkommando des Heeres, *Merkblatt über Eigenarten der russischen Kriegführung* (Berlin, 1941), 5쪽.

4) Raymond L. Garthoff, *Die Sowjetarmee*, 49쪽.

5) E. Jakob, "Die sowjetische Militärdoktrin—Eine Kategorie der marxistische-leninistischen Militärwissenschaft", *Militärwesen* (1982, H. 9), 11쪽.

6) 러시아혁명 이전부터 유명했던 군사 이론가로서, 초기 소비에트 시대에 군사 이론 분야에서 가장 중요한 역할을 담당했다.

7) Hans-Ulrich Seidt, "Alexander Swetschin als politischer und strategischer Denker", Hans-Ulrich Seidt (Hg.), *Alexander Swetschin : Clausewitz. Die klassische Biographie aus Rußland* (Bonn, 1997), 21쪽.

8) Hans-Ulrich Seidt, "Alexander Swetschin als politischer und strategischer Denker", 21쪽.

9) Olaf Rose, *Carl von Clausewitz : Wirkungsgeschichte seines Werkes in Rußland und der Sowjetunion 1836~1991* (München, 1995), 130~131쪽.

10) *Sowjetische Militärenzyklopädie*, Auswahl Heft 25, 4쪽.

11) *Sowjetische Militärenzyklopädie*, Auswahl Heft 25, 12쪽.

12) Julian Lider, "Die sowjetische Militärwissenschaft. Beschreibung und kritische Bestandaufnahme", *Österreichische Militärische Zeitschrift*, Heft 2(1983), 143쪽 ; Willard C. Frank, Jr. · Philip S. Gillette (eds.), *Soviet Military Doctrine from Lenin to Gorbachev, 1915~1991* (Westport, 1992), 2~3쪽 ; Kent D. Lee, "Implementing Defensive Doctrine : The Role of Soviet Military Science", Willard C. Frank, Jr. · Philip S. Gillette (eds.), *Soviet Military Doctrine from Lenin to Gorbachev, 1915~1991* (Westport, 1992), 270~272쪽.

13) Raymond L. Garthoff, *Die Sowjetarmee*, 54~55쪽.

14) Raymond L. Garthoff, *Die Sowjetarmee*, 55쪽.

15) Raymond L. Garthoff, *Die Sowjetarmee*, 55쪽.

16) M. A. Gareev, "Die Ansichten M. V. Frunzes und die moderne Militärtheorie", Dokumentations- und Fachinformationszentrum der Bundeswehr, 51쪽.

17) M. A. Gareev, "Die Ansichten M. V. Frunzes", 489쪽.

18) Raymond L. Garthoff, *Die Sowjetarmee*, 55쪽.

19) Andrei A. Kokoshin, *Soviet Strategic Thought*, 51쪽.

20) A. N. Mertsalov · L. A. Mertsalov, *A. Zhomini. Osnovatel' nauchnoi voennoi te-orii(1779~1868)*(Moskva, 1999).

21) Carl von Clausewitz, *Vom Kriege*(Bonn, 1991), 303쪽.

22) Olaf Rose, *Carl von Clausewitz*, 127~128쪽.

23) Olaf Rose, *Carl von Clausewitz*, 123쪽.

24) D. R. Herspring, *Russian Civil-Military Relations*(Bloomington, 1996), 3~20쪽과 비교.

25) Andrei A. Kokoshin, *Soviet Strategic Thought*, 30~36쪽.

26) Olaf Rose, *Carl von Clausewitz*, 131쪽 ; Jacob W. Kipp, "Soviet Military Doctrine and the Origins of Operational Art. 1917~1936", Willard C. Frank, Jr. · Philip S. Gillette (eds.), *Soviet Military Doctrine from Lenin to Gorbachev, 1915~1991*(Westport, 1992), 100쪽.

27) Olaf Rose, *Carl von Clausewitz*, 138쪽.

28) Olaf Rose, *Carl von Clausewitz*, 133쪽. Isaak Deutscher, *Trotzki. Der bewaffnete Prophet. 1879~1921*(Stuttgart, 1972), 446~455쪽과 비교.

29) Olaf Rose, *Carl von Clausewitz*, 134쪽. Leon Trotzky, *Military Writings and Speeches of Leon Trotzky, How the Revolution Armed*, Vol. 5(London, 1981), 325쪽과 비교.

30) Carl von Clausewitz, *Vom Kriege*, 185쪽.

31) Isaak Deutscher, *Trotzky*, 452쪽.

32) Carl von Clausewitz, *Vom Kriege*, 302~303쪽.

33) Andrei A. Kokoshin, *Soviet Strategic Thought*, 36쪽 ; Jacob W. Kipp, "Soviet Military Doctrine and the Origins of Operational Art. 1917~1936", 99쪽과 비교.

34) Carl von Clausewitz, *Vom Kriege*, 626쪽 ; Olaf Rose, "Swetschin und Clausewitz. Geistesverwandtschaft und Schicksalsparallelität", Hans-Ulrich Seidt (Hg.), *Alexander Swetschin, Clausewitz : Die klassische Biographie aus*

Rußland(Bonn, 1997), 58쪽.

35) Andrei A. Kokoshin, *Soviet Strategic Thought*, 66쪽.

36) I. Mariyevsky, "Formation and Development of the Theory of Operational Art (1918~38)", David M. Glantz (ed.), *The Evolution of Soviet Operational Art 1927~1991*, Vol. 1(London, 1995), 306쪽.

37) Jacop W. Kipp, "Lenin and Clausewitz : The Militarization of Marxism. 1915~1921", Willard C. Frank, Jr.·Philip S. Gillette (eds.), *Soviet Military Doctrine from Lenin to Gorbachev, 1915~1991*(Westport, 1992), 77쪽.

38) Sally W. Stoecker, "Tönerner Koloß ohne Kopf : Stalinismus und Rote Armee", Bianka Pietrow-Ennker (Hg.), *Präventivkrieg? Der deutsche Angriff auf die Sowjetunion*(Frankfurt/M., 2000), 162쪽.

39) Hans-Ulrich Seidt, "Alexander Swetschin als politischer und strategischer Denker", 30·33쪽.

40) Valentin V. Larionov, "Soviet Military Doctrine : Past and Present", Willard C. Frank, Jr.·Philip S. Gillette (eds.), *Soviet Military Doctrine from Lenin to Gorbachev*, 1915~1991(Westport, 1992), 302쪽.

41) M. Gareev, "Die sowjetische Militärdoktrin in der gegenwärtigen Etappe", Militärwesen(DDR), 11쪽.

42) Bernd Bonwetsch, "Sowjetunion—Triumph im Elend", U. Herbst·A. Schildt (Hg.), *Kriegsende in Europa. Vom Beginn des deutschen Machtzerfalls bis zur Stabilisirung der Nachkriegsordnung 1944~1948*(Essen, 1998), 56쪽과 비교.

43) Raymond L. Garthoff, *Die Sowjetarmee*, 64쪽.

44) Peter Gosztony, *Die Rote Armee. Geschichte und Aufbau der sowjetischen Streitkräfte seit 1917*(München, 1980), 194쪽.

45) David M. Glantz, *The Evolution of Soviet Operational Art 1927~1991*, 2쪽.

46) Richard Simpkin, *Deep Battle. The Brainchild of Marshal Tukhacheskii* (London, 1987), 251~252쪽.

47) Richard Simpkin, *Deep Battle*, 32~33쪽.

48) Volkskommissariat für Verteidigung des Bundes der SSR, *Vorläufige Felddien-*

stordnung der Roten Arbeiter- und Bauernarmee, *1936*(PU 36)(Moskva, 1937), 9쪽. 이 독일어판 교범은 베를린 소재 출판사 'Offene Worte'에서 출간되었다.

49) Earl Ziemke, "Strategy for Classic War", Williamson Murray (ed.), *The Making of Strategy*(New York, 1994), 517쪽.

50) Duncan C. D. Milne, "Tukhachezsky and the Soviet Art of Deep Battle", Allen D. English (ed.), *The Changing Face of War*(Montreal & Kingston, 1998), 77쪽.

51) David M. Glantz, *The Military Strategy of the Soviet Union. A History*(London, 1992), 61~62쪽.

52) Andrei A. Kokoshin, *Soviet Strategic Thought*, 19쪽과 Duncan C. D. Milne, "Tukhachezsky and the Soviet Art of Deep Battle", 76쪽 비교.

53) Jacob W. Kipp, "Soviet Military Doctrine and the Origins of Operational Art. 1917~1936", 119쪽.

54) Duncan C. D. Milne, "Tukhachezsky and the Soviet Art of Deep Battle", 78쪽 ; David M. Glantz, *The Military Strategy of the Soviet Union. A History*, 62쪽 ; David M. Glantz, "Developing Offensive Success : The Soviet Conduct of Operational Maneuver", Willard C. Frank, Jr. · Philip S. Gillette (eds.), *Soviet Military Doctrine from Lenin to Gorbachev, 1915~1991*(Westport, 1992), 134쪽.

55) 공중 공격은 특별히 강조되었지만 기갑 공격은 특별히 강조되지 않았다.

56) Raymond L. Garthoff, *Die Sowjetarmee*, 97쪽.

57) Raymond L. Garthoff, *Die Sowjetarmee*, 97~98쪽.

58) David M. Glantz, *The Military Strategy of the Soviet Union. A History*, 62쪽.

59) David M. Glantz, *The Evolution of Soviet Operational Art 1927~1991*, 92쪽.

60) S. K. Timoshenko, "Closing Speech at a Military Conference", David M. Glantz (ed.), *The Evolution of Soviet Operational Art 1927~1991*(London, 1995), 94 ~123쪽 참조.

61) V. Zlobin · A. Vetoshnikov, "Concerning Soviet Army Operational Art", David M. Glantz (ed.), *The Evolution of Soviet Operational Art 1927~1991*(London, 1995), 168~205 · 206~217쪽 참조.

62) V. Zlobin · A. Vetoshnikov, *Concerning Soviet Army Operational Art*, 173 · 176쪽.

63) Richard Simpkin, *Deep Battle*, iv쪽.

64) V. Zlobin · A. Vetoshnikov, *Concerning Soviet Army Operational Art*, 201~202쪽.

65) David M. Glantz, *The Military Strategy of the Soviet Union. A History*, 142~164쪽.

66) Claudia Urbanovsky, *Die 2. Revolution im Kriegswesen : Sowjetisches strategisches Denken in der Entwicklung 1946~1966*, Dissertation (Jena, 1994), 24쪽에서 재인용.

67) Raymond L. Garthoff, *Die Sowjetarmee*, 98쪽.

68) J. W. Stalin, "Antwort des Genossen Stalin (라신Rasin 동지에게)", *Bolshevik*, Nr. 3(1947년 2월), 6쪽.

69) R. C. Tucker, *Stalin as Revolutionary, 1879~1929*(London, 1974), 187~209쪽.

70) Raymond L. Garthoff, *Die Sowjetarmee*, 53쪽에서 재인용.

71) N. A. Bulganin, "Stalin i sovetskie Vooruzhennye Sily", *Bolshevik*, Nr. 24(1949년 12월), 69쪽.

72) Dimitri Wolkogonow, *Stalin*, 611쪽.

73) J. Stalin, *Über den Großen Vaterländischen Krieg der Sowjetunion*(Berlin, 1951), 43 · 46쪽.

74) Raymond L. Garthoff, *Die Sowjetarmee*, 59쪽.

75) J. Stalin, *Über den Großen Vaterländischen Krieg der Sowjetunion*, 48쪽.

76) 이 원칙들은 이 책의 다음 절에서 논의될 것이다.

77) Claudia Urbanovsky, *Die 2. Revolution im Kriegswesen*, 32쪽 ; Raymond L. Garthoff, *Die Sowjetarmee*, 83~84쪽과 비교.

78) William Bur, "Soviet Cold War Military Strategy. Using declassified History", *CWIHP Bulletin*, No. 4, 10~11쪽.

79) Raymond L. Garthoff, *Die Sowjetarmee*, 60~61쪽.

80) Raymond L. Garthoff, *Die Sowjetarmee*, 184쪽.

81) Raymond L. Garthoff, *Die Sowjetarmee*, 185쪽.

82) *Vorläufige Felddienstordnung der Roten Arbeiter- und Bauernarmee*, 9쪽.

83) Raymond L. Garthoff, *Die Sowjetarmee*, 190쪽.

84) Raymond L. Garthoff, *Die Sowjetarmee*, 190쪽.

85) Oberkommando des Heeres, *Merkblatt über Eibenarten der russischen Kriegführung*, 5쪽.

86) *Vorläufige Felddienstordnung der Roten Arbeiter- und Bauernarmee*, Kap. V, Absatz III, 65쪽.

87) Raymond L. Garthoff, *Die Sowjetarmee*, 315쪽.

88) Raymond L. Garthoff, *Die Sowjetarmee*, 318쪽.

89) David M. Glantz, *The Military Strategy of the Soviet Union. A History*, 140쪽.

90) Wofgang Müller, "Die Sowjet-Infanterie im II. Weltkriege", Liddel Hart (Hg.), *Die Rote Armee* (Gießen, 1956), 347~348쪽.

91) *Vorläufige Felddienstordnung der Roten Arbeiter- und Bauernarmee*, 125~127쪽.

92) "Bukschtynowitsch", *Der militärische Herold*, Nr. 1(Moskva, 1947), 6쪽. Raymond L. Garthoff, *Die Sowjetarmee*, 174쪽에서 재인용.

93) Slobin, "Der militärische Gedanke", *Bolschewik*, Nr. 5(Moskva, 1945). Raymond L. Garthoff, *Die Sowjetarmee*, 174쪽에서 재인용.

94) Raymond L. Garthoff, *Die Sowjetarmee*, 176쪽.

95) J. Stalin, *Über den Großen Vaterländischen Krieg der Sowjetunion*, 159쪽.

96) Jacob W. Kipp, "Soviet Military Doctrine and the Origins of Operational Art. 1917~1936", 118쪽.

97) A. Guillaume, *Warum siegte die Rote Armee?* (Baden-Baden, 1949), 208쪽.

98) David M. Glantz, *The Military Strategy of the Soviet Union. A History*, 67 · 139쪽 ; Raymond L. Garthoff, *Die Sowjetarmee*, 176~177쪽.

99) Raymond L. Garthoff, *Die Sowjetarmee*, 204쪽.

100) A. Guillaume, *Warum siegte die Rote Armee?*, 207쪽.

101) David M. Glantz, *The Military Strategy of the Soviet Union. A History*, 141쪽.

102) Raymond L. Garthoff, *Die Sowjetarmee*, 204쪽에서 재인용.

103) Raymond L. Garthoff, *Die Sowjetarmee*, 205쪽.

104) David M. Glantz, *The Military Strategy of the Soviet Union. A History*, 166 쪽

에서 재인용.

105) Raymond L. Garthoff, *Die Sowjetarmee*, 331쪽.

106) Raymond L. Garthoff, *Die Sowjetarmee*, 331쪽.

107) Raymond L. Garthoff, *Die Sowjetarmee*, 333쪽에서 재인용.

108) Raymond L. Garthoff, *Die Sowjetarmee*, 334쪽에서 재인용.

109) Bernd Bonwetsch, "Sowjetische Partisanen 1941~1944. Legende und Wirklichkeiten des allgemeinen Volkskrieges", Gerhard Schulz (Hg.), *Partisanen und Volkskrieg. Zur Revolutionierung des Krieges im 20. Jahrhundert* (Göttingen, 1985), 93쪽.

110) Bernd Bonwetsch, "Sowjetische Partisanen", 92쪽.

111) Raymond L. Garthoff, *Die Sowjetarmee*, 446쪽.

112) Bernd Bonwetsch, "Sowjetische Partisanen", 92~94쪽 ; Raymond L. Garthoff, *Die Sowjetarmee*, 447~452쪽.

113) J. Stalin, *Über den Großen Vaterländischen Krieg der Sowjetunion*, 12~13쪽.

114) C. Aubrey Dixon · Otto Heilbrunn, *Partisanen. Strategie und Taktik des Guerillakrieges* (Frankfurt a. M. · Berlin, 1956), 86~87쪽.

115) Raymond L. Garthoff, *Die Sowjetarmee*, 456쪽.

116) Raymond L. Garthoff, *Die Sowjetarmee*, 457쪽.

117) Raymond L. Garthoff, *Die Sowjetarmee*, 452쪽.

118) Bernd Bonwetsch, "Sowjetische Partisanen", 114쪽.

119) C. Aubrey Dixon · Otto Heilbrunn, *Partisanen. Strategie und Taktik des Guerillakrieges*, 57~61쪽.

120) Bernd Bonwetsch, "Sowjetische Partisanen", 114~115쪽 비교.

121) Olaf Rose, *Carl von Clausewitz*, 137쪽 ; Roy Allison, "Reasonable Sufficient and Changes in Soviet Security Thinking", Willard C. Frank, Jr. · Philip S. Gillette (eds.), *Soviet Military Doctrine from Lenin to Gorbachev, 1915~1991* (Westport, 1992), 240쪽.

122) Robert A. Scalapino · Lee Chong-Sik, *Communism in Korea, Part 2 : The Society*, 920~921쪽.

123) Lim Un, *The Founding of a Dynasty in North Korea*, 112쪽 ; Andrei Lankov, *From Stalin to Kim Il Sung*, 56쪽.

124) 북한연구소 편집부, 《북한총람》(북한연구소, 1983), 1455~1456쪽.

125) 오영진, 《하나의 증언》, 172~173쪽.

126) 오영진, 《하나의 증언》; Daniel S. Stelmach, *The Influence of Russian Armored Tactics on the North Korean Invasion of 1950*, 143~144쪽과 비교.

127) Robert A. Scalapino·Lee Chong-Sik, *Communism in Korea*, Part 2, 924~925 쪽 ; 장준익, 《북한인민군대사》, 70·244·255쪽.

128) Daniel S. Stelmach, *The Influence of Russian Armored Tactics on the North Korean Invasion of 1950*, 144쪽 ; 장준익, 《북한인민군대사》, 126쪽.

129) Robert A. Scalapino·Lee Chong-Sik, *Communism in Korea*, Part 1·2, 391·926·1001쪽.

130) Lim Un, *The Founding of a Dynasty in North Korea*, 143~147쪽 참조.

131) Louis B. Ely, *The Red Army Today*(Harrisburg, 1953), 12·203쪽.

132) Spencer C. Tucker (ed.), *Encyclopedia of the Korean War. A Political, Social, and Military History*, Vol. II(Santa Barbara, 2000), 469쪽.

133) 김창순, 〈북한 인민군의 창설과 그 실체〉, 박성수·신재홍 외 엮음, 《현대사 속의 국군―군의 정통성》(전쟁기념사업회, 1990), 370~371쪽.

134) Andrei Lankov, *From Stalin to Kim Il Sung*, 39쪽 참조.

135) 주영복, 《내가 겪은 조선전쟁》, 제1권, 156~158쪽. 노획된 북한군 소대장의 수첩 기록에 따르면, 대부분의 개념은 소련군 교범으로부터 직접 받아들였다. 국방부 군사편찬연구소, 《북한 군사관계 사료집》, 제1권, 256~286쪽 참조.

136) Daniel S. Stelmach, *The Influence of Russian Armored Tactics on the North Korean Invasion of 1950*, 141쪽에 수록된 북한군 제110경비연대 소속 청년 소위의 질문 참조.

137) Daniel S. Stelmach, *The Influence of Russian Armored Tactics on the North Korean Invasion of 1950*, 141~142쪽에서 재인용.

138) Daniel S. Stelmach, *The Influence of Russian Armored Tactics on the North Korean Invasion of 1950*, 171쪽에서 재인용.

139) J. I. Korabljow · W. A. Anfilow · W. A. Mazulenko, *Kurzer Abriß der Geschichte der Streitkräfte der UdSSR von 1917 bis 1972*(Ost Berlin, 1976), 276쪽.

140) 장준익, 《북한인민군대사》, 143쪽.

141) 중앙정보부 엮음, 《김일성 군사논선》(중앙정보부, 1979), 20번 자료, 177~179쪽.

142) Andrei Lankov, *From Stalin to Kim Il Sung*, 39~40쪽.

143) 군사잡지부, 〈전쟁에서의 도덕적 요인의 역할에 대한 맑쓰-레닌주의 학설〉, 조선민주주의인민공화국 민족보위성 전투훈련국, 《군사지식》(1950년 4월), 71쪽 ; 박명림, 《한국전쟁의 발발과 기원》, 제2권, 732쪽에서 재인용.

144) 청년생활사, 《인민군대와 청년》(청년생활사, 1949), 1 · 8 · 34 · 41쪽. 박명림, 《한국전쟁의 발발과 기원》, 제2권, 748쪽에서 재인용.

145) 최태환 · 박해강, 《젊은 혁명가의 초상》(공동체, 1989), 110~113쪽. 박명림, 《한국전쟁의 발발과 기원》, 제1권, 419쪽에서 재인용.

4장

1) 장준익, 《북한인민군대사》, 86~87쪽.

2) 김일성, 《김일성 선집》, 제1권, 374~376쪽.

3) Robert A. Scalapino · Lee Chong-Sik, *Communism in Korea, Part 1*, 931~932쪽.

4) 정명조, 〈나는 증언한다〉, 《한국일보》(1959년 7월 11 · 12일).

5) Kathryn Weathersby, "To Attack or Not to Attack?", 8쪽.

6) A. V. Torkunov, *Zagadochnaia voina*, 31쪽 이하, 72쪽 이하와 비교.

7) 김일성, 《김일성 선집》, 제1권, 80쪽 ; Andrei Lankov, *From Stalin to Kim Il Sung*, 42쪽과 비교.

8) 김일성, 《김일성 선집》, 제1권, 373 · 375쪽.

9) Andrei Lankov, *From Stalin to Kim Il Sung*, 37쪽.

10) 김일성, 《김일성 선집》, 제2권, 74~75쪽.

11) 북한군 제6보병사단은 중국 인민해방군 제166사단을 재편한 부대였다.

12) 김일성, 《김일성 저작집》, 제5권, 204 · 207쪽.

13) 〈북한 정권 수립 비사, 레베데프 비망록〉, 《대구매일신문》(1995년 2월 28일), 9면.

14) Max Hastings, *The Korean War*(London, 1987), 35쪽.

15) Dieter Heinzig, *Sowjetische Militärberater bei der Kuoming 1923~1927*
(Baden-Baden, 1978).

16) 국방부 군사편찬연구소, 《소련 군사고문단장 라주바예프의 6·25전쟁 보고서》, 제
1~3권(국방부 군사편찬연구소, 2001). 국방부 군사편찬연구소는 이 자료를 러시
아 국방부 문서보관소에서 발견해 6·25전쟁 51주년 기념일에 발간했다.

17) 주영복, 《내가 겪은 조선전쟁》, 제1권, 73쪽.

18) Kathryn Weathersby, "New Russian Documents on the Korean War", 37쪽 ; 주
영복, 《내가 겪은 조선전쟁》, 제1권, 188~190쪽.

19) 이기동, "김일성의 남침 책략(6·25내막/모스크바 새 증언 : 1)", 《서울신문》(1995
년 5월 15일), 4면 ; Kathryn Weathersby, "New Russian Documents on the Ko-
rean War", 37쪽.

20) 그는 1950년 10월 스탈린의 군사 특사로 베이징에 파견되어 1953년 정전 시까
지 체류했던 군단 정치위원 자하로프Semen Egorovich Zakharov와는 다른 인
물이다. 이에 관한 상세 내용은 Alexandre Y. Mansourov, "Stalin, Mao, Kim, and
China's decision to enter the Korean War, September 16~October 15, 1950 :
New Evidence from the Russian Archives", *CWIHP Bulletin*, No. 6/7(1995/96
년 겨울), 106쪽, 주석 11 참조.

21) Alexandre Y. Mansourov, "Stalin, Mao, Kim, and China's decision to enter the
Korean War", 106쪽 ; Kathryn Weathersby, "New Russian Documents on the
Korean War", 48쪽.

22) 국방부 군사편찬연구소, 《소련 군사고문단장 라주바예프의 6·25전쟁 보고서》, 제
1권, 15쪽.

23) 모스크바 연합, 〈소蘇 6·25 때 남침 준비 직접 개입〉, 《동아일보》(1995년 6월 20
일), 4면. 소련 군사고문단에 관한 내용으로, 러시아 국방부 문서고에서 발견된 자
료를 근거로 작성했다. 국방부 군사편찬연구소, 《소련 군사고문단장 라주바예프의
6·25전쟁 보고서》, 제1권, 9~10쪽. 라주바예프의 임명 일자는 1950년 11월 6일
이었다.

24) 국방부 군사편찬연구소, 《소련 군사고문단장 라주바예프의 6·25전쟁 보고서》, 제

1권, 19쪽.

25) Jon Halliday · Bruce Cumings, *Korea : The Unknown War*(New York, 1988), 60쪽.

26) Jon Halliday · Bruce Cumings, *Korea : The Unknown War*. 1987년에 6 · 25전쟁 참전자인 플로트니코프Plotnikov가 이 저자들에게 증언했다.

27) James Schnabel, *Policy and Direction*, 37쪽 ; Robert A. Scalapino · Lee Chong-Sik, *Communism in Korea, Part 1*, 393쪽.

28) Daniel S. Stelmach, *The Influence of Russian Armored Tactics on the North Korean Invasion of 1950*, 123쪽 ; 국사편찬위원회,《북한관계 사료집》, 제22권 3-4호, 143쪽 ; 국사편찬위원회,《북한관계 사료집》, 제24권 7-8호, 103쪽.

29) Korea Institute of Military History, *The Korean War* I, 43쪽.

30) 모스크바 연합, 〈소蘇 6 · 25 때 남침 준비 직접 개입〉,《동아일보》(1995년 6월 20일), 4면.

31) 국방부 군사편찬연구소,《소련 군사고문단장 라주바예프의 6 · 25전쟁 보고서》, 제1권, 15쪽.

32) 국방부 군사편찬연구소,《소련 군사고문단장 라주바예프의 6 · 25전쟁 보고서》, 제1권, 15쪽 ; 모스크바 연합, "소蘇 6 · 25 때 남침 준비 직접 개입",《동아일보》(1995년 6월 20일), 4면.

33) V. A. Gavrilov · G. Kissindzher, "Koreiskaia voina vovse ne byla kremlevskim zagovorom", *Voenno-istoricheskii zhurnal*, Nr. 2(2001), 36쪽 ; 국방부 군사편찬연구소,《소련 군사고문단장 라주바예프의 6 · 25전쟁 보고서》, 제1권, 15쪽. 1995년 6월 20일자《동아일보》에는 소련 국방부가 1953년 5월 3일에 152명을 유지토록 명령을 하달했다고 기록되어 있다.

34) 모스크바 연합, 〈소蘇 6 · 25 때 남침 준비 직접 개입〉,《동아일보》(1995년 6월 20일), 4면 ; 국방부 군사편찬연구소,《소련 군사고문단장 라주바예프의 6 · 25전쟁 보고서》, 제1권, 15쪽.

35) Louis B. Ely, *The Red Army Today*, 12쪽 ; 국사편찬위원회,《북한관계 사료집》, 제22권 3-4호, 143쪽.

36) 한국일보,《증언. 김일성을 말한다 : 유성철, 이상조가 밝힌 북한 정권의 실체》(한국

일보사, 1991), 66~67쪽.

37) 장준익,《북한인민군대사》, 91쪽.

38) A. V. Torkunov, *Zagadochnaia voina*, 74쪽 ; A. S. Orlov, "Sovetskaia aviatsiia v koreiskoi voine 1950~1953", *Novaia I noveishaia istoriia*, Nr. 4(1998), 125쪽.

39) 국방부 군사편찬연구소,《소련 군사고문단장 라주바예프의 6·25전쟁 보고서》, 제1권, 15쪽.

40) 국사편찬위원회,《북한관계 사료집》, 제22권 3-4호, 121쪽 ; 박명림,《한국전쟁의 발발과 기원》, 제1권, 396쪽.

41) 주영복,《내가 겪은 조선전쟁》, 제1권, 258~259쪽.

42) 박명림,《한국전쟁의 발발과 기원》, 제1권, 358쪽.

43) Kathryn Weathersby, "New Documents on the Korean War", 39쪽. 세부 사항은 국방부 군사편찬연구소,《소련 군사고문단장 라주바예프의 6·25전쟁 보고서》, 제1권, 133~135쪽 참조.

44) Nikita S. Chruschtschow, *Chruschtschow erinnert sich*(Hamburg, 1971), 375쪽.

45) V. A. Gavrilov·G. Kissindzher, "Koreiskaia voina vovse ne byla kremlevskim zagovorom", 37쪽.

46) 주영복,《내가 겪은 조선전쟁》, 제1권, 267~268쪽.

47) A. S. Orlov, "Sovetskaia aviatsiia v koreiskoi voine 1950~1953", 125쪽 이하.

48) 국사편찬위원회,《북한관계 사료집》, 제22권 3-4호, 429쪽 ; 국사편찬위원회,《북한관계 사료집》, 제24권 7-8호, 426쪽.

49) 국방부 군사편찬연구소,《소련 군사고문단장 라주바예프의 6·25전쟁 보고서》, 제1권, 15쪽.

50) Kathryn Weathersby, "New Documents on the Korean War", 40쪽.

51) A. S. Orlov, "Sovetskaia aviatsiia v koreiskoi voine 1950~1953", 126쪽 ; A. V. Torkunov, *Zagadochnaia voina*, 81쪽 ; V. A. Gavrilov·G. Kissindzher, "Koreiskaia voina vovse ne byla kremlevskim zagovorom", 37쪽 이하.

52) A. V. Torkunov, *Zagadochnaia voina*, 175~178쪽.

53) "Okazat' voennuiu pomoshch' koreiskim tovarishcham", *Istochnik*, Nr. 1(1996), 124~126쪽. 1950년 9월 27일 Fyn-Si(스탈린)가 Matveev(자하로프)와 시티코프

에게 발송한 전보와, Matveev가 Fyn-Si에게 발송한 전보의 순서가 뒤바뀌었다. 모스크바 현지 시각을 기준으로, Matveev는 이미 1950년 9월 26일 평양에서 자신의 전보를 발송했다. 여기서 Matveev라는 가명은 명백하게 라주바예프를 지칭하므로("Okazat' voennuiu pomoshch' koreiskim tovarishcham", 136쪽) 자하로프로 칭한 것은 오류이다. 이에 관해 A. V. Torkunov, *Zagadochnaia voina*, 85~89 · 298쪽과 비교.

54) Nikita S. Chruschtschow, *Chruschtschow erinnert sich*, 375쪽 ; Bernd Bonwetsch · Peter M. Kuhfus, "Die Sowjetunion, China und der Koreakrieg", 54쪽과 비교.

55) 국방부 군사편찬연구소,《소련 군사고문단장 라주바예프의 6 · 25전쟁 보고서》, 제2권, 55~179 · 223~230쪽.

56) "Okazat' voennuiu pomoshch' koreiskim tovarishcham", 125쪽. A. V. Torkunov, *Zagadochnaia voina*, 87쪽과 비교.

57) Korea Institute of Military History, *The Korean War* I, 36쪽. 보안대 창설에 관한 내용은 이 책의 제2장 2절 참조. Andrei Lankov, *From Stalin to Kim Il Sung*, 37쪽.

58) '임시 인민위원회'에 관한 사항은 이 책의 제2장 2절 참조. Andrei Lankov, *From Stalin to Kim Il Sung*, 37쪽.

59) Andrei Lankov, *From Stalin to Kim Il Sung*, 37쪽. 최용건은 김일성, 김책과 함께 갑산파 지도부의 트리오였고, 훗날 민족보위상이 되었다.

60) 1949년 1월에 개칭되었다. 이에 관한 사항은 김창순, 〈북한 인민군의 창설과 그 실체〉, 350~351 · 355쪽 참조.

61) 김책은 갑산파 소속이었고, 훗날 민족보위상이 되었다.

62) 박갑동,《한국전쟁과 김일성》(바람과물결, 1990), 38쪽. 이 책의 원전은 일본어로 되어 있고 1968년 도쿄에서 출간되었다. 박갑동은 남로당원으로서, 1950년 3월 말 남로당의 전복 활동을 주도하던 김삼룡과 이주하가 체포된 후 남로당 지하조직을 지휘했고, 전후 수많은 남로당원들과 함께 김일성에 의해 숙청되었다가, 1957년 말 석방된 후 일본으로 도주하는 데 성공했다.

63) 국사편찬위원회,《북한관계 사료집》, 제5권, 665~666쪽.

64) 1948년 12월에 개칭되었다. 이에 관한 사항은 김창순, 〈북한 인민군의 창설과 그

실체〉, 351 · 355쪽 참조.

65) 유성철, 〈나의 증언〉, 한국일보, 《증언. 김일성을 말한다 ─ 유성철, 이상조가 밝힌 북한 정권의 실체》(한국일보사, 1991), 65쪽.

66) 그는 한국계 소련인이었다.

67) 그는 연안파였다.

68) 대륙연구소 편집부, 《북한 법령집》, 제4권(대륙연구소, 1991), 79~80쪽 ; 박명림, 《한국전쟁의 발발과 기원》, 제2권, 694쪽.

69) 허동찬, 〈조선 인민군의 건설〉, 《세계정치》, 제16권(서울대학교 국제문제연구소, 1992), 84~85쪽 ; 주한 미군 사령부 정보참모부(G-2), 《북한 정보 요약》, 제1~4권, 1947년 6월 30일 보고서 39번과 비교. Robert A. Scalapino · Lee Chong-Sik, *Communism in Korea*, Part 1 · 2, 390 · 923~924쪽과 비교.

70) 박명림, 《한국전쟁의 발발과 기원》, 제2권, 694쪽.

71) 주영복, 《조선 인민군의 남침과 패퇴》(코리아평론사, 1979), 74쪽. 박명림, 《한국전쟁의 발발과 기원》, 제2권, 695쪽과 비교. Robert A. Scalapino · Lee Chong-Sik, *Communism in Korea*, Part 1, 390 · 925쪽.

72) 김창순, 〈북한 인민군의 창설과 그 실체〉, 358쪽.

73) Andrei Lankov, *From Stalin to Kim Il Sung*, 37쪽.

74) 주영복, 《내가 겪은 조선전쟁》, 제1권, 126쪽.

75) 김창순, 〈북한 인민군의 창설과 그 실체〉, 370~371쪽 ; 북한과학원 력사연구소, 《조선통사》(과학백과사전출판사, 1958), 332쪽.

76) James Schnabel, *Policy and Direction*, 37쪽.

77) Roy E. Appleman, *South to the Nakdong, North to the Yalu*, 11쪽.

78) Roy E. Appleman, *South to the Nakdong, North to the Yalu*, 10쪽 ; 허동찬, 〈조선 인민군의 건설〉, 89~90쪽 참조.

79) 김웅은 연안파였다. 그는 도쿄의 주오中央대학에서 사회학을 전공하고 중국의 황푸黃埔 군관학교를 수료했다. 그는 거의 모든 문제에서 자주 김일과 대립했다. 이에 관한 사항은 Robert A. Scalapino · Lee Chong-Sik, *Communism in Korea*, Part 2, 924~925쪽 ; 장준익, 《북한 인민군대사》, 62쪽 참조.

80) 강건은 카자흐스탄 태생의 한국계 소련인이었고, 소련군에서 대위로 복무했다.

81) 허동찬, 〈조선 인민군의 건설〉, 97~98쪽 ; Korea Institute of Military History, *The Korean War* I, 40쪽과 비교.

82) 김창순, 〈북한 인민군의 창설과 그 실체〉, 365~366쪽 ; 허동찬, 〈조선 인민군의 건설〉, 98쪽.

83) 주영복, 《조선 인민군의 남침과 패퇴》, 154쪽.

84) Roy E. Appleman, *South to the Nakdong, North to the Yalu*, 10쪽 ; 김일성, 《김일성 전집》, 제11권, 363~367쪽에 수록된 "제4보병사단과 18보병연대 지휘관 및 병사들과 한 담화"(1950년 5월 12일) 참조 ; 허동찬, 〈조선 인민군의 건설〉, 99쪽과 비교.

85) Roy E. Appleman, *South to the Nakdong, North to the Yalu*, 9~10쪽.

86) 제7보병사단은 1950년 7월 2일 초기 작전 실패로 말미암아 제12보병사단으로 개칭되었다. Roy E. Appleman, *South to the Nakdong, North to the Yalu*, 9쪽 ; 萩原遼, 《北朝鮮の極秘文書》, 下, 102쪽 이하에서는 사단장 최춘국과 참모장 지병학 명의로 7월 3일 하달된 명령을 비롯한 일련의 명령서에서 돌연 제12사단이 등장하고 있음을 확인할 수 있다.

87) 박명림, 《한국전쟁의 발발과 기원》, 제1권, 341~342쪽.

88) 김창순, 〈북한 인민군의 창설과 그 실체〉, 366~367쪽 ; Roy E. Appleman, *South to the Nakdong, North to the Yalu*, 10쪽 ; 주영복, 《내가 겪은 조선전쟁》, 제1권, 188쪽.

89) Kathryn Weathersby, "New Russian Documents on the Korean War", 36쪽.

90) Kathryn Weathersby, "New Russian Documents on the Korean War", 37쪽 ; Kathryn Weathersby, "New Findings on the Korean War", 16쪽 참조.

91) 와다 하루키, 《한국전쟁》, 40~41쪽.

92) 와다 하루키, 《한국전쟁》, 89~91쪽.

93) 와다 하루키, 《한국전쟁》, 41 · 91쪽.

94) Charles A. Willoughby(미국 극동군사령부 정보참모부장), *G-2 Report*, No. 2840(1950년 6월 19일). 《신동아》(동아일보사, 2001년 7월), 444쪽에서 재인용.

95) 萩原遼, 《北朝鮮の極秘文書》, 中, 131쪽. 민족보위성 총참모부가 1950년 5월 17일 하달한 명령 제0366호 〈중공당원 전당을 위한 당 문건 작성 등기원 동원 보장에 대하

여〉 참조.

96) 김일성,《김일성 저작집》, 제5권, 204쪽.

97) Roy E. Appleman, *South to the Nakdong, North to the Yalu*, 11쪽 ; 주영복,《조선 인민군의 남침과 패퇴》, 91〜93쪽 ; Louis B. Ely, *The Red Army Today*, 239〜249쪽과 비교 ; 국사편찬위원회,《북한관계 사료집》, 제22권, 3〜4 · 146쪽과 비교.

98) 제105전차여단은 1950년 6월 말, 한강 도하 직전에 기갑사단으로 확장되었다.

99) 주영복,《조선 인민군의 남침과 패퇴》, 165쪽 ; Roy E. Appleman, *South to the Nakdong, North to the Yalu*, 8〜10쪽과 비교 ; Korea Institute of Military History, *The Korean War* I, 39〜51쪽과 비교.

100) Daniel S. Stelmach, *The Influence of Russian Armored Tactics on the North Korean Invasion of 1950*, 144쪽.

101) 주영복,《조선 인민군의 남침과 패퇴》, 140〜142쪽.

102) 와다 하루키,《김일성과 만주 항일전쟁》, 이종석 옮김(창작과비평사, 1992), 161〜162쪽 참조.

103) 김점곤, 〈남로당의 폭력투쟁 노선과 한국전쟁〉,《경희대학교 논문집》, 제16집 (1987), 133쪽.

104) 김점곤, 〈남로당의 폭력투쟁 노선과 한국전쟁〉, 133〜134쪽.

105) 김점곤,《한국전쟁과 노동당 전략》(박영사, 1973), 64쪽.

106) 김점곤,《한국전쟁과 노동당 전략》, 59〜63쪽.

107) 김점곤,《한국전쟁과 노동당 전략》, 64〜83쪽 참조.

108) 김점곤,《한국전쟁과 노동당 전략》, 188〜203쪽 참조.

109) 김점곤,《한국전쟁과 노동당 전략》, 205〜206쪽.

110) 강동정치학원은 평양정치학원 산하의 대남 작전을 주관하는 부서와 서울의 남로당 교육 기관을 통합해 1947년 봄 평양에 설립되었고, 한국에서 입북한 요원들을 교육했다. 교과 내용은 소련 공산당의 역사, 다른 나라의 혁명운동 역사, 소련의 역사와 지리, 세계의 지리, 남로당의 역사와 조직 같은 정치적 과목들과, 교육생의 약 절반을 차지하는 노동당원들을 위한 소련 빨치산의 역사와 전략, 소총 사격, 빨치산 전술 같은 군사 과목들로 구성되었다. 세부 사항은 김점곤,《한국전쟁과 노동당 전략》, 223〜230쪽 참조.

111) 김점곤,《한국전쟁과 노동당 전략》, 212~214쪽 참조.

112) 김점곤,〈노동당의 폭력투쟁 노선과 한국전쟁〉, 147쪽.

113) John Merrill, *Korea*, 130쪽 이후.

114) Kathryn Weathersby, "To Attack or Not to Attack?", 7~8쪽.

115) 김점곤,《한국전쟁과 노동당 전략》, 136~137쪽.

116) 이 군관학교는 1948년 10월 회령에서 창설되었고 빨치산 요원을 양성했다.

117) 김점곤,《한국전쟁과 노동당 전략》, 138쪽.

118) 김점곤,〈남로당의 폭력투쟁 노선과 한국전쟁〉, 146쪽.

119) John Merrill, *Korea*, 139쪽.

120) 김점곤,〈남로당의 폭력투쟁 노선과 한국전쟁〉, 135쪽.

121) U.S. Far East Command, "Intelligence Summary, Records of the U.S. Army Commands, 17, 28. November and 19. December 1948", John Merrill, *Korea : The Peninsular Origins of the War*(New York, 1989), 126쪽.

122) 김점곤,《한국전쟁과 노동당 전략》, 234쪽.

123) A. V. Torkunov, *Zagadochnaia voina*, 51쪽.

124) Korea Military Advisory Group(KMAG), *G-2 Periodic Report*, P/R. No. 278(1950년 3월 13일)(한림대학교 아시아문화연구소).

125) Korea Military Advisory Group(KMAG), *G-2 Periodic Report*, W/S. No. 8(1950년 3월 25일).

126) Sergei N. Goncharov et al., *Uncertain Partners*, 135쪽 이후 ; Kathryn Weathersby, "To Attack or Not to Attack?", 6쪽 이후 ; A. V. Torkunov, *Zagadochnaia voina*, 35 · 40 · 52쪽 ; 萩原遼,《北朝鮮の極秘文書》, 中, 26 · 33 · 38~39쪽. 김일성은 내각 수상 명의로 발표한 1949년과 1950년의 신년사에서 "국토의 완정(完整)"과 "완전한 자주 독립국가 쟁취"를 위해 한국 내 빨치산 투쟁과 주민 봉기를 선동했다.

127) Kathryn Weathersby, "To Attack or Not to Attack?", 2쪽.

128) 이 책의 제2장 참조.

129) 萩原遼,《北朝鮮の極秘文書》, 中, 11~13쪽. 스탈린과 김일성은 1949년 3월 17일에 기본 협정으로 '경제적 및 문화적 협조에 관한 협정'을, 부수 협정으로 '상품 교류

와 지불에 관한 협정', '크레딧 설정에 관한 협정', '조선에 기술적 원조를 줄 데 관한 협정'을 체결했다. 사회과학원 력사연구소,《조선전사》, 제24권, 574쪽. 북한의 현물 제공 의무에 관해서는 A. V. Torkunov, *Zagadochnaia voina*, 74쪽 참조.

130) Chen Jian, *China's Road to the Korean War*, 1쪽.

131) 주영복,《조선 인민군의 남침과 패퇴》, 91~93쪽.

132) Korea Institute of Military History, *The Korean War* I, 43쪽.

133) William Stueck, *The Korean War*, 31쪽.

134) 예브게니 바자노프 · 나탈리아 바자노바,《(소련의 자료로 본)한국전쟁의 전말》, 69~72쪽.

135) Korea Institute of Military History, *The Korean War* I, 44~45쪽.

136) 김창순,〈북한 인민군의 창설과 그 실체〉, 369 · 371쪽.

137) Kathryn Weathersby, "To Attack or Not to Attack?", Kathryn Weathersby, "New Findings on the Korean War", 16쪽.

138) 주영복,《내가 겪은 조선전쟁》, 제1권, 191~201쪽 참조. 주영복은 당시 북한 민족보위성에서 장교로 근무했으며 당시 '무기접수위원회'의 일원이었다.

139) Sergei N. Goncharov et al., *Uncertain Partners*, 147쪽.

140) A. V. Torkunov, *Zagadochnaia voina*, 74쪽.

141) Roy E. Appleman, *South to the Nakdong, North to the Yalu*, 11~12쪽 ; Sergei N. Goncharov et al., *Uncertain Partners*, 147쪽과 비교.

142) 사회과학원 력사연구소,《조선전사》, 제24권, 274쪽.

143) 사회과학원 력사연구소,《조선전사》, 제24권, 279쪽.

144) 한재덕,《김일성을 고발한다》(내외문화사, 1965), 368쪽.

145) 주영복,《조선 인민군의 남침과 패퇴》, 167~168쪽 ; 허동찬,〈조선인민군의 건설〉, 101쪽 참조.

146) 주영복,《조선 인민군의 남침과 패퇴》, 171쪽 ; 장준익,《북한인민군대사》, 141쪽 ; 허동찬,〈조선인민군의 건설〉, 101쪽 참조.

147) 주영복,《조선 인민군의 남침과 패퇴》, 203쪽.

148) 주영복,《조선 인민군의 남침과 패퇴》, 201쪽.

149) Zhang Shu Guang, *Mao's Military Romanticism*, 10~11쪽 참조.

150) 마오쩌둥이 중국 인민해방군에 제시한 군사 원칙들의 원천은 《손자병법》이었다.

151) Zhang Shu Guang, *Mao's Military Romanticism*, 16~25쪽.

152) 박명림, 《한국전쟁의 발발과 기원》, 제1권, 346쪽.

153) 박명림, 《한국전쟁의 발발과 기원》, 제1권, 349~351쪽.

154) Sergei N. Goncharov et al., *Uncertain Partners*, 149쪽에 논술된 바와 같이 소련 군사 고문관들이 1950년 4월 말 김일성이 모스크바에서 복귀한 직후 평양에 도착했다는 주장은 의문스럽다. 스미르노프의 후임자인 바실리예프는 아무리 늦어도 2월 23일부터 평양에 있었다.

155) Sergei N. Goncharov et al., *Uncertain Partners*, 150쪽에 인용된 유성철의 증언을 참조할 것. 이 증언은 남침 계획을 소련 측에서 수립했다는 Lim Un, *The Founding of a Dynasty in North Korea*, 171~172쪽의 주장을 증명하고 있다. 임은에 따르면, 김일성은 1950년 3월 11일 소련 군사고문관들과의 대화에서 침공 작전 계획의 작성을 요청했고, 총참모장 강건은 3월 26일 포스트니코프로부터 작전 계획을 넘겨받았다. 이는 침공 작전 계획 수립에 착수한 시점과 이 계획을 북한군에 인계한 시점에 대한 유성철의 증언과 차이가 있다. 유성철이 그 시점에 대해 자신의 회고록에서 제시한 것과 곤차로프에게 증언한 것이 다르다. 그는 곤차로프에게는 1950년 5월 초에 침공 작전 계획의 번역 임무를 부여받았다고 증언했다. 이에 관해서는 한국일보, 《증언. 김일성을 말한다—유성철, 이상조가 밝힌 북한 정권의 실체》 내 유성철의 〈나의 증언〉, 76쪽 참조.

156) 라주바예프의 보고서에도 동일하게 표기되어 있다. 국방부 군사편찬연구소, 《소련 군사고문단장 라주바예프의 6·25전쟁 보고서》, 제1권, 133~135쪽 참조. 여기에는 '조선 인민군 배치와 반격 계획' 또는 '조선 인민군 반격 계획'으로 표기되어 있다.

157) Kathryn Weathersby, "New Russian Documents on the Korean War", 39쪽.

158) Kathryn Weathersby, "New Russian Documents on the Korean War", 38~39쪽.

159) 예브게니 바자노프·나탈리아 바자노바, 《(소련의 자료로 본)한국전쟁의 전말》, 72~73쪽 ; A. V. Torkunov, *Zagadochnaia voina*, 74쪽 참조. 곤차로프와 공동 저자들은 소련 군사 고문관들이 제2차 세계대전 때 독일과 전쟁한 경험을 토대로 침공 개시일을 1950년 6월 25일로 제안했다고 주장했다. 당시 독일군은 1940년

6월 22일 일요일에 소련을 기습 침공했다. 이는 북한군 장군 출신인 강상호, 유성철, 정상진의 증언에 근거한 것이다. 세부 사항은 Sergei N. Goncharov et al., *Uncertain Partners*, 154쪽 참조.

160) A. V. Torkunov, *Zagadochnaia voina*, 75쪽.

161) Kathryn Weathersby, "New Russian Documents on the Korean War", 16쪽 ; A. V. Torkunov, *Zagadochnaia voina*, 59쪽.

162) Zimniaia voina, *Kniga 1 : Politicheskaia istoriia* (Moskva, 1998), 136~138 · 146 쪽.

163) Peter Lowe, *The Origins of the Korean War* (London, 1986), 154쪽 ; William Stueck, *The Korean War*, 10쪽.

164) M. Gareev, "Die sowjetische Militärdoktrin in der gegenwärtigen Etappe", Militärwesen (DDR), 11쪽과 비교.

165) 예브게니 바자노프 · 나탈리아 바자노바, 《(소련의 자료로 본)한국전쟁의 전말》, 54쪽 ; A. V. Torkunov, *Zagadochnaia voina*, 59쪽 ; Sergei N. Goncharov et al., *Uncertain Partners*, 143쪽 이후.

166) 유성철, 〈나의 증언〉, 76~77쪽.

167) 주영복, 《내가 겪은 조선전쟁》, 제1권, 237~239쪽.

168) Kathryn Weathersby, "New Russian Documents on the Korean War", 16쪽.

169) Kathryn Weathersby, "New Russian Documents on the Korean War", 39쪽 ; 예브게니 바자노프 · 나탈리아 바자노바, 《(소련의 자료로 본)한국전쟁의 전말》, 74쪽 ; 주영복, 《내가 겪은 조선전쟁》, 제1권, 229~230쪽 ; 장준익, 《북한인민군대사》, 172쪽.

170) 예브게니 바자노프 · 나탈리아 바자노바, 《(소련의 자료로 본)한국전쟁의 전말》, 74쪽.

171) 1950년 6월 20일의 정찰 명령 제1호는 1950년 10월 4일 서울에서 노획되었다. 1992년 8월 29일 모스크바 군사軍史연구소 연구원이 '연합통신'에 작성 일자가 없는 투명도형透明度型 작전 계획의 복사본을 제공했다. 투명도형 작전 계획이란 군대 부호를 그려 넣어 작성한 도식 부분의 작전 계획을 말한다. 일반적으로 작전 계획은 서식 부분과 도식 부분으로 구성된다. 세부 사항은 Korea Institute of

Military History, *The Korean War* I, 116~117 · 119쪽 참조.

172) 국방부 군사편찬연구소, 《소련 군사고문단장 라주바예프의 6 · 25전쟁 보고서》, 제1권, 135~137쪽.

173) A. V. Torkunov, *Zagadochnaia voina*, 75쪽.

174) Roy E. Appleman, *South to the Nakdong, North to the Yalu*, 53쪽.

175) Roy E. Appleman, *South to the Nakdong, North to the Yalu*, 82쪽.

176) Roy E. Appleman, *South to the Nakdong, North to the Yalu*, 152쪽.

177) 국방부 군사편찬연구소, 《소련 군사고문단장 라주바예프의 6 · 25전쟁 보고서》, 제1권, 137쪽.

178) Roy E. Appleman, *South to the Nakdong, North to the Yalu*, 9쪽.

179) Weatherby, Soviet Aims, 30쪽과 비교 ; 국방부 군사편찬연구소, 《소련 군사고문단장 라주바예프의 6 · 25전쟁 보고서》, 제1권, 135~139쪽 참조.

180) 사회과학원 력사연구소, 《조선전사》, 제25권, 107~108쪽 ; 유성철, 〈나의 증언〉, 85~86쪽.

181) 국방부 군사편찬연구소, 《소련 군사고문단장 라주바예프의 6 · 25전쟁 보고서》, 제1권, 151~165쪽 참조.

182) Carl von Clausewitz, *Vom Krieg*, 976~977쪽.

183) Carl von Clausewitz, *Vom Krieg*, 1034~1035쪽.

184) 이 책의 제3장 참조.

185) 국방부 군사편찬연구소, 《소련 군사고문단장 라주바예프의 6 · 25전쟁 보고서》, 제2권, 60~61쪽.

186) Claudia Urbanovsky, *Die 2. Revolution im Kriegswesen*, 44쪽에서 재인용.

187) 이 여단에는 6,000명의 병력과 120대의 T-34 전차가 편성되어 있었다. 각 전차 연대는 40대의 T-34 전차를 보유하고 있었다.

188) Roy E. Appleman, *South to the Nakdong, North to the Yalu*, 10쪽.

189) Joseph C. Goulden, *Korea. The Untold Story of the War*(New York, 1982), 42쪽.

190) V. Zlobin · A. Vetoshnikov, *Concerning Soviet Army Operational Art*, 202쪽.

191) David M. Glantz, *The Military Strategy of the Soviet Union. A History*, 156쪽.

192) David M. Glantz, *The Military Strategy of the Soviet Union. A History*, 137쪽.

193) David M. Glantz, *The Military Strategy of the Soviet Union. A History*, 139쪽.

194) A. V. Torkunov, *Zagadochnaia voina*, 42쪽과 비교.

195) 국방부 군사편찬연구소, 《소련 군사고문단장 라주바예프의 6·25전쟁 보고서》, 제1권, 136~184쪽 참조.

196) 김달삼은 영웅적 인물이었다. 그는 1948년 4월 3일 제주 4·3사건을 지휘했고, 1948년 8월 북한 최고인민회의 의원 자격으로 평양으로 들어갔다. 그 직후 약 300명의 빨치산 부대원들과 함께 태백산맥 일대로 복귀했고, 그 지역에서 투쟁 중이던 약 250명의 빨치산 부대원과 합류해 투쟁을 계속했다. 한국군의 토벌 부대가 이들을 소탕하게 되자, 김달삼은 1950년 4월 3일 다시 평양으로 들어갔다. 이에 관해서는 John Merrill, *Korea*, 147·164쪽 ; 박명림, 《한국전쟁의 발발과 기원》, 제1권, 375쪽 참조.

197) A. V. Torkunov, *Zagadochnaia voina*, 74쪽.

198) John Merrill, *Korea*, 178~179쪽.

199) 박명림, 《한국전쟁의 발발과 기원》, 제1권, 375~376쪽.

200) 박명림, 《한국전쟁의 발발과 기원》, 제1권, 369~376쪽.

201) 미국 극동군사령부 정보참모부는 이 부대를 북한에 투입했다. 당시 윌러비 Charles A. Willoughby 정보참모부장은 첩보 요원을 예순다섯 명 운용했다. 이에 관해서는 《신동아》(동아일보사, 2001년 7월), 439쪽 참조.

202) 이 자료는 미국 연합감리교회 김영훈 목사가 발굴했다. '소개'란 전쟁의 피해를 덜기 위해서 한 곳에 집중되어 있는 주민과 시설들을 분산시키는 것을 말한다.

203) Charles A. Willoughby, *G-2 Report*, No. 2845(1950년 6월 24일). 《신동아》(동아일보사, 2001년 7월), 443~444쪽에서 재인용.

204) Charles A. Willoughby, *G-2 Report*, No. 2845. 《신동아》, 445쪽에서 재인용.

205) A. V. Torkunov, *Zagadochnaia voina*, 86쪽.

206) Central Intelligence Agency(CIA), "Current Capabilities of the Northern Korean Regime, ORE 18-50"(1950년 6월 19일), 1쪽.

207) Lim Un, *The Founding of a Dynasty in North Korea*, 176~179쪽.

208) Robert Simmons, *The Strained Alliance*, 103·116~118쪽.

5장

1) Kathryn Weathersby, "New Russian Documents on the Korean War", 39~40쪽.

2) 제105전차여단은 1950년 6월 말 한강 도하 직전에 사단으로 승격되었다.

3) 상세한 내용은 Roy E. Appleman, *South to the Nakdong, North to the Yalu*, 8~10쪽 ; Korea Institute of Military History, *The Korean War* I, 39~51쪽 ; William Stueck, *Rethinking the Korean War*, 62쪽 참조.

4) 북한군 제8, 9보병사단은 침공 직후 창설되어 낙동강 전선에 최초 투입되었다. 1951년 10월 20일 기준으로, 북한군 제12 · 18 · 19 · 27 · 32 · 37 · 45 · 46 · 47보병사단이 존재했다. 그리고 제10 · 17기계화보병사단이 운용되었다. 제10기계화보병사단은 제10보병사단을 모체로 개편되었다. 이에 관한 세부 사항은 국방부 군사편찬연구소, 《소련 군사고문단장 라주바예프의 6 · 25전쟁 보고서》, 제1권, 227쪽과 제2권, 252~255쪽 참조.

5) 사회과학원 력사연구소, 《조선전사》, 제25권, 162쪽. 소련군의 전선군은 독일군의 집단군에 해당된다.

6) 유성철, 〈나의 증언〉, 81쪽 ; Korea Institute of Military History, *The Korean War* I, 121쪽.

7) '3인 군사위원회'는 북한군 전선사령관, 참모장, 정치위원으로 구성되었다.

8) Kathryn Weathersby, "New Russian Documents on the Korean War", 43쪽 ; A. V. Torkunov, *Zagadochnaia voina*, 80쪽.

9) Roy E. Appleman, *South to the Nakdong, North to the Yalu*, 14~16쪽.

10) Roy E. Appleman, *South to the Nakdong, North to the Yalu*, 18쪽 ; Kathryn Weathersby, "Soviet Aims in Korea and the Origins of the Korean War, 1945~1950", 30쪽.

11) Roy E. Appleman, *South to the Nakdong, North to the Yalu*, 17~18쪽.

12) Roy E. Appleman, *South to the Nakdong, North to the Yalu*, 12 · 18쪽 ; Bernd Bonwetsch, "Die Sowjetunion und der Beginn des Koreakrieges, Juni-Oktober 1950", 12쪽 비교 ; 萩原遼, 《北朝鮮の極秘文書》, 中, 72쪽. 북한 민족보위성 해군부장 한일무는 1950년 6월 1일자 협조 공문 〈해군 군관학교 학생 모집에 알선에 대

하야)에서, 6월 1일 시작된 신입생 모집에서 고급 중학교 졸업생 중 우수한 학생 250명이 선발되도록 협조를 구하고 있다. 해군은 지상군과는 비교할 수 없을 정도로 뒤늦게 준비되었고 소규모 조직이었음을 알 수 있다.

13) 이 책의 제4장 7절 〈소련 군사고문단에 의한 북한군의 전투훈련〉 참조.

14) 이 책의 제3장 5절 2항 〈기습의 순간〉 참조.

15) 이 책의 제3장 5절 1항 〈격멸 작전〉 참조.

16) Roy E. Appleman, *South to the Nakdong, North to the Yalu*, 34쪽.

17) 국사편찬위원회, 《북한관계 사료집》, 제25권, 314~315쪽.

18) Roy E. Appleman, *South to the Nakdong, North to the Yalu*, 51~52쪽 ; 육군사관학교, 《한국전쟁사 부도》, 28쪽 ; 미국 정부의 신속한 대응과 그 배경에 관해서는 William Stueck, *Rethinking the Korean War*, 81~83쪽 참조.

19) 이 책의 제3장 5절 2항 〈기습의 순간〉과 제3장 5절 3항 〈공격 속도의 가속〉 참조.

20) *Vorläufige Felddienstordnung der Roten Arbeiter- und Bauerarmee*, Kap. V, Absatz III, 65쪽.

21) Korea Institute of Military History, *The Korean War* I, 272쪽.

22) 이 책의 제3장 5절 3항 〈공격 속도의 가속〉 참조.

23) 이 책의 제3장 5절 1항 〈격멸 작전〉 참조.

24) Bernd Bonwetsch, "Die Sowjetunion und der Beginn des Koreakrieges, Juni-Oktober 1950", 15~16쪽.

25) Joyce & Gabriel Kolko, *The Limits of Power*, 578쪽.

26) Bruce Cumings, *The Origins of the Korean War*, Vol. 2, 572 · 617~618쪽.

27) Bernd Bonwetsch · Peter M. Kuhfus, "Die Sowjetunion, China und der Koreakrieg", 47 · 53쪽.

28) Richard C. Thornton, *Odd Man Out*, 229쪽 ; Sergei N. Goncharov et al., *Uncertain Partners*, 154쪽 이후 ; Vojtech Mastny, *The Cold War and Soviet Insecurity*, 100쪽.

29) 이 책의 제4장 7절 〈소련 군사고문단에 의한 북한군의 전투훈련〉 참조 ; Korea Institute of Military History, *The Korean War* I, 115~120쪽.

30) Korea Institute of Military History, *The Korean War* I, 125~132쪽.

31) Roy E. Appleman, *South to the Nakdong, North to the Yalu*, 53〜55쪽.

32) 여기서 3개 사단은 북한군 제3, 4보병사단, 그리고 김일성이 초기 승리를 기념해 '서울사단'으로 명명한 제105전차사단을 지칭한다. 국사편찬위원회,《북한관계 사료집》, 제25권, 315쪽 참조.

33) 주영복,《내가 겪은 조선전쟁》, 제1권, 304쪽.

34) Roy E. Appleman, *South to the Nakdong, North to the Yalu*, 35쪽.

35) Kathryn Weathersby, "New Russian Documents on the Korean War", 40쪽.

36) Kathryn Weathersby, "New Russian Documents on the Korean War", 40쪽 ; A. V. Torkunov, *Zagadochnaia voina*, 77쪽과 비교.

37) 김일성의 연설은 기본 성격에 있어서《소련의 위대한 조국전쟁에 대하여》라는 책에 수록된 스탈린의 연설을 닮았다. 이러한 선전 선동 자료는 북한 정권이 전쟁 수행에 필요한 세부 방법들을 소련으로부터 넘겨받았다는 사실을 증거한다.

38) 국사편찬위원회,《북한관계 사료집》, 제25권, 304 · 314 · 317 · 336 · 360 · 367쪽.

39) 이 책의 제3장 5절 6항〈빨치산 투쟁의 조직과 전술〉참조.

40) Raymond L. Garthoff, *Die Sowjetarmee*, 446쪽에서 재인용.

41) 일본 육전사 연구보급회,《한국전쟁》, 제1권, 육군본부 옮김(육군본부, 1991), 93〜95쪽.

42) 일본 육전사 연구보급회,《한국전쟁》, 제1권, 182쪽.

43) 일본 육전사 연구보급회,《한국전쟁》, 제1권, 182쪽.

44) 이 책의 제4장 4절 참조.

45) 빨치산 투쟁과 관련된 남로당의 역할에 대해서는 John Merrill, *Korea*, 170〜171쪽 참조.

46) 이기하,《한국 공산주의 운동사》, 제2권(국토통일원, 1977), 266쪽.

47) "민국民國 전복을 기도(3 · 1절 기한 최후의 발악. 196명 타진)",《서울신문》(1950년 3월 4일), 2면.

48) Robert A. Scalapino · Lee Chong-Sik, *Communism in Korea*, Part 1, 386〜387쪽 ; "멸공의 또 개가凱歌(이주하 김삼룡을 체포)",《서울신문》(1950년 4월 1일), 2면.

49) Central Intelligence Agency(CIA), "Communist Capabilites in South Korea, ORE 32-48"(1949년 2월 21일), 9쪽.

50) John Merrill, *Korea*, 178~179쪽 ; Robert A. Scalapino · Lee Chong-Sik, *Communism in Korea*, *Part 1*, 386~387쪽.

51) 박갑동,《한국전쟁과 김일성》, 7쪽.

52) Central Intelligence Agency(CIA), "Communist Capabilities in South Korea, ORE 32-48"(1949년 2월 21일), 1~2쪽.

53) Kathryn Weathersby, "New Findings on the Korean War", 14쪽.

54) Kathryn Weathersby, "New Russian Documents on the Korean War", 42쪽 ; A. V. Torkunov, *Zagadochnaia voina*, 78쪽.

55) Roy E. Appleman, *South to the Nakdong, North to the Yalu*, 200 · 205쪽.

56) Roy E. Appleman, *South to the Nakdong, North to the Yalu*, Map IV.

57) 국방부 군사편찬연구소,《소련 군사고문단장 라주바예프의 6·25전쟁 보고서》, 제1권, 146~151 · 185~188 · 198~199 · 209~212쪽.

58) Richard C. Thornton, *Odd Man Out*, 4 · 237~239쪽.

59) Kathryn Weathersby, "New Russian Documents on the Korean War", 40쪽.

60) Kathryn Weathersby, "New Russian Documents on the Korean War", 40쪽 비교

61) 국방부 군사편찬연구소,《소련 군사고문단장 라주바예프의 6·25전쟁 보고서》, 제1권, 209~210쪽.

62) Charles R. Shrader, *Communist Logistics in the Korean War*, 64쪽.

63) 1950년 9월 기준, 한국에서 징집된 병력은 사단별로 약 80퍼센트를 차지했다. 세부 사항은 국사편찬위원회,《북한관계 사료집》, 제25권 9-10호, 208쪽 참조.

64) 김동춘,《전쟁과 사회》(돌베개, 2000), 173~175쪽.

65) Korea Institute of Military History, *The Korean War* I, 430쪽.

66) 작전 한계점이란 작전 수행 중 작전의 성공적 수행을 위한 주도권과 능력이 상대측으로 넘어가는 시점이다. 이에 관해서는 Bundesministerium der Verteidigung · Generalinspekteur der Bundeswehr, *Operative Leitlinie für Einsätze der Streitkräfte*, 23쪽 참조.

67) James Schnabel, *Policy and Direction*, 112쪽.

68) James Schnabel, *Policy and Direction*, 113쪽.

69) James Schnabel, *Policy and Direction*, 113쪽.

70) James Schnabel, *Policy and Direction*, 126쪽.

71) 이 낙동강 방어선은 국제적으로 부산 방어권Busan-Perimeter으로 표기되었고, 연합군 차후 작전의 교두보였다. 부산은 예나 지금이나 전략적으로 매우 중요한 항구 도시이다.

72) "Memorandum by John Foster Dulles to the Secretary of State, 7. July. 1950", *FRUS-1950*, Vol. VII, 328쪽.

73) James Schnabel, *Policy and Direction*, 115~117쪽 참조.

74) Roy E. Appleman, *South to the Nakdong, North to the Yalu*, 605쪽 참조.

75) Nikita S. Chruschtschow, *Chruschtschow erinnert sich*, 377쪽.

76) Kathryn Weathersby, "New Russian Documents on the Korean War", 39~40쪽.

77) Kathryn Weathersby, "New Russian Documents on the Korean War", 42쪽 ; A. V. Torkunov, *Zagadochnaia voina*, 79쪽.

78) Kathryn Weathersby, "New Russian Documents on the Korean War", 43쪽 ; A. V. Torkunov, *Zagadochnaia voina*, 81쪽.

79) Kathryn Weathersby, "New Russian Documents on the Korean War", 43~44쪽 ; A. V. Torkunov, *Zagadochnaia voina*, 81쪽.

80) Kathryn Weathersby, "New Russian Documents on the Korean War", 44쪽 ; A. V. Torkunov, *Zagadochnaia voina*, 81쪽.

81) Kathryn Weathersby, "New Russian Documents on the Korean War", 45쪽 ; A. V. Torkunov, *Zagadochnaia voina*, 82쪽. 스탈린이 시티코프에게 자신의 전문 내용을 김일성에게 구두로만 전달하라고 지시한 것이 흥미롭다. 그리고 스탈린은, 만일 김일성이 전문 내용을 문서로 전달받기 원한다면 자신의 서명이 없는 문서만을 그에게 전달하라고 덧붙였다.

82) Kathryn Weathersby, "New Russian Documents on the Korean War", 46쪽 ; A. V. Torkunov, *Zagadochnaia voina*, 83쪽.

83) Franz Uhle-Wettler, *Gefechtsfeld Mitteleuropa. Gefahr der Übertechnisierung von Streitkräften*(München, 1981), 13~16쪽 ; Callum A. MacDonald, *Korea. The War before Vietnam*(Hampshire · London, 1986), 207~208쪽과 비교.

84) 이 책의 제3장 5절 4항 〈예비전투력 편성과 운용〉과 제3장 5절 5항 〈후방 지역의

조직〉 참조.

85) William Stueck, *Rethinking the Korean War*, 88쪽.

86) Nikita S. Chruschtschow, *Chruschtschow erinnert sich*, 375쪽.

87) Evgenii P. Bajanov, "Assessing the Politics of the Korean War, 1949~1951", 88쪽.

88) 이 대표단은 단장 외에 여섯 명의 장교로 구성되었다. 니웨이틴, 쉬중화, 장헝야, 주광, 왕다광, 류상원.

89) Korea Institute of Military History, *The Korean War* II, 44쪽.

90) Zhang Shu Guang, *Mao's Military Romanticism*, 71~72쪽.

91) Kathryn Weathersby, "New Russian Documents on the Korean War", 44쪽 ; A. V. Torkunov, *Zagadochnaia voina*, 104쪽.

92) Chen Jian, *China's Road to the Korean War*, 156쪽.

93) Evgenii P. Bajanov, "Assessing the Politics of the Korean War, 1949~1951", 89쪽.

94) Evgenii P. Bajanov, "Assessing the Politics of the Korean War, 1949~1951", 89쪽 ; A. V. Torkunov, *Zagadochnaia voina*, 104쪽.

95) Chen Jian, *China's Road to the Korean War*, 136쪽. 1950년 7월 13일의 '동북 변방 지역 방어 명령'에 따르면 중국군 제42군은 제13병단에 추가 예속되었다.

96) Kathryn Weathersby, "New Russian Documents on the Korean War", 43쪽 ; A. V. Torkunov, *Zagadochnaia voina*, 104쪽.

97) 1950년 7월 13일, 스탈린은 김일성에게도 영국의 제안을 전달하면서, 터무니없고 수용할 수 없는 제안이라고 언급했다. A. V. Torkunov, *Zagadochnaia voina*, 81쪽.

98) Kathryn Weathersby, "New Russian Documents on the Korean War", 44쪽.

99) Kathryn Weathersby, "New Russian Documents on the Korean War", 45쪽.

100) Kathryn Weathersby, "New Russian Documents on the Korean War", 45쪽.

101) Zhang Shu Guang, *Mao's Military Romanticism*, 67쪽 ; Kathryn Weathersby, "New Russian Documents on the Korean War", 45쪽.

102) Zhang Shu Guang, *Mao's Military Romanticism*, 66쪽.

103) Zhang Shu Guang, *Mao's Military Romanticism*, 65쪽.

104) Zhang Shu Guang, *Mao's Military Romanticism*, 65~66쪽.

105) Evgenii P. Bajanov, "Assessing the Politics of the Korean War, 1949~1951",

89쪽 ; A. V. Torkunov, *Zagadochnaia voina*, 104쪽.

106) 이 그룹은 라이트Edwin K. Wright 소장이 지휘했다.

107) James Schnabel, *Policy and Direction*, 139~140쪽 ; Roy E. Appleman, *South to the Nakdong, North to the Yalu*, 488~489쪽.

108) Roy E. Appleman, *South to the Nakdong, North to the Yalu*, 489쪽.

109) 1950년 9월 7일, 미국 합참은 제8군에 유리하게 상황이 변했다는 이유로 인천 상륙 작전을 재고할 것을 요청했지만 맥아더는 작전 실행을 고수했다.

110) Roy E. Appleman, *South to the Nakdong, North to the Yalu*, 492~493쪽.

111) Roy E. Appleman, *South to the Nakdong, North to the Yalu*, 493쪽.

112) Roy E. Appleman, *South to the Nakdong, North to the Yalu*, 542~544쪽.

113) 반격 작전을 위해 미국 제1군단과 제9군단 참모부가 재창설되었다. 이때까지 모든 사단은 미국 제8군이 지휘 통솔했다. 제1군단은 1950년 9월 16일에, 제9군단은 9월 23일에 재창설되었다. 세부 사항은 Roy E. Appleman, *South to the Nakdong, North to the Yalu*, 544~545쪽 참조.

114) Roy E. Appleman, *South to the Nakdong, North to the Yalu*, 572쪽.

115) Alexandre Y. Mansourov, "Stalin, Mao, Kim, and China's decision to enter the Korean War", 95~96 · 108~109쪽 ; A. V. Torkunov, *Zagadochnaia voina*, 87쪽.

116) Franz Uhle-Wettler, *Gefechtsfeld Mitteleuropa*, 13~16쪽.

117) Wofgang Müller, "Die Sowjet-Infanterie im II. Weltkriege", 345쪽 ; B. Bonwetsch, "The Purge of the Military and the Red Army's Operational Capability during the 'Great Patriotic War'", B. Wegner (ed.), *From Peace to War*(Providence · Oxford, 1997), 406~414쪽.

118) 자하로프는 인천 상륙 작전 직후인 9월 18일 긴급 임무를 띠고 대표단을 인솔하며 평양에 급파되었다. 그는 소련군 총참모부 부참모장이었으며, 정기적으로 평양 주재 소련 군사고문단장의 보고를 접수하는 위치에 있었다. 상황의 급변에도 불구하고 1950년 11월 라주바예프가 바실리예프와 시티코프의 임무를 인수하기 전까지 소련 군사고문단 내부에는 구조적 변동이 없었다. 라주바예프가 신임 대사로 부임한 직후 자하로프는 베이징 주재 소련 군사고문단장으로 전보되었다.

그때까지 자하로프는 시티코프와 바실리예프의 기능을 포괄적으로 보강했다. 세부 사항은 Alexandre Y. Mansourov, "Stalin, Mao, Kim, and China's decision to enter the Korean War", 96~97쪽 ; Kathryn Weathersby, "New Russian Documents on the Korean War", 48쪽 참조.

119) Alexandre Y. Mansourov, "Stalin, Mao, Kim, and China's decision to enter the Korean War", 97 · 110쪽.

120) 이기동, 〈인천 상륙 작전 전후(6 · 25 내막/모스크바 새 증언 : 10)〉,《서울신문》(1995년 6월 6일), 15면 ; Alexandre Y. Mansourov, "Stalin, Mao, Kim, and China's decision to enter the Korean War", 109쪽 ; A. V. Torkunov, *Zagadochnaia voina*, 88쪽.

121) 장행훈, 〈6 · 25 42주… 러시아 군사연구소 파포프 연구원 특별 인터뷰〉,《동아일보》(1992년 6월 25일), 15면.

122) 이상조는 북한군의 침공 개시 당시 총참모부 부참모장 겸 정찰국장이었다. 1951년 여름부터 북한 측 정전협상 대표로 활동했다. 곤차로프는 *Uncertain Partners*, 172쪽, 주석 24에서 이상조를 외무성 부상으로 기록했는데 이는 사실이 아닌 것으로 보인다. 이상조는 정전 후 모스크바 주재 북한 대사로 임명될 때까지 북한군에서 활동했다.

123) Sergei N. Goncharov et al., *Uncertain Partners*, 172쪽 ; 이상조, 〈김일성 이렇게 정권 세웠다〉, 한국일보,《증언. 김일성을 말한다 — 유성철, 이상조가 밝힌 북한 정권의 실체》, 176~177쪽.

124) Bernd Bonwetsch, "Die Sowjetunion und der Beginn des Koreakrieges, Juni-Oktober 1950", 17쪽.

125) Lim Un, *The Founding of a Dynasty in North Korea*, 187쪽.

126) 이상조, 〈김일성. 이렇게 정권 세웠다〉, 176~177쪽.

127) Max Hastings, *The Korean War*, 116 · 121쪽. 리스David Rees도 인천 상륙 작전을 "기습과 최소한의 저항"으로 이룬 "상륙 작전의 정교한 결작품"이라고 형용했다. David Rees, *Korea : The Limited War*(London, 1964), 84쪽.

128) 박훈일은 연안파로서, 이전 직책은 내무성 부상이었다.

129) 국방부 군사편찬연구소, 〈6 · 25전쟁 북한군 전투명령〉,《북한 군사관계 사료집》,

제1권, 153~165쪽.

130) Alexandre Y. Mansourov, "Stalin, Mao, Kim, and China's decision to enter the Korean War", 96쪽.

131) 〈1950년 12월 21부터 23일까지 개최된 조선노동당 중앙위원회 제3차 회의 보고 : 조국 해방전쟁 경험〉, 중앙정보부 엮음, 《김일성 군사논선》(중앙정보부, 1979), 139쪽과 비교 ; 이 책의 제3장 5절 4항 및 5항과 비교.

132) Raymond L. Garthoff, *Die Sowjetarmee*, 205쪽.

133) 국방부 군사편찬연구소, 《소련 군사고문단장 라주바예프의 6·25전쟁 보고서》, 제1권, 228~235쪽.

134) 국방부 군사편찬연구소, 《소련 군사고문단장 라주바예프의 6·25전쟁 보고서》, 제1권, 237~238쪽.

135) 박명림, 〈38선 퇴각 전후(6·25 내막/모스크바 새 증언 : 11)〉, 《서울신문》(1995년 6월 8일), 12면. 이 서한은 1950년 9월 30일 시티코프가 전문으로 스탈린에게 발송했다. Alexandre Y. Mansourov, "Stalin, Mao, Kim, and China's decision to enter the Korean War", 112쪽 ; Evgenii P. Bajanov, "Assessing the Politics of the Korean War, 1949~1951", 88쪽 ; A. V. Torkunov, *Zagadochnaia voina*, 92~94쪽.

136) Evgenii P. Bajanov, "Assessing the Politics of the Korean War, 1949~1951", 88쪽 ; 세부 사항은 박명림, 〈38선 퇴각 전후(6·25 내막/모스크바 새 증언 : 11)〉, 《서울신문》(1995년 6월 8일), 12면 ; 박명림, 〈소蘇의 북 영토 포기 시나리오 (6·25 내막/모스크바 새 증언 : 12)〉, 《서울신문》(1995년 6월 10일), 12면 참조.

137) Alexandre Y. Mansourov, "Stalin, Mao, Kim, and China's decision to enter the Korean War", 114쪽 ; A. V. Torkunov, *Zagadochnaia voina*, 95쪽.

138) A. V. Torkunov, *Zagadochnaia voina*, 96~100쪽.

139) Sergei N. Goncharov et al., *Uncertain Partners*, 174·188~195쪽.

140) 러스크Dean Rusk와 덜레스John Dulles는 후일 미국의 국무부장관이 되었다.

141) "Memorandum by Allison to Rusk, 1. July. 1950", *FRUS-1950*, Vol. VII, 272쪽.

142) 38도선을 넘어 북진하는 문제는 국제사회에서 정당화되어야 했다. 1950년 7월 1일의 유엔 안보리 결의안은 그 규범적 근거였다. 한반도에 유엔군을 투입한 목표

는 "무력 공격에 대해 대한민국이 방어할 수 있도록 지원하고, 그리하여 국제 평화와 지역 안보를 회복하는 데 있다". 세부 사항은 James Schnabel, *Policy and Direction*, 178쪽 참조.

143) James Schnabel, *Policy and Direction*, 179쪽.

144) George F. Kennan, *Memoirs, 1925∼1950* (New York, 1967), 488쪽.

145) "Memorandum for the Files on a Meeting Held in the Office of the Department of State Under Secretary of State(Webb), 28. July 1950", *FRUS-1950*, Vol. VII, 486∼487쪽.

146) "Report by the National Security Council to the President, 9. September 1950", *FRUS-1950*, Vol. VII, 712∼721쪽.

147) "Draft JCS Directive to MacArthur, 26. September 1950", *FRUS-1950*, Vol. VII, 781∼782쪽 ; James Schnabel, *Policy and Direction*, 182쪽.

148) William Stueck, *The Korean War*, 91쪽 ; William Stueck, *Rethinking the Korean War*, 89쪽.

149) James Schnabel, *Policy and Direction*, 178∼179쪽.

150) Erik Van Ree, *Socialism in One Zone*, 33쪽.

151) Alexandre Y. Mansourov, "Stalin, Mao, Kim, and China's decision to enter the Korean War", 109∼110쪽 ; 박명림, 〈38선 퇴각 전후(6·25 내막/모스크바 새 증언 : 11)〉, 《서울신문》(1995년 6월 8일), 12면.

152) 국방부 군사편찬연구소, 《소련 군사고문단장 라주바예프의 6·25전쟁 보고서》, 제1권, 239쪽 ; Roy E. Appleman, *South to the Nakdong, North to the Yalu*, 623∼625쪽.

153) 국방부 군사편찬연구소, 《소련 군사고문단장 라주바예프의 6·25전쟁 보고서》, 제1권, 241∼242쪽.

154) Roy E. Appleman, *South to the Nakdong, North to the Yalu*, 615∼616쪽.

155) Vorläufige Felddienstordnung der Roten Arbeiter- und Bauernarmee, Kap. VIII, Absatz 256, 157쪽.

156) Andrei A. Kokoshin, *Soviet Strategic Thought*, 167쪽.

157) Andrei A. Kokoshin, *Soviet Strategic Thought*, 170쪽.

158) Roy E. Appleman, *South to the Nakdong, North to the Yalu*, 614~615쪽.

159) James Schnabel, *Policy and Direction*, 212쪽.

160) James Schnabel, *Policy and Direction*, 213~214쪽 ; William Stueck, *Rethinking the Korean War*, 92~93쪽과 비교

161) 전투력Kampfkraft은 직접 전투를 수행하는 부대의 실행 능력이다. 전투 효과 Gefechtswert는 특정 임무를 위해 직접 전투를 수행하는 부대의 적성適性이다. 전투 효과는 임무, 전투력, 적, 환경 조건 등에 의존한다. 세부 사항은 Der Bundesminister der Verteidigung, Führungsbegriffe. Heeresdienstvorschrift 100/900(Bonn, 1990), 'Kampfkraft' und 'Gefechtswert' 참조.

162) James Schnabel, *Policy and Direction*, 212쪽.

163) Martin Van Creveld, *Kampfkraft. Militärische Organisation und Militärische Führung 1939~1945*(Freiburg im Breisgau, 1989), 5쪽. 영역본은 *Fighting Power. German and U.S. Army Performance, 1939~1945*(Westport · Connecticut, 1982). Zhang Shu Guang, *Mao's Military Romanticisam*, 12~30쪽.

164) Chen Jian, *China's Road to the Korean War*, 129쪽.

165) Chen Jian, *China's Road to the Korean War*, 135쪽에서 재인용.

166) Chen Jian, *China's Road to the Korean War*, 136쪽 ; Korea Institute of Military History, *The Korean War* II, 25~34쪽.

167) Chen Jian, *China's Road to the Korean War*, 137쪽.

168) Chen Jian, *China's Road to the Korean War*, 139쪽.

169) Korea Institute of Military History, *The Korean War* II, 44쪽.

170) 여기서 다섯 명의 군관들은 동북군구 후방 근무 부주임 장밍위안, 제13병단 정보국장 추이싱눙, 제39군 부국장 허링둥, 제42군 참모장 탕징중, 포병사령부 부국장 리페이였다.

171) Zhang Shu Guang, *Mao's Military Romanticism*, 74쪽 ; Sergei N. Goncharov et al., *Uncertain Partners*, 174쪽 ; Chen Jian, *China's Road to the Korean War*, 163쪽. 곤차로프가 설명했듯이 이들 다섯 명은 무관단이 아니었고, 추후 6·25전쟁 참전이 예정된 고위 군관들이었다. 장수광은 이에 관해 세부적으로 설명했다.

172) Shen Zhi-Hua, "The Discrepancy between the Russian and Chinese Versions

of Mao's 2. October 1950 Message to Stalin on Chinese Entry into the Korean War". 이 자료는 영어본으로 발간되었다. *CWIHP Bulletin* Issues 8-9(1996/1997 년 겨울), 241쪽 참조 ; Sergei N. Goncharov et al., *Uncertain Partners*, 176~179 쪽 ; Chen Jian, *China's Road to the Korean War*, 171~177쪽.

173) Sergei N. Goncharov et al., *Uncertain Partners*, 184쪽 ; Korea Institute of Military History, *The Korean War* II, 76쪽.

174) William Stueck, *Rethinking the Korean War*, 102~103쪽.

175) Alexandre Y. Mansourov, "Stalin, Mao, Kim, and China's decision to enter the Korean War", 112쪽 ; A. V. Torkunov, *Zagadochnaia voina*, 94쪽.

176) Alexandre Y. Mansourov, "Stalin, Mao, Kim, and China's decision to enter the Korean War", 99 · 114쪽 ; A. V. Torkunov, *Zagadochnaia voina*, 113쪽.

177) Zhang Shu Guang, *Mao's Military Romanticism*, 74쪽 ; Korea Institute of Military History, *The Korean War* II, 58쪽 ; Peter M. Kuhfus, "Widerstand und Hilfe", Arbeitskreis für Wehrforschung (Hg.), *Unruhige Welt. Konflikt- und Kriegsursachen seit 1945*(Koblenz, 1989), 30쪽.

178) Sergei N. Goncharov et al., *Uncertain Partners*, 179~183쪽 ; Peter M. Kuhfus, "Widerstand und Hilfe", 28~32쪽.

179) Chen Jian, *China's Road to the Korean War*, Chap. 3.

180) "Telegramm Zhous an Mao, 15, Oktober 1950", A. V. Torkunov, *Zagadochnaia voina*, 119쪽.

181) Peter M. Kuhfus, "Widerstand und Hilfe", 29쪽.

182) William Stueck, *Rethinking the Korean War*, 105~106쪽.

183) Alexandre Y. Mansourov, "Stalin, Mao, Kim, and China's decision to enter the Korean War", 114쪽 ; A. V. Torkunov, *Zagadochnaia voina*, 114쪽. 마오쩌둥 이 자필로 작성한 중국어 전문에는 중국군의 개입 결정을 통보하는 내용이 담겨 있다. Zhang Shu Guang, *Mao's Military Romanticism*, 78쪽과 Sergei N. Goncharov et al., *Uncertain Partners*, 177쪽은 이 전문 내용을 마오쩌둥의 답변으로 인용했다. 그러나 이 전문 내용에는 10월 2일 중국공산당 정치국이 동의하지 않은 파병에 대한 마오쩌둥의 견해가 포함되어 있다. 이 전문은 모스크바로 발송되

지 않았다. Shen Zhi-Hua, "The Discrepancy between the Russian and Chinese Versions of Mao's 2. October 1950 Message", 237~242쪽 ; William Stueck, *Rethinking the Korean War*, 106쪽 ; Vojtech Mastny, *The Cold War and Soviet Insecurity*, 104쪽.

184) Zhang Shu Guang, *Mao's Military Romanticism*, 80~82쪽 ; Sergei N. Goncharov et al., *Uncertain Partners*, 179~184쪽.

185) Alexandre Y. Mansourov, "Stalin, Mao, Kim, and China's decision to enter the Korean War", 116쪽 ; A. V. Torkunov, *Zagadochnaia voina*, 116쪽.

186) Alexandre Y. Mansourov, "Stalin, Mao, Kim, and China's decision to enter the Korean War", 116쪽 ; A. V. Torkunov, *Zagadochnaia voina*, 117쪽 ; Sergei N. Goncharov et al., *Uncertain Partners*, 185쪽.

187) Sergei N. Goncharov et al., *Uncertain Partners*, 188~190쪽 ; Zhang Shu Guang, *Mao's Military Romanticism*, 83쪽 ; Korea Institute of Military History, *The Korean War* II, 81~84쪽 ; Chen Jian, *China's Road to the Korean War*, 196~200쪽.

188) Alexandre Y. Mansourov, "Stalin, Mao, Kim, and China's decision to enter the Korean War", 102쪽. 저자는 중국 측 사료와 추가 공개된 러시아 측 사료를 근거로 서술했다. 그러나 러시아 측 사료도 회담록이 아니었다. 스탈린의 통역관이었던 페도렌코Nikolai T. Fedorenko의 증언 자료였다. 페도렌코는 베이징 주재 소련 대사관의 서열 2위인 인물로 모스크바까지 동행해 회담록을 작성했다.

189) 10월 8일자 마오쩌둥의 명령 하달 사실은 김일성에게도 통보되었다.

190) Korea Institute of Military History, *The Korean War* II, 78쪽.

191) Korea Institute of Military History, *The Korean War* II, 82쪽 ; Sergei N. Goncharov et al., *Uncertain Partners*, 183 · 186쪽 ; Zhang Shu Guang, *Mao's Military Romanticism*, 83쪽.

192) 스저의 증언은 사소하지 않은 뉘앙스로 인용되었다. Sergei N. Goncharov et al., *Uncertain Partners*, 188쪽에 따르면, 저우언라이는 "그러므로 우리는 부대를 파병하지 않는 것이 낫다고 생각한다"라고 발언했다. Chen Jian, *China's Road to the Korean War*, 197쪽에 따르면, 저우언라이는 "한국전에 참전하지 않는 것이

우리에게 더 낫다"라고 발언했다.

193) 만수로프의 논평 요약 참조.

194) Alexandre Y. Mansourov, "Stalin, Mao, Kim, and China's decision to enter the Korean War", 102쪽.

195) Bernd Bonwetsch, "Die Sowjetunion und der Beginn des Koreakrieges, Juni-Oktober 1950", 20쪽.

196) Alexandre Y. Mansourov, "Stalin, Mao, Kim, and China's decision to enter the Korean War", 103쪽.

197) Alexandre Y. Mansourov, "Stalin, Mao, Kim, and China's decision to enter the Korean War", 103쪽. 만수로프는 전문을 보유하고 있지 않으며 일종의 목록만 가지고 있다. A. V. Torkunov, *Zagadochnaia voina*, 119쪽의 결정적 문장은 저우언라이의 전문에서 인용되었다. 이 전문에 대해 베이징 주재 로신 소련 대사가 모스크바에 있던 저우언라이에게 답신했다. 그러나 만수로프가 저우언라이의 전문 일자를 10월 15일로 기록한 것은 명백한 오류이다. 왜냐하면 스탈린은 10월 13일의 중국군 파병 결정을 베이징으로부터 즉각 통보받았고, 10월 14일에 이미 저우언라이는 소련의 군사 지원 방식에 대해 재차 협상했기 때문이다. Richard C. Thornton, *Odd Man Out*, 343쪽은 만수로프의 해석에 반론을 제기했고, 공식 문서로 증명되지 않은 중국 측 해석의 진위를 가릴 수 있는 어떤 공식 문서도 모스크바에서 발굴되지 않았다는 사실에 동의하지 않았다.

198) A. V. Torkunov, *Zagadochnaia voina*, 117쪽 ; Evgenii P. Bajanov, "Assessing the Politics of the Korean War, 1949~1951", 89쪽.

199) Chen Jian, *China's Road to the Korean War*, 161쪽.

200) Sergei N. Goncharov et al., *Uncertain Partners*, 190쪽 ; Richard C. Thornton, *Odd Man Out*, 343쪽.

201) Zhang Shu Guang, *Mao's Military Romanticism*, 83쪽.

202) Korea Institute of Military History, *The Korean War* II, 83쪽.

203) Richard C. Thornton, *Odd Man Out*, 335 · 344쪽에서 저자 손턴은, 마오쩌둥이 중국군에 대한 소련의 군사 지원을 요청한 것은 소련을 미국과의 전쟁에 끌어들이려는 의도의 일환이었다고 주장했다.

204) Korea Institute of Military History, *The Korean War* II, 81쪽 ; Sergei N. Goncharov et al., *Uncertain Partners*, 192쪽 ; Zhang Shu Guang, *Mao's Military Romanticism*, 83쪽.

205) Sergei N. Goncharov et al., *Uncertain Partners*, 193쪽 ; Zhang Shu Guang, *Mao's Military Romanticism*, 84쪽.

206) Sergei N. Goncharov et al., *Uncertain Partners*, 194쪽.

207) A. V. Torkunov, *Zagadochnaia voina*, 117~119쪽 ; Alexandre Y. Mansourov, "Stalin, Mao, Kim, and China's decision to enter the Korean War", 118쪽.

208) Sergei N. Goncharov et al., *Uncertain Partners*, 194쪽.

209) Alexandre Y. Mansourov, "Stalin, Mao, Kim, and China's decision to enter the Korean War", 102쪽.

210) *FRUS-1950*, Vol. VII : Korea, 878~922쪽.

211) William Stueck, *The Korean War*, 103쪽 ; Peter M. Kuhfus, "Widerstand und Hilfe", 28쪽.

212) 이상조, 〈김일성. 이렇게 정권 세웠다〉, 177쪽 ; Chen Jian, *China's Road to the Korean War*, 156쪽.

213) Chen Jian, *China's Road to the Korean War*, 156쪽.

214) Zhang Shu Guang, *Mao's Military Romanticism*, 85쪽. 스툭William Stueck은 이 부분을 매우 상세히 묘사했다. William Stueck, *Rethinking the Korean War*, 108~110쪽 참조.

215) Chen Jian, *China's Road to the Korean War*에서도 상세히 묘사되었다. William Stueck, *Rethinking the Korean War*, 107~108쪽.

216) Sergei N. Goncharov et al., *Uncertain Partners*, 193쪽 ; Zhang Shu Guang, *Mao's Military Romanticism*, 83쪽.

217) William Stueck, *The Korean War*, 104쪽.

218) Bernd Bonwetsch, "Die Sowjetunion und der Beginn des Koreakrieges, Juni–Oktober 1950", 21~22쪽 ; Zhang Shu Gunag, *Mao's Military Romanticism*, 84쪽.

219) Korea Institute of Military History, *The Korean War* II, 25~34 · 76~81쪽.

220) Peter M. Kuhfus, "Widerstand und Hilfe", 37쪽.

221) Dongxiao Yue, "Korean War FAQ, 1998", http://www.toddlertime.com/bob
    bystringer/faq.htm

222) 당시 중국군 편제상 '병단'은 우리의 '군'과, '군'은 우리의 '군단'과 유사했다.

223) Chen Jian, *China's Road to the Korean War*, 209쪽.

224) Roy E. Appleman, *South to the Nakdong, North to the Yalu*, 673쪽.

225) Roy E. Appleman, *South to the Nakdong, North to the Yalu*, 675쪽.

226) Billy C. Mossman, *Ebb and Flow*, 105쪽.

227) 중국 군사과학원 군사역사부, 《중공군의 한국전쟁사抗美援朝戰史》, 한국전략문
    제연구소 옮김(세경사, 1991), 158~159쪽 ; Dongxiao Yue, "Korean War FAQ,
    1998", Question No. 17.

228) 국사편찬위원회, 《북한관계 사료집》, 제23권 5-6호, 488쪽.

229) 국사편찬위원회, 《북한관계 사료집》, 제24권 7-8호, 343쪽.

230) B. Sapozhnikov, *Kitai v ogne voiny, 1931~1950*(Moskva, 1977), 322쪽.
    Bernd Bonwetsch, "Die Sowjetunion und der Beginn des Koreakrieges, Juni-
    Oktober 1950", 17쪽. 일반 군Allgemeine Armee은 다양한 병과로 구성되었다.
    서방세계의 군제로는 2개 군단에 해당되었다.

231) Korea Institute of Military History, *The Korean War* II, 91쪽. 평양 주재 중국
    대사는 이미 7월에 조선 인민군의 군복 견본을 요구했다. V. A. Gavrilov, "Ko-
    reiskaia voina vovse ne byla kremlevsim zagovorom", *Voennoistoricheskii
    zhurnal*, Nr. 2(2001), 38쪽.

232) Sergei N. Goncharov et al., *Uncertain Partners*, 199쪽 ; Zhang Shu Guang,
    Mao's Military Romanticism, 86쪽.

233) "Memorandum by the National Security Council Staff, 14. November 1950",
    FRUS-1950, Vol. VII, 1150쪽.

234) 이에 대한 세부 사항은 William Stueck, *Rethinking the Korean War*, 113~117
    쪽 참조.

235) Bernd Bonwetsch · Peter M. Kuhfus, "Die Sowjetunion, China und der Kore-
    akrieg", 81쪽.

236) 국방부 군사편찬연구소,《소련 군사고문단장 라주바예프의 6·25전쟁 보고서》, 제2권, 292쪽 ; 제3권, 131쪽. 베이징 주재 소련 군사고문단장에 관해서는 Dieter Heinzig, *Die Sowjetunion und das kommunistische China 1945~1950*, 455쪽 참조.

237) 이 인물과 자하로프Matvey Vasilievich Zakharov는 다른 인물이다. M. V. 자하로프는 유엔군의 인천 상륙 후 1950년 9월 18일에 대표단을 이끌고 평양으로 급파되었다. 그때까지 자하로프는 소련군 총참모부 부참모장이었다.

238) Kathryn Weathersby, "New Findings on the Korean War", 16쪽.

239) 국방부 군사편찬연구소,《소련 군사고문단장 라주바예프의 6·25전쟁 보고서》, 제2권, 229~230·289~291쪽 ; Kathryn Weathersby, "New Russian Documents on the Korean War", 59쪽.

240) Kathryn Weathersby, "New Russian Documents on the Korean War", 48~49쪽 ; Sergei N. Goncharov et al., *Uncertain Partners*, 199쪽.

241) Lester H. Brune, "The Soviet Union and the Korean War", Lester H. Brune (ed.), *The Korean War, Handbook of the Literature and Research*(Westport·Connecticut·London, 1996), 214~215쪽 ; A. S. Orlov, *Sovetskaia aviatsia v koreiskoi voine noveishaia istoriia*, Nr. 4(1998), 121~146쪽.

242) Lester H. Brune, "The Soviet Union", 215쪽.

243) Jon Halliday, "Air Operations in Korea. The Soviet Side of the Story", William J. Williams (ed.), *A Revolutionary War*(Chicago, 1993), 149~152쪽 ; Jon Halliday·Bruce Cumings, *Korea : The Unknown War*, 132쪽.

244) Jon Halliday·Bruce Cumings, *Korea : The Unknown War*, 132쪽.

245) 중국 군사과학원 군사역사부,《중공군의 한국전쟁사》, vii~ix쪽.

246) Peter M. Kuhfus, "Widerstand und Hilfe", 37~38쪽 ; William Stueck, *The Korean War*, 120쪽 ; Korea Institute of Military History, *The Korean War* II, 104~109쪽.

247) 이 책의 제5장 3절 〈북한군의 공황, 유엔·한국군의 인천 상륙 작전〉참조.

248) *Vorläufige Felddienstordung der Roten Arbeiter- und Bauernarmee*, Kap. IX, Absatz 261, 162쪽.

249) *Vorläufige Felddienstordung der Roten Arbeiter- und Bauernarmee*, Kap. XI, Absatz 288, 178쪽.

250) 김기동,《중국병법의 지혜》(서광사, 1993), 483~484쪽.

251) 중국 군사과학원 군사역사부,《중공군의 한국전쟁사》, 18~24쪽.

252) 중국 군사과학원 군사역사부,《중공군의 한국전쟁사》, 39쪽.

253) 중국 군사과학원 군사역사부,《중공군의 한국전쟁사》, 37쪽 ; Korea Institute of Military History, *The Korean War* II, 116~124쪽.

254) 중국군 제50군은 1950년 9월 6일에, 제66군은 10월 23일에 각각 제13병단에 예속되었다.

255) 중국 군사과학원 군사역사부,《중공군의 한국전쟁사》, 22~23쪽.

256) 중국 군사과학원 군사역사부,《중공군의 한국전쟁사》, 37쪽.

257) 김기동,《중국병법의 지혜》, 481쪽.

258) 국방부 군사편찬연구소,《소련 군사고문단장 라주바예프의 6·25전쟁 보고서》, 제2권, 117~118쪽.

259) Billy C. Mossman, *Ebb and Flow*, 45~50쪽 참조.

260) James Schnabel, *Policy and Direction*, 273쪽.

261) Kathryn Weathersby, "New Russian Documents on the Korean War", 48쪽.

262) Kathryn Weathersby, "New Russian Documents on the Korean War", 49~50쪽.

263) Kathryn Weathersby, "New Russian Documents on the Korean War", 49~51쪽.

264) 제9병단은 제20·26·27군으로 편성되었다.

265) Zhang Shu Guang, *Mao's Military Romanticism*, 86쪽.

266) 중국 군사과학원 군사역사부,《중공군의 한국전쟁사》, 46쪽.

267) 중국 군사과학원 군사역사부,《중공군의 한국전쟁사》, 44~46·54~67쪽 ; Billy C. Mossman, *Ebb and Flow*, 66·95쪽.

268) James Schnabel, *Policy and Direction*, 279~282쪽.

269) 중국 군사과학원 군사역사부,《중공군의 한국전쟁사》, 67~69쪽.

270) Kathryn Weathersby, "New Russian Documents on the Korean War", 52쪽.

271) Kathryn Weathersby, "New Russian Documents on the Korean War", 53쪽.

272) Kathryn Weathersby, "New Russian Documents on the Korean War", 52~53쪽.

273) 중국 군사과학원 군사역사부, 《중공군의 한국전쟁사》, 80~82쪽.

274) William Stueck, *The Korean War*, 143쪽.

275) William Stueck, *The Korean War*, 143쪽.

276) 와다 하루키, 《한국전쟁》, 202~203쪽.

277) 육군사관학교, 《한국전쟁사 부도》, 137쪽 ; Korea Institute of Military History, *The Korean War* II, 347~429쪽.

278) Korea Institute of Military History, *The Korean War* II, 341~343쪽.

279) 중국 군사과학원 군사역사부, 《중공군의 한국전쟁사》, 44쪽.

280) 예브게니 바자노프·나탈리아 바자노바, 《(소련의 눈으로 본)한국전쟁의 전말》, 128~129쪽 ; A. V. Torkunov, *Zagadochnaia voina*, 121쪽.

281) Kathryn Weathersby, "New Russian Documents on the Korean War", 47쪽 ; 예브게니 바자노프·나탈리아 바자노바, 《(소련의 눈으로 본)한국전쟁의 전말》, 128~129쪽.

282) Kathryn Weathersby, "New Russian Documents on the Korean War", 50쪽.

283) 국방부 군사편찬연구소, 《소련 군사고문단장 라주바예프의 6·25전쟁 보고서》, 제1권, 244~246쪽.

284) 국방부 군사편찬연구소, 《소련 군사고문단장 라주바예프의 6·25전쟁 보고서》, 제1권, 251쪽.

285) Billy C. Mossman, *Ebb and Flow*, 219쪽.

286) Kathryn Weathersby, "New Russian Documents on the Korean War", 55쪽. 이 전문은 1951년 1월 16일에 마오쩌둥이 스탈린에게 전달한 것이다.

287) Korea Institute of Military History, *The Korean War* II, 417~425쪽.

288) Kathryn Weathersby, "New Russian Documents on the Korean War", 56쪽.

289) 예브게니 바자노프·나탈리아 바자노바, 《(소련의 눈으로 본)한국전쟁의 전말》, 145·167쪽 ; Kathryn Weathersby, "New Russian Documents on the Korean War", 60·67쪽.

290) 중국 군사과학원 군사역사부, 《중공군의 한국전쟁사》, 105쪽.

291) James Schnabel, *Policy and Direction*, 326쪽.

292) 중국 군사과학원 군사역사부, 《중공군의 한국전쟁사》, 104~107쪽.

293) Kathryn Weathersby, "New Russian Documents on the Korean War", 57쪽.

294) Kathryn Weathersby, "New Russian Documents on the Korean War", 58쪽.

295) Kathryn Weathersby, "New Russian Documents on the Korean War", 58~59쪽.

296) Sergei N. Goncharov et al., *Uncertain Partners*, 199쪽. 이에 대한 세부 사항은 Korea Institute of Military History, *The Korean War* II, 430~600쪽 참조.

297) 중국 군사과학원 군사역사부, 《중공군의 한국전쟁사》, 96~129쪽.

298) Billy C. Mossman, *Ebb and Flow*, 329쪽.

299) 중국 군사과학원 군사역사부, 《중공군의 한국전쟁사》, 127쪽.

300) 국방부 군사편찬연구소, 《소련 군사고문단장 라주바예프의 6·25전쟁 보고서》, 제2권, 135쪽 ; A. V. Torkunov, *Zagadochnaia voina*, 142쪽.

301) 예브게니 바자노프·나탈리아 바자노바, 《(소련의 눈으로 본)한국전쟁의 전말》, 145~150쪽 ; Kathryn Weathersby, "New Russian Documents on the Korean War", 59쪽.

302) Kathryn Weathersby, "New Russian Documents on the Korean War", 60~61 쪽 ; Sergei N. Goncharov et al., *Uncertain Partners*, 201쪽.

303) 중국 군사과학원 군사역사부, 《중공군의 한국전쟁사》, 127쪽.

304) 세부 작전 경과는 Korea Institute of Military History, *The Korean War* II, 601~ 708쪽 참조.

305) 중국 군사과학원 군사역사부, 《중공군의 한국전쟁사》, 133쪽.

306) 중국 군사과학원 군사역사부, 《중공군의 한국전쟁사》, 137~138쪽.

307) 중국 군사과학원 군사역사부, 《중공군의 한국전쟁사》, 145쪽.

308) 중국 군사과학원 군사역사부, 《중공군의 한국전쟁사》, 146쪽.

309) Billy C. Mossman, *Ebb and Flow*, 470쪽.

310) Billy C. Mossman, *Ebb and Flow*, 487쪽.

311) A. V. Torkunov, *Zagadochnaia voina*, 150쪽.

312) Zhang Shu Guang, *Mao's Military Romanticism*, 22~25쪽 ; William Stueck, *The Korean War*, 112쪽.

313) 예브게니 바자노프·나탈리아 바자노바, 《(소련의 눈으로 본)한국전쟁의 전말》, 152~153쪽 ; A. V. Torkunov, *Zagadochnaia voina*, 152쪽.

315) Peter M. Kuhfus, "Widerstand und Hilfe", 42~43쪽.

314) Kathryn Weathersby, "New Russian Documents on the Korean War", 59~60
쪽 ; A. V. Torkunov, *Zagadochnaia voina*, 163쪽.

315) Peter M. Kuhfus, "Widerstand und Hilfe", 42~43쪽.

316) Zhang Shu Guang, *Mao's Military Romanticism*, 121 · 153쪽.

317) Zhang Shu Guang, *Mao's Military Romanticism*, 132쪽 ; Peter M. Kuhfus,
"Widerstand und Hilfe", 46쪽.

318) Zhang Shu Guang, *Mao's Military Romanticism*, 154쪽.

319) 이 책의 제3장 5절 참조. *Vorläufige Felddienstordnung der Roten Arbeiter-
und Bauernarmee*, Kap. I, Absatz 2, 9쪽 ; Oberkommando des Heeres, *Merkb-
latt über Eigenarten der Russischen Kriegsführung*, 5쪽.

320) 국방부 군사편찬연구소, 《소련 군사고문단장 라주바예프의 6·25전쟁 보고서》,
제2권, 223~230쪽.

321) James Schnabel, *Policy and Direction*, 278쪽 ; William Stueck, *The Korean
War*, 117쪽.

322) 국방부 군사편찬연구소, 《소련 군사고문단장 라주바예프의 6·25전쟁 보고서》,
제1권, 264~267쪽 ; William Stueck, *The Korean War*, 110~111쪽.

323) 국사편찬위원회, 《북한관계 사료집》, 제25권, 457 · 460 · 466~467쪽.

324) Kathryn Weathersby, "New Russian Documents on the Korean War", Dok.
69 · 60쪽. 'sixty divisions'가 'sixteen divisions'로 잘못 표기되어 있다. A. V.
Torkunov, *Zagadochnaia voina*, 165쪽과 비교.

325) Kathryn Weathersby, "New Russian Documents on the Korean War", 60~61쪽.

326) 중국 군사과학원 군사역사부, 《중공군의 한국전쟁사》, 172쪽.

327) Spencer C. Tucker (ed.), *Encyclopedia of the Korean War*, Vol. I, 403~404쪽
; James Schnabel, *Policy and Direction*, 376쪽.

328) Kathryn Weathersby, "New Russian Documents on the Korean War", 61쪽.

329) James Schnabel, *Policy and Direction*, 402쪽.

330) James Schnabel, *Policy and Direction*, 403쪽.

331) Kathryn Weathersby, "New Russian Documents on the Korean War", 64~65쪽.

332) Carl von Clausewitz, *Vom Kriege*, 210쪽.

6장

1) Thomas X. Hammes, *The Sling and The Stone ∶ On War in the 21st Century* (California, 2004), 하광희·배달형·김성걸 옮김,《21세기 전쟁—비대칭의 4세대 전쟁》(한국국방연구원, 2010).

2) 복합적 위협Hybrid Threats은 정규전과 비非정규전, 네트워크 중심전과 반反네트워크 중심전, 선형전과 비선형전, 신속 기동전과 반기동전, 대칭전과 비대칭전, 그리고 사이버 공격, 각종 테러 등의 형태로 나타난다.

3) 카를 폰 클라우제비츠,《전쟁론》, 류제승 옮김(책세상, 1998), 57∼58쪽. 원저는 Carl von Clausewitz, *Vom Kriege*(Bonn, 1991).

국방부 군사편찬연구소,《북한 군사관계 사료집》전2권(국방부 군사편찬연구소, 2001).

──,《소련 군사고문단장 라주바예프의 6 · 25전쟁 보고서》전3권(국방부 군사편찬연구소, 2001).

──,《6 · 25전쟁사》(국방부 군사편찬연구소, 2003~2013). 2012년 현재 9권이 발간되었고, 2013년까지 총 11권이 발간될 계획이다.

국방부 전사편찬위원회,《한국전쟁사》전11권(국방부 전사편찬위원회, 1967~1980).

국사편찬위원회,《북한관계 사료집》전32권(국사편찬위원회, 1982~1999).

국제문제연구소,《력사가 본 조선전쟁》(사회과학출판사, 1993).

국토통일원,《조선의 해방》(국토통일원 조사연구실, 1987).

──,《조선 노동당 대회 자료집》, 제1집(국토통일원 조사연구실, 1988).

김기동,《중국병법의 지혜》(서광사, 1993).

김동춘,《전쟁과 사회》(돌베개, 2000).

김영수,〈북한지역의 정치적 동태와 소군정〉, 한국정신문화연구원현대사연구소,《한국현대사의 재인식 1》(오름, 1998).

김영호,《한국전쟁의 기원과 전개과정》(두레, 1998).

김영호 외,《6 · 25전쟁의 재인식》(기파랑, 2010).

김일성,《김일성 선집》, 제1권(조선로동당출판사, 1963) ; 제2권(1964).

──,《김일성 저작집》, 제5권(1949년 1월~1950년 6월)(조선로동당출판사, 1980).

──,《김일성 전집》, 제11권(1950년 1월~6월)(조선로동당출판사, 1995).

김점곤,〈한국에 있어서의 공산주의 투쟁형태 연구〉(경희대학교 박사학위 논문, 1972).

──,《한국전쟁과 노동당 전략》(박영사, 1973).

──,〈남로당의 폭력투쟁노선과 한국전쟁〉,《경희대학교 논문집》, 제16집(1987).

김창순,〈북한 인민군의 창설과 그 실체〉, 박성수 · 신재홍 외 엮음,《현대사 속의 국군─군의 정통성》(전쟁기념사업회, 1990).

김철범 외,《한국전쟁─강대국 정치와 남북한 갈등》(평민사, 1989).

김학준,《한국전쟁─원인, 과정, 휴전, 영향》(박영사, 1989).

대륙연구소 편집부,《북한 법령집》, 제4권(대륙연구소, 1991).

데이비드 추이,《중국의 6 · 25전쟁 참전》, 한국전략문제연구소 옮김(한국전략문제연구소, 2011).

류상영,〈북한의 한국전쟁 인식과 성격규정〉, 최장집 엮음,《한국전쟁 연구》(태암, 1990).

박갑동,《한국전쟁과 김일성》(바람과물결, 1990).

박명림,《한국전쟁의 발발과 기원》 전2권(나남출판, 1997).

북한 과학원 력사연구소,《조선통사(하)》(1958), 김제원 옮김(오월, 1988).

북한연구소 편집부,《북한총람》(북한연구소, 1983).

사회과학원 력사연구소,《조선전사》, 제24 · 25권(과학백과사전출판사, 1981).

신일철,《북한 주체철학 연구》(나남, 1993).

예브게니 바자노프 · 나탈리아 바자노바,《(소련의 눈으로 본)한국전쟁의 전말》, 김광린 옮김(열림, 1998).

오영진,《하나의 증언》(국민사상지도원, 1952).

와다 하루키,《김일성과 만주항일전쟁》, 이종석 옮김(창작과비평사, 1992).

―――,《한국전쟁》, 서동만 옮김(창작과비평사, 1999).

육군사관학교,《한국전쟁사 부도》(신학사, 1978).

이기하,《한국 공산주의 운동사》, 제2권(국토통일원, 1977).

이완범,《한국전쟁―국제전적 조망》(백산서당, 2000).

일본 육전사 연구보급회,《한국전쟁》, 제1권, 육군본부 옮김(육군본부, 1991).

장준익,《북한인민군대사》(서문당, 1991).

주영복,《조선 인민군의 남침과 패퇴》(코리아평론사, 1979).

―――,《내가 겪은 조선전쟁》, 제1 · 2권(고려원, 1990).

주한 미군사령부 정보참모부(G-2),《북한 정보 요약》, 제1~4권.

중국 군사과학원 군사역사부,《중공군의 한국전쟁사抗美援朝戰史》, 한국전략문제연구소 옮김(세경사, 1991).

중앙일보 특별취재반,《조선민주주의 인민공화국―비록》, 상 · 하권(중앙일보사, 1992).

중앙정보부 엮음,《김일성 군사논선》(중앙정보부, 1979).

최장집,〈한국전쟁에 대한 하나의 이해〉, 최장집 엮음,《한국전쟁 연구》(태암, 1990).

카를 폰 클라우제비츠,《전쟁론》, 류제승 옮김(책세상, 1998).

한국일보,《증언. 김일성을 말한다―유성철, 이상조가 밝힌 북한 정권의 실체》(한국일보 사, 1991).

한국전쟁연구회,《탈냉전시대 한국전쟁의 재조명》(백산서당, 2000).

한재덕,《김일성을 고발한다》(내외문화사, 1965).

허동찬,〈조선 인민군의 건설〉,《세계정치》, 제16권(서울대학교 국제문제연구소, 1992).

和田春樹,《朝鮮戰爭》(岩波書店, 1995).

萩原遼,《北朝鮮の極秘文書》, 上・中・下(夏の書房, 1996).

Allison, Roy, "Reasonable Sufficient and Changes in Soviet Security Thinking", Willard C. Frank, Jr.・Philip S. Gillette (eds.), *Soviet Military Doctrine from Lenin to Gorbachev, 1915~1991* (Westport, 1992).

Appleman, Roy E., *South to the Nakdong, North to the Yalu(June~November 1950, United States Army in the Korean War)* (Washington D.C., 1961).

Baik Bong, *Kim Il Sung, Biography : From Birth to Triumphant Return to Homeland*, Vol. 1 (Miraisha, 1969).

Bajanov, Evgenii P., "Assessing the Politics of the Korean War, 1949~1951", *Cold War International History Project* (이하 *CWIHP*로 약칭) *Bulletin*, No. 6/7.

Bajanov, Evgenii P.・Natalia Bajanova, *The Most Mysterious War of 20th Century : Korean Conflict 1950~1953, Based on Soviet Archives* (Moskva, 1997).

Bonwetsch, Bernd, "Sowjetische Partisanen 1941~1944. Legende und Wirklichkeiten des allgemeinen Volkskrieges", Gerhard Schulz (Hg.), *Partisanen und Volkskrieg. Zur Revolutionierung des Krieges im 20. Jahrhundert* (Göttingen, 1985).

――――, "Die Sowjetunion und der Beginn des Koreakrieges, Juni~Oktober 1950", Arbeitskreis für Wehrforschung (Hg.), *Unruhige Welt : Konflikt- und Kriegsursachen seit 1945* (Koblenz, 1989).

――――, "The Purge of the Military and the Red Army's Operational Capability during the 'Great Patriotic War'", B. Wegner (ed.), *From Peace to War* (Providence・

Oxford, 1997).

――, "Sowjetunion—Triumph im Elend", U. Herbst · A. Schildt (Hg.), *Kriegsende in Europa. Vom Beginn des deutschen Machtzerfalls bis zur Stabilisirung der Nachkriegsordnung 1944~1948*(Essen, 1998).

――, "Sowjetunion-Triumph im Elend", U. Herbert · A. Schildt (Hg.), *Kriegsende in Europa : Vom Beginn des deutschen Machtzerfalls bis zur Stabilisierung der Nachkriegsordnung 1944~1948*(Essen, 1998).

Bonwetsch, Bernd · Peter M. Kuhfus, "Die Sowjetunion, China und der Koreakrieg", *Vierteljahreshefte für Zeitgeschichte*, Nr. 33(München, 1985).

Brune, Lester H., "The Soviet Union and the Korean War", Lester H. Brune (ed.), *The Korean War, Handbook of the Literature and Research*(Westport · Connecticut · London, 1996).

"Bukschtynowitsch", *Der militärische Herold*, Nr. 1(Moskva, 1947).

Bulganin, N. A., "Stalin i sovetskie Vooruzhennye Sily", *Bolshevik*, Nr. 24(1949년 12월).

Bundesministerium der Verteidigung : Generalinspekteur der Bundeswehr, *Operative Leitlinie für Einsätze der Streitkräfte*(Bonn, 1999).

Bur, William, "Soviet Cold War Military Strategy. Using Declassified History", *CWIHP Bulletin*, No. 4.

Central Intelligence Agency(CIA), "Communist Capabilites in South Korea, ORE 32-48"(1949년 2월 21일).

――, "Current Capabilities of the Northern Korean Regime, ORE 18-50"(1950년 6월 10일).

――, "Current Capabilities of the Northern Korean Regime, ORE 18-50"(1950년 6월 19일).

Chen Jian, *China's Road to the Korean War : The Making of the Sino-American Confrontation*(New York, 1994).

Chruschtschow, Nikita S., *Chruschtschow erinnert sich*(Hamburg, 1971).

Clausewitz, Carl von, *Vom Kriege*(Bonn, 1991).

Creveld, Martin Van, *Fighting Power. German and U.S. Army Performance, 1939~*

1945(Westport · Connecticut, 1982).

──, *Kampfkraft. Militärische Organisation und Militärische Führung 1939~ 1945*(Freiburg im Breisgau, 1989).

Cumings, Bruce, *The Origins of the Korean War : Liberation and the Emergence of Separate Regimes, 1945~1947,* Vol. I(Princeton, 1981).

──, *The Origins of the Korean War : Roaring of the Cataract. 1947~1950,* Vol. II(Princeton, 1990).

Der Bundesminister der Verteidigung, *Führungsbegriffe. Heeresdienstvorschrift 100/900*(Bonn, 1990).

Deutscher, Isaac, *Stalin : A Political Biography*(New York, 1968).

──, *Trotzki. Der bewaffnete Prophet. 1879~1921*(Stuttgart, 1972).

Dixon, C. Aubrey · Otto Heilbrunn, *Partisanen. Strategie und Taktik des Guerilla-krieges*(Frankfurt a. M. · Berlin, 1956).

Ely, Louis B., *The Red Army Today*(Harrisburg, 1953).

Fleming, D. F., *The Cold War and Its Origins 1917~1960*(Garden City, N.Y., 1961).

Foreign Languages Publishing House, *The US Imperialists Started The Korean War*(Pyongyang, 1977)

Foreign Relations of the United States(이하 *FRUS*로 약칭)*-1949,* Vol. VIII : The Far East : China(Washington D.C., 1978) ; *FRUS-1949,* Vol. IX : The Far East : China(1974) ; *FRUS-1950,* Vol. IV : Central and Eastern Europe : The Soviet Union(1980) ; *FRUS-1950,* Vol. VI : East Asia and Pacific. The China(1976), 256~689쪽 ; *FRUS-1950,* Vol. VII : Korea(1976) ; *FRUS-1951,* Vol. VII : Korea and China(1983).

Frank, Willard C. Jr. · Philip S. Gillette (eds.), *Soviet Military Doctrine from Lenin to Gorbachev, 1915~1991*(Westport, 1992).

Gaddis, John L., "Drawing Lines : The Defensive Perimeter Strategy in East Asia, 1947~1951", John L. Gaddis, *The Long Peace*(Oxford, 1987).

──, *We Now Know : Rethinking Cold War History*(Oxford, 1997).

Gareev, M. A., "Die Ansichten M. V. Frunzes und die moderne Militärtheorie",

Dokumentations- und Fachinformationszentrum der Bundeswehr, *DOK*, Nr. RB4176, 51쪽. 원전은 *M. V. Frunze — voennyj teoretik* (Moskva, 1985).

Garthoff, Raymond L., *Soviet Military Doctrine* (Illinois, 1953).

―――, *Die Sowjetarmee : Wesen und Lehre* (Köln, 1955).

Gavrilov, V. A. · G. Kissindzher, "Koreiskaia voina vovse ne byla kremlevskim zagovorom", *Voennoistoricheskii zhurnal*, Nr. 2 (2001).

Glantz, David M., *The Military Strategy of the Soviet Union. A History* (London, 1992).

―――, "Developing Offensive Success : The Soviet Conduct of Operational Maneuver", Willard C. Frank, Jr. · Philip S. Gillette (eds.), *Soviet Military Doctrine from Lenin to Gorbachev, 1915~1991* (Westport, 1992).

―――, *The Evolution of Soviet Operational Art, 1927~1991* (London, 1995).

Goncharov, Sergei N. · John W. Lewis · Xue Litai, *Uncertain Partners : Stalin, Mao and Korean War* (Stanford, 1993).

Gosztony, Peter, *Die Rote Armee. Geschichte und Aufbau der sowjetischen Streitkräfte seit 1917* (München, 1980).

Guillaume, A., *Warum siegte die Rote Armee?* (Baden-Baden, 1949).

Halliday, Jon, "Air Operations in Korea. The Soviet Side of the Story", William J. Williams (ed.), *A Revolutionary War* (Chicago, 1993).

Halliday, Jon · Bruce Cumings, *Korea : The Unknown War* (New York, 1988).

Hastings, Max, *The Korean War* (London, 1987).

Heinzig, Dieter, *Sowjetische Militärberater bei der Kuoming 1923~1927* (Baden-Baden, 1978).

―――, *Die Sowjetunion und das kommunistische China 1945~1950 : Der Beschwerliche Weg zum Bündnis* (Baden-Baden, 1998).

Herspring, D. R., *Russian Civil-Military Relations* (Bloomington, 1996).

Jakob, E., "Die sowjetische Militärdoktrin—Eine Kategorie der marxistische-leninistischen Militärwissenschaft", *Militärwesen* (1982, H. 9).

Jeon Hyun-Su · Kahng Gyoo, "The Shtykov Diaries : New Evidence on Soviet Policy in Korea", *CWIHP Bulletin*, No. 6/7 (1995/1996).

Jomini, Henri Antoine, *Abriß der Kriegskunst*, A. v. Boguslawski (trans.)(Berlin, 1881).

Kennan, George F., *Memoirs, 1925~1950* (New York, 1967).

Khrushchev, Nikita, *Khrushchev Remembers. The Glasnost Tapes* (Boston, 1990).

Kim Chang-soon, "Formation of Kim Il Sung Regime", Chong-Shik Chung (ed.), *North Korean Communism—A Comparative Analysis* (Research Center for Peace and Unification, 1980).

Kipp, Jacob W., "Soviet Military Doctrine and the Origins of Operational Art. 1917~ 1936", Willard C. Frank, Jr. · Philip S. Gillette (eds.), *Soviet Military Doctrine from Lenin to Gorbachev, 1915~1991* (Westport, 1992).

――――, "Lenin and Clausewitz : The Militarization of Marxism. 1915~1921", Willard C. Frank, Jr. · Philip S. Gillette (eds.), *Soviet Military Doctrine from Lenin to Gorbachev, 1915~1991* (Westport, 1992).

Kokoshin, Andrei A., *Soviet Strategic Thought, 1917~1991* (London, 1998).

Kolko, Joyce & Gabriel, *The Limits of Power : The World and United States Foreign Policy, 1945~1954* (New York, 1972).

Korabljow, J. I. · W. A. Anfilow · W. A. Mazulenko, *Kurzer Abriß der Geschichte der Streitkräfte der UdSSR von 1917 bis 1972* (Ost Berlin, 1976).

Korea Institute of Military History, *The Korean War*, I~III(국방부 군사편찬연구소, 1997~1999).

Korea Military Advisory Group(KMAG), *G-2 Periodic Report*, P/R. No. 278(1950년 3월 13일)(한림대학교 아시아문화연구소).

――――, *G-2 Periodic Report*, W/S. No. 8(1950년 3월 25일).

Kuhfus, Peter M., "Widerstand und Hilfe, Hintergründe der chinesischen Intervention in Korea (September 1950~Januar 1951)", Arbeitskreis für Wehrforschung (Hg.), *Unruhige Welt : Konflikt- und Kriegsursachen seit 1945* (Koblenz, 1989).

Lankov, Andrei, *From Stalin to Kim Il Sung : The Formation of North Korea 1945*

~1960(London, 2002).

Larionov, Valentin V., "Soviet Military Doctrine : Past and Present", Willard C. Frank, Jr. · Philip S. Gillette (eds.), *Soviet Military Doctrine from Lenin to Gorbachev, 1915~1991*(Westport, 1992).

Lee, Kent D., "Implementing Defensive Doctrine : The Role of Soviet Military Science", Willard C. Frank, Jr. · Philip S. Gillette (eds.), *Soviet Military Doctrine from Lenin to Gorbachev, 1915~1991*(Westport, 1992).

Lider, Julian, "Die sowjetische Militärwissenschaft. Beschreibung und kritische Bestandaufnahme", *Österreichische Militärische Zeitschrift*, Heft 2(1983).

Lim Un, *The Founding of a Dynasty in North Korea : An Authentic Biography of Kim Il Sung*(自由社, 1982).

Lowe, Peter, *The Origins of the Korean War*(London, 1986).

MacDonald, Callum A., *Korea. The War before Vietnam*(Hampshire · London, 1986).

Mansourov, Alexandre Y., "Stalin, Mao, Kim, and China's decision to enter the Korean War, September 16~October 15, 1950 : New Evidence from the Russian Archives", *CWIHP Bulletin*, No. 6-7(1995/96년 겨울).

Mariyevsky, I., "Formation and Development of the Theory of Operational Art (1918 ~38)", David M. Glantz (ed.), *The Evolution of Soviet Operational Art 1927 ~1991*, Vol. 1(London, 1995).

Marshall, S. L. A., *The Military History of the Korean War*(New York, 1963).

───, *Der Koreakrieg*(Frauenfeld, 1965).

Mastny, Vojtech, *The Cold War and Soviet Insecurity : The Stalin Years*(Oxford, 1996).

Merrill, John, *Korea : The Peninsular Origins of the War*(New York, 1989).

Mertsalov, A. N. · L. A. Mertsalov, *A. Zhomini. Osnovatel' nauchnoi voennoi teorii(1779~1868)*(Moskva, 1999).

Milne, Duncan C. D., "Tukhachezsky and the Soviet Art of Deep Battle", Allen D. English (ed.), *The Changing Face of War*(Montreal · Kingston, 1998).

Mossman, Billy C., *Ebb and Flow November 1950~July 1951*(Washington D.C.,

1990).

Müller, Wofgang, "Die Sowjet-Infanterie im II. Weltkriege", Liddel Hart (Hg.), *Die Rote Armee*(Gießen, 1956).

————, "Die Sowjet-Infanterie im II. Weltkriege", B. Wegner (ed.), *From Peace to War*(Providence · Oxford, 1997).

Nakajima Mineo, "The Sino-Soviet Confrontation in Historical Perspective", Nagai Yonosuke · Iriye Akira, *The Origins of the Cold War in Asia*(Tokyo, 1977).

Neugebauer, Karl-Volker (Hg.), *Grundzüge der deutschen Militärgeschichte*(Freiburg, 1993).

Oberkommando des Heeres, *Merkblatt über Eigenarten der russischen Kriegführung*(Berlin, 1941).

"Okazat' voennuiu pomoshch' koreiskim tovarishcham", *Istochnik*, Nr. 1(1996).

Orlov, A. S., "Sovetskaia aviatsiia v koreiskoi voine 1950~1953", *Novaia I noveishaia istoriia*, Nr. 4(1998).

Ree, Erik Van, *Socialism in One Zone : Stalin's Policy in Korea 1945~1947* (Amsterdam, 1988).

Rees, David, *Korea : The Limited War*(London, 1964).

Rose, Olaf, *Carl von Clausewitz : Wirkungsgeschichte seines Werkes in Rußland und der Sowjetunion 1836~1991*(München, 1995).

————, "Swetschin und Clausewitz. Geistesverwandtschaft und Schicksalsparallelität", Hans-Ulrich Seidt (Hg.), *Alexander Swetschin, Clausewitz—Die klassische Biographie aus Rußland*(Bonn, 1997).

Rzheshevsky, O. A. · O. Vehvilainen (eds.), *Zimniaia voina, Kniga 1 : Politicheskaia istoriia*(Moskva, 1998).

Sapozhnikov, B., *Kitai v ogne voiny, 1931~1950*(Moskva, 1977).

Sawyer, Robert K., *Military Advisors in Korea : KMAG in Peace and War*(Washington D.C., 2000).

Scalapino, Robert A. · Lee Chong-Sik, *Communism in Korea, Part 1 · 2 : The Movement* (Berkeley · Los Angeles · London, 1972).

Schnabel, James, *Policy and Direction : The First Year*(*United States Army in the Korean War*)(Washington D.C., 1972).

Seidt, Hans-Ulrichm, "Alexander Swetschin als politischer und strategischer Denker", Hans-Ulrich Seidt (Hg.), *Alexander Swetschin : Clausewitz — Die klassische Biographie aus Rußland*(Bonn, 1997).

Seiler, Sydney A., *Kim Il-so+ng 1941~1948 : The Creation of a Legend, The Building of a Regime*(Lanham · New York · London, 1994).

Shrader, Charles R., *Communist Logistics in the Korean War*(Westport, 1995).

Simmons, Robert, *The Strained Alliance : Peking, Pyo+ngyang, Moscow and Politics of the Korean Civil War*(New York, 1975).

Simpkin, Richard, *Deep Battle. The Brainchild of Marshal Tukhacheskii*(London, 1987).

Slobin, "Der militärische Gedanke", *Bolschewik*, Nr. 5 (Moskva, 1945).

Soh Jin-Chull, *Some Causes of the Korean War of 1950 : A Case Study of Soviet Foreign Policy in Korea(1945~1950), with Emphasis on Sino-Soviet Collaboration*(Oklahoma, 1963).

Sowjetische Militärenzyklopädie, Auswahl Heft 25 : *Manövrierfähigkeit des Schiffs — Raketenkernwaffenschlag*(Ost Berlin, 1983).

Stahl, Albert A., "Antoine Jominis Beitrag zur operativen Führung", Thomas Will, *Operative Führung : Versuch einer begrifflichen Bestimmung im Rahmen von Clausewitz' Theorie Vom Kriege*(Hamburg, 1997).

Stalin, J. W., "Antwort des Genossen Stalin(라신Rasin 동지에게)", *Bolshevik*, Nr. 3(1947년 2월).

──────, *Über den Großen Vaterländischen Krieg der Sowjetunion*(Berlin, 1951).

Stelmach, Daniel S., *The Influence of Russian Armored Tactics on the North Korean Invasion of 1950*, Ph. D. dissertation(St. Louis, 1973).

Stoecker, Sally W., "Tönerner Koloß ohne Kopf : Stalinismus und Rote Armee", Bianka Pietrow-Ennker (Hg.), *Präventivkrieg? Der deutsche Angriff auf die Sowjetunion*(Frankfurt a. M., 2000).

Stolberg, Eva-Maria, *Stalin und die Chinesischen Kommunisten 1945~1953* (Stuttgart, 1997).

Stueck, William, *The Road to Confrontation : United States Policy toward China and Korea, 1947~1950*(Chapel Hill, 1981).

―――, *The Korean War : An International History*(Princeton, 1995).

―――, *Rethinking the Korean War : A New Diplomatic and Strategic History* (Princeton · Oxford, 2002).

―――, "Why the Korean War, Not the Korean Civil War?", William Stueck, *Rethinking the Korean War : A New Diplomatic and Strategic History*(Princeton · Oxford, 2002).

Thornton, Richard C., *Odd Man Out : Truman, Stalin, Mao and the Origins of the Korean War*(Washington D.C., 2000).

Timoshenko, S. K., "Closing Speech at a Military Conference", David M. Glantz (ed.), *The Evolution of Soviet Operational Art 1927~1991*(London, 1995).

Toland, John, *In Mortal Combat : Korea, 1950~1953*(New York, 1991).

Torkunov, A. V., *Zagadochnaia voina : Koreiskii konflikt 1950~1953 godov* (Moskva, 2000).

Trotzky, Leon, *Military Writings and Speeches of Leon Trotzky, How the Revolution Armed*, Vol. 5(London, 1981).

Tucker, R. C., *Stalin as Revolutionary, 1879~1929*(London, 1974).

Tucker, Spencer C. (ed.), *Encyclopedia of the Korean War. A Political, Social, and Military History*, Vol. II(Santa Barbara, 2000).

Uhle-Wettler, Franz, *Gefechtsfeld Mitteleuropa. Gefahr der Übertechnisierung von Streitkräften*(München, 1981).

Urbanovsky, Claudia, *Die 2. Revolution im Kriegswesen―Sowjetisches strategisches Denken in der Entwicklung 1946~1966*, Dissertation(Jena, 1994).

U.S. Far East Command, "Intelligence Summary, Records of the U.S. Army Commands, 17, 28. November and 19. December 1948".

Volkskommissariat für Verteidigung des Bundes der SSR, *Vorläufige Felddienstord-*

nung der Roten Arbeiter- und Bauernarmee. 1936(PU 36)(Moskva, 1937).

Weathersby, Kathryn, "Soviet Aims in Korea and the Origins of the Korean War, 1945
~1950 : New Evidence from Russian Archives", *CWIHP Working Paper*, No.
8(1993).

———, "To Attack or Not to Attack? Stalin, Kim Il Sung, and the Prelude to War",
CWIHP Bulletin, No. 5(1995).

Whiting, Allen, *China Crosses the Yalu : The Decision to Enter the Korean
War*(New York, 1960).

Willoughby, Charles A., *G-2 Report*, No. 2840(1950년 6월 19일).

Wolkogonow, Dimitri, *Stalin. Triumph und Tragödie : Ein politisches Porträt*
(Düsseldorf, 1989).

Woodrow Wilson International Center for Scholars, *Cold War International History
Project*(이하 *CWIHP*로 약칭) *Bulletin*, No. 3(1993) ; *CWIHP Bulletin*, No.
5(1995) ; *CWIHP Bulletin*, No. 6/7(1995/1996).

Yoe In-Kon, *Die sowjetische Koreapolitik vom Zweiten Weltkrieg bis zum
Koreakrieg*(Frankfurt a. M., 1990).

Zhang Shu Guang, *Mao's Military Romanticism, China and the Korean War 1950~
1953*(Kansas, 1995).

Ziemke, Earl, "Strategy for Classic War", Williamson Murray (ed.), *The Making of
Strategy*(New York, 1994).

Zlobin, V. · A. Vetoshnikov, "Concerning Soviet Army Operational Art", David M.
Glantz (ed.), *The Evolution of Soviet Operational Art 1927~1991*(London,
1995).

Zubok, Vladislav · Constantine Pleshakov, *Inside the Kremlin's Cold War : From
Stalin to Khrushchev*(Cambridge, 1996).

《대구매일신문》, 1995년 2월 28일, 〈북한 정권 수립 비사, 레베데프 비망록〉.

《동아일보》, 1992년 6월 25일, 〈6 · 25 42주… 러시아 군사연구소 파포프 연구원 특별 인
터뷰〉.

———, 1995년 6월 20일, 〈모스크바 연합, "蘇蘇 6·25때 남침준비 직접개입"〉.

《서울신문》, 1950년 3월 4일, 〈민국民國 전복을 기도(3·1절 기한 최후의 발악. 196명 타
    진)〉.

———, 1950년 4월 1일. 〈멸공에 또 개가凱歌(이주하 김삼룡을 체포)〉.

———, 1995년 5월 15일~8월 11일.

———, 1995년, 〈6·25내막/모스크바 새 증언〉.

《조선일보》, 1994년 7월 21~27일.

《한국일보》, 1959년 7월 11·12일, 〈나는 증언한다〉.

Dongxiao Yue, "Korean War FAQ, 1998", http://www.toddlertime.com/bobbystringer/
    faq.htm

http://www.wilsoncenter.org/publications

6·25, 아직 끝나지 않은 전쟁

북한, 소련, 중국의 전쟁 기획과 수행

초판 1쇄 발행 2013년 3월 10일
초판 3쇄 발행 2022년 10월 21일

지은이   류제승

펴낸이   김현태
펴낸곳   책세상
등 록   1975년 5월 21일 제2017-000226호
주 소   서울시 마포구 잔다리로 62-1, 3층(04031)
전 화   02-704-1251
팩 스   02-719-1258
이메일   editor@chaeksesang.com
광고·제휴 문의 chaeksesang@naver.com
홈페이지 chaeksesang.com   페이스북 /chaeksesang
인스타그램 @chaeksesang   네이버포스트 bkworldpub

ISBN   978-89-7013-838-1 93910